Lars Hochmann
Vom Nutzen und Nachteil der Ökonomik für das Leben

Sozialtheorie

Lars Hochmann (Dr. rer. pol.), geb. 1987, ist kritischer Ökonom. Er forscht und lehrt an der Universität Oldenburg, der Leuphana Universität Lüneburg und der Cusanus Hochschule zu ökonomischen Naturverhältnissen, transformativen Unternehmen und Nachhaltigkeitsökonomik.

Lars Hochmann

Vom Nutzen und Nachteil der Ökonomik für das Leben

Reflexionen aus einer schwierigen Wissenschaft

[transcript]

transcript Verlag | Hermannstraße 26 | D-33602 Bielefeld | live@transcript-verlag.de

Bibliografische Information der Deutschen Nationalbibliothek
Die Deutsche Nationalbibliothek verzeichnet diese Publikation in der Deutschen Nationalbibliografie; detaillierte bibliografische Daten sind im Internet über http://dnb.d-nb.de abrufbar.

Umschlaggestaltung: Maria Arndt, Bielefeld
Lektorat: Reinhard Pfriem
Druck: Majuskel Medienproduktion GmbH, Wetzlar
Print-ISBN 978-3-8376-4569-9
PDF-ISBN 978-3-8394-4569-3

Gedruckt auf alterungsbeständigem Papier mit chlorfrei gebleichtem Zellstoff.
Besuchen Sie uns im Internet: *http://www.transcript-verlag.de*
Bitte fordern Sie unser Gesamtverzeichnis und andere Broschüren an unter: *info@transcript-verlag.de*

Kein Hahn wird später nach uns krähn,
Versäumt *ein* Meldereiter
Nach seinem zweiten auszuspähn
Und jeder zweite weiter.

Kein Hahn wird später nach uns krähn,
Verfehlst Du Deinen dritten,
Und wagt der Dritte fortzugehn,
Eh' *sein* Mann zugeritten.

Kein Hahn wird später nach uns krähn,
Die Kette würde mürbe,
Wenn im Tradieren aus Versehn
Der vierte Reiter stürbe.

Kein Hahn wird später nach uns krähn,
Zerriss bei Fünf die Kette,
Und ließ der Sechste aus Versehn
Hinfallen die Staffette.

Kein Hahn wird später nach uns krähn,
O denket an das Später,
Versäumt ein Einz'ger einzustehn
für seinen Wortvertreter –

Dann wird kein Hahn mehr nach uns krähn.

Günther Anders, *Die molussische Katakombe*.

Zum Geleit

Dieser Text ist fulminant. Und wichtig. Im Jahr des 200. Geburtstages von Karl Marx, zwei Jahre vor jenem seines theoretischen und praktischen Mitstreiters Friedrich Engels, könnte, sollte, wird hoffentlich so etwas wie eine Theoriedämmerung eintreten für die Kritik der kapitalistischen Moderne, die mindestens erforderlich ist, wenn sich die Dinge noch zum Besseren wenden sollen (oder mit Lars Hochmann: wenn es noch gelingen soll, diese Welt besser zu machen). Dabei spielen Marx und Engels in diesem Text gar keine zentrale Rolle. Aber es geht Lars Hochmann um nichts anderes als das, wofür außer diesen beiden im 19. Jahrhundert niemand mehr stand: wie wir Verhältnissen entrinnen können, in denen ökonomische Kalküle über unser Leben bestimmen.

Gewiss, der ökonomie- und ökonomikkritische Diskurs hat Fortschritte gemacht in den letzten Jahren. Da ist von *Großer Transformation* die Rede, wir selbst arbeiten am Projekt einer *Transformativen Wirtschaftswissenschaft*, *postwachstumsökonomische* Texte markieren eine grundlegend problematische Ausprägung der Verhältnisse, und dazu, dass nachhaltige Entwicklung nicht dadurch hergestellt wird, dass *green technologies* den bestehenden Schrott ergänzen, mehren sich die Einsichten.

Hinreichende gesellschafts- und sozialtheoretische Fundierung kann freilich bisher nicht festgestellt werden. Die braucht einen tiefschürfenderen Blick auf das Ökonomische und die Ökonomik. Dafür ist Lars Hochmanns literarisch gut fundierter Essay natürlich längst nicht das letzte Wort, aber ein wichtiges: Wie das Kapitel 12 so schön titelt: Die Liebe zur Welt erfordert eine Zuwendung zu ihr.

Kettwig, im Mai 2018
Prof. Dr. Reinhard Pfriem

Inhalt

Vorrede | 11

EINE MORBIDE ÖKONOMIK GEBIERT TOTE UND TODBRINGENDE GEDANKEN
Eine trotz alledem noch hoffnungsvolle Hinführung

1 **Ein Denken, das tötet, kann keine wahre Erkenntnis sein** | 15
2 **Wir Ökonominnen und Ökonomen** | 27
3 **Von Scholastik zu einer kritischen Möglichkeitswissenschaft** | 35

DIE VERWAHRLOSUNG VON ÖKONOMIK BEGINNT ALS ÜBERSTEIGERTE SELBSTBEZÜGLICHKEIT
Eine problematisierende Dekonstruktion

4 **Wirtschaftlichkeit ist ein falscher Gott** | 41
5 **Das letzte Wort sei gesprochen** | 55
6 **Ein reduktionistischer Zugang tendiert zu gewaltvollem Umgang** | 69
7 **Kosmetik kommt mit Langeweile** | 81
8 **Wirtschaft gibt es nicht** | 93
9 **Eine neue Gesellschaft führt über eine neue Ökonomie** | 103

DIE ZUKUNFTSFÄHIGKEIT VON ÖKONOMIK ERFORDERT DIE LIEBE ZUR WELT
Eine erkenntniskritische Perspektive

10 **Wo es kein Übermächtiges gibt, muss selbst gemacht werden** | 117
11 **Eine lebendige Welt kommt nicht ohne Natur aus** | 131
12 **Die Liebe zur Welt erfordert eine Zuwendung zu ihr** | 141

13 Streitlust braucht Pluralismus ohne Gleichgültigkeit | 151

DIE AUFHEBUNG DER ÖKONOMIE UND DES ÖKONOMISCHEN IST MÖGLICH

Ein nun erst recht hoffnungsvoller Blick zurück nach vorn

14 Fügsamkeit wird schwierig, wenn die Welt aus den Fugen gerät | 171

15 Eingriffspunkte einer erotischen Wirtschaftswissenschaft | 175

Register | 187

Literatur | 191

Anmerkungen | 215

Vorrede

In diesem Buch findet man einen Versinkenden am Werke, einen Nachspürenden, Aufspürenden, der nicht bereit ist, sich mit dem Augenscheinlichen zufrieden zu geben, der in dessen Rücken, ins Dazwischen will.

Allein ist er nicht. Aus den Niederungen der Wirtschaftswissenschaften starrt die Mühsal vereinter Kräfte. So watet er knietief durch den leblosen Morast einer Ökonomik, die tötet. Sein abgelegener Weg führt über Leichen hinweg; seine Hände sind von Schmutz bedeckt und geschwollen von der besinnlichen Entschiedenheit, mit der er gräbt, ausgräbt, untergräbt – sich selbst bald das Wasser abzugraben beginnt.

Sein Wunsch, an die Wurzeln zu stoßen, macht einsam. Doch die Einsamkeit täuscht nicht über die Not hinweg, an deren Abwendung er arbeitet. Wie lange währt die Freude, noch kurz davor zu sein?

Als die Wurzeln, in Tageslicht getaucht, freiliegen und sich die Augen an das Licht gewöhnt haben, schärft sich der Blick für das unnötige Leid, die Gewalt, die Gefühllosigkeit, die ökonomische Denkweisen prägen und befördern, bis er sie nirgends mehr übersehen kann, er nicht länger wegsehen kann. Eine falsche Tragödie, deren Katastrophe ohne Notwendigkeit kommt, nennt er eine Sauerei. Auf offener Wurzel verlernt er restlos das Schweigen.

*

Liebe Leserinnen und Leser, die Reise, welche ich mit diesem Buch zu unternehmen versuche, ist ein kleines Abenteuer. Sie führt über Engpässe hinweg, Steilwände empor und quert unwegsames Terrain. Als Ökonom über den Sinn, Irrsinn und Stumpfsinn der eigenen Disziplin nachzudenken, ist heute zu einer Annehmlichkeit geworden, ob der ich tiefgehend dankbar bin. Alle, die dazu das ihrige beigetragen haben, wissen darum. Sie hier namentlich anzuführen, hieße, Eulen nach Athen zu tragen.

Lüneburg, im Mai 2018
Lars Hochmann

Eine morbide Ökonomik gebiert tote und todbringende Gedanken

Eine trotz alledem noch hoffnungsvolle Hinführung

1 Ein Denken, das tötet, kann keine wahre Erkenntnis sein

Ich möchte mich in diesem Buch einer Idee kritisch entgegenstellen, die in der überwältigenden Mehrheit westlicher Gesellschaften und ihrer akademischen Register als völlig selbstverständlich hingenommen wird: nämlich der Vorstellung, dass die ökonomischen Entwicklungen der vergangenen Jahrzehnte und Jahrhunderte in erster Linie eine Geschichte des Fortschritts seien, den wir feiern sollten. Das ist weder für das praktische Feld wirtschaftlicher noch für das theoretische Feld wirtschaftswissenschaftlicher Betätigungen in dieser Einseitigkeit nicht nur nicht richtig, es weist auch in eine katastrophale Richtung.

Nun habe ich den Verdacht, dass die akademische Disziplin der Wirtschaftswissenschaften daran nicht ganz unschuldig ist. Ein wesentlicher Teil meiner Auseinandersetzung widmet sich daher den Folgen eines ökonomischen Denkens, das ich mit Bezug zu Georges Devereux als *abtötend* bezeichne, um möglichst deutlich das beim Namen zu nennen, worum es hier geht.[1] Im Versuch aller Deutlichkeit schicke ich daher voraus: Das Streben nach einer widerspruchsfreien Welt, in der sich alles an seinem Nutzen bemessen würde, ruht auf bedenklichen Bedingungen. Wer immer sie sich zu eigen macht, nimmt in Kauf, was als *große Abtötung der Welt* bezeichnet vielleicht noch zu harmlos daherkommt. Ich behaupte stattdessen, um die Wirtschaftswissenschaften neu oder wieder zu beleben, sind sie zwingend aus der Sackgasse von stumpfsinniger Tötungslust getriebener Selbstbezüglichkeit zu führen.

Ausgangspunkt meiner Überlegungen ist der Befund, dass Ökonomie und Ökonomik gegenwärtiger Verfassungen von der anhaltend falschen

Annahme her konzipiert sind, dass es *den* Menschen gibt, beziehungsweise es wünschenswert wäre, wenn die Entwicklungen in jeder erdenklichen Hinsicht in Richtung von Singularität statt Pluralität gehen würden. Ökonomisches Denken der letzten Jahrhunderte kreiste immer schon um die mindestens implizite Vorstellung einer in sich geschlossenen und von allen gesellschaftlichen Bezügen her losgelösten Totalität, in der konstant gleiche Gestalten auf die konstant gleiche Weise tun, was immer die Umstände sie zwingen, zu präferieren. Der Drang, zu maximieren, führt zur Monokultur, weil, allein um rechnen zu können, Vielfalt verleugnet oder abgetötet wird. Mit diesem Drang verbunden ist ein Unbehagen, das in großen Teilen nicht nur der Wirtschaftswissenschaften gegenüber Widersprüchen herrscht: die unbedingte Weigerung, anzuerkennen, dass es eben nicht nur einen richtigen und zahllose falsche Wege gibt, etwas zu tun. Doch jede theoretische Konzeption, die in oder zwischen den Zeilen in geschichtsphilosophischer Eindeutigkeit mündet, muss früher oder später, allein um dem Anspruch der Universalität gerecht zu werden, übergriffig zur Gewalt tendieren, letztlich töten und abtöten.

Das ist gewiss eine harte Anklage. Doch ist es nicht diese Anklage selbst, sondern jene wirtschaftliche wie wirtschaftswissenschaftliche Verfasstheit, auf die sie sich bezieht, die uns empören sollte: Wirtschaftswissenschaft lediglich als Formalwissenschaft zu betreiben, heißt zwangsläufig, eine Abwendung von der Welt in Kauf zu nehmen, die als Hinwendung zu einem vermeintlichen Expertentum kommt, das sich festsetzt und abschirmt, die historischen und normativen Quellen, denen es entspringt und auf die es sich bezieht, gar gänzlich zu verschweigen pflegt. Entzeitliche Ökonomik ist im doppelten Wortsinn der Anfang vom Ende. Ohne räumliche und zeitliche Bezüge, die unabwendbar auch kulturelle Bezüge sind, verwirklicht sich eine inhaltliche Entleerung als falsche Abstraktion, bis nur noch eine Hülle zurückbleibt, die sich nach Belieben füllen lässt. Zu Beginn des 21. Jahrhunderts sind die Wirtschaftswissenschaften in ihrer mehrheitlichen Konstitution an einem Punkt angelangt, an dem ihre wesentliche Beschäftigung darin besteht, mit kindlicher Liebe und glänzenden Augen dieser Hülle zu huldigen.

Das sagt viel über das Fach, vielleicht aber mehr noch über deren Vertreterinnen und Vertreter. Die Wissenschaft des Werteschaffens ist insofern auf Ebene ihrer Verfechterinnen und Verfechter sowie der von ihnen verfochtenen Inhalte von einer bemerkenswerten *Eigenschaftslosigkeit* geprägt.[2] Im Versuch einer Beantwortung der Frage danach, für was man mehrheitlich als Ökonomin oder als Ökonom überhaupt steht und einsteht, entsteht alsbald eine erstaunliche Sprachlosigkeit. Zwar scheint es eine mehr oder weniger kongruente Vorstellung davon zu geben, was mit *Wirtschaftlichkeit* gemeint sein könnte, Wirtschaft selbst wird dabei jedoch immer schon vorausgesetzt. Das heißt, die so wesentlichen Bedingungen dafür, überhaupt von *Ökonomie* und dem *Ökonomischen* denken, reden, schreiben zu können, geraten gar nicht erst in den Blick und können folglich auch nicht zur Disposition gestellt werden. Im Mittelpunkt (oder auch nur in der Peripherie) einer solchen Wirtschaftsforschung steht dann folglich auch nicht die tiefergehende Frage nach dem Zustandekommen von gesellschaftlichen Verhältnissen, in denen gewisse Dinge als ökonomische Dinge wesentlich und schließlich praktisch wirksam werden können, beziehungsweise der wissenschaftlichen Möglichkeit dafür, diesem Zustandekommen mit Erstaunen zu begegnen.

Der Mangel an Bereitschaft, sich hinreichend offenzuhalten für Möglichkeiten des Staunens, des Unverständnisses wie des Verstehens, ist auch eine Weigerung, inhaltlich Farbe zu bekennen. Meine Behauptung läuft darauf hinaus, dass Wirtschaftswissenschaften heute mehrheitlich von Menschen betrieben werden, an die sich in einigen Jahren oder Jahrzehnten schon ungefähr niemand mehr fachlich erinnern wird, die keine wesentlichen Beiträge zur Entwicklung des Faches und des damit verbundenen Gegenstandes geleistet haben, sondern nur gebetsmühlenartig legitimieren und wiederkäuen, was ist. Ökonomik ist zu Beginn des 21. Jahrhunderts in einer tiefsitzenden Gedankenlosigkeit gefangen, die vor der Kulisse eines planetaren Zerfalls zunehmend bizarr daherkommt. Niemals dürfen wir uns daran gewöhnen! Niemals darf es einfach hingenommen werden, wenn systematisch Leid mit Sinn belegt wird!

Nun ist die Welt, in der wir leben, gewiss nicht die »beste aller Welten«[3] – was auch immer damit im Einzelfall gemeint sein könnte. Doch statt darum zu ringen, diese besser zu machen, wird unter dem Vorwand wissenschaftlicher Unparteilichkeit nicht nur erhalten, was ist, sondern die tötenden und abtötenden Tendenzen selbst fortwährend zur vollen Konsequenz getrieben. Die Selbstverständlichkeit, mit der dieses Denken als wissenschaftliche Exzellenz gefeiert wird, ist einstmals in guter Absicht und mit hehren Zielen auf den Weg gebracht worden. Heute ist das hektische Restaurieren eines längst morschen Fortschrittsversprechens in erster Linie

Ausdruck einer fundamentalen Hilflosigkeit. Sie zeigt an, dass wir in Verhältnisse geraten sind, in denen wir uns nicht oder noch nicht zu bewegen wissen. Die groteske Gefahr liegt in der Beiläufigkeit, in der schockierenden Mittelmäßigkeit, der Durchschnittlichkeit, in der sich die »Banalität des Bösen«[4] als mutmaßlich amoralische Managementaufgabe tagein, tagaus verwirklicht.

Doch es sind Vorurteile, keine Urteile, die aus einer fundierten Reflexion über den eigenen Gegenstand, Wirtschaft, entstanden sind. Daran ändert auch die Tatsache nichts, dass gerade jene, die diese Vorverurteilung des mutmaßlich Ökonomischen institutionalisieren, sich selbst als Speerspitze akademischer Könnerschaft feiern und feiern lassen. Das ist nicht nur überheblich, sondern verfestigt zugleich die geschichtsvergessene Weigerung, sich der Vielfalt möglicher Zukünfte als einem offenen Feld zu nähern. Das Gegenteil ist der Fall. Diese Vorurteile greifen Platz, sie schließen fortwährend das, was mit Wirtschaft gemeint sein könnte, mit dem kurz, was Wirtschaft letztlich zersetzt und zerstört – und mit ihr alles, was ihr noch in die Hände fällt. Sie schütten auf gewisse Weise das Kind mit dem Bade aus, indem sie die heilige Lüge der Ökonomik so darstellen, als läge es in der Natur der Sache, als müsste die Katastrophe zwangsläufig kommen.

Dieser Ruf nach vermeintlichen Grundlagen des Faches erschöpft sich letztlich noch immer in dem Bemühen, der Zeitlosigkeit ewiger Gesetze des Ökonomischen das Wort zu reden.[5] Unübersehbar wird die ökonomische Glaubensgemeinschaft an solchen Stellen, an denen die praktischen Auswüchse des Faches – mitlaufende Abtötungen vielfältiger Art von menschlicher wie nichtmenschlicher Natur – mit dem Verweis auf eine unsachgemäße Anwendung der eigenen Lehre abgetan werden: Nur die vollends entfaltete Optimierung der Welt sei der eine Weg, den es zu verfolgen gelte. Im Ergebnis zeigt sich die Fortführung und legitimatorische Zementierung eines vermeintlich amoralischen und zweifelsfrei konsumistischen Steigerungsspiels, das heute nicht länger Fortschritt und Wohlstand befördert, sondern abstrakten Reichtum zum Preis konkreter Verwüstung hervorbringt.

Schon in der Frühphase dessen, was wir heute noch immer *Betriebswirtschaftslehre* nennen, hatte Werner Sombart auf die dequalifizierende, also Eigenschaften vernichtende Wirkung der doppelten Buchhaltung hingewiesen.

»Die doppelte Buchhaltung ist aus demselben Geiste geboren wie die Systeme Galileis und Newtons, wie die Lehren der modernen Physik und Chemie. Mit denselben Mitteln wie diese ordnet sie die Erscheinungen zu einem kunstvollen System, und man kann sie als den ersten, auf den Grundsatz des mechanischen Denkens aufgebauten Kosmos bezeichnen [...] Die doppelte Buchhaltung ruht auf dem folgerichtig durchgeführten Grundgedanken, alle Erscheinungen nur als Quantitäten zu erfassen, dem Grundgedanken also der Quantifizierung, der all die Wunder der Naturerkenntnis zutage gefördert hat, und der hier wohl zum ersten Male in der menschlichen Geschichte mit voller Klarheit zum tragenden Gedanken eines Systems gemacht worden ist.«[6]

In historischer Reflexion fiel die Verbreitung und Verwissenschaftlichung dieser Denkfigur der buchhalterischen Quantifizierung als Dequalifizierung wohl nicht zufällig mit der Gründung der ersten Handelshochschulen in Deutschland zusammen.[7] Während 1898 in Leipzig und Aachen, 1901 in Frankfurt/Main, 1906 in Berlin, 1907 in Mannheim und 1910 in München die Tore dieser Einrichtungen das erste Mal aufgeschlagen wurden, ereignete sich zeitgleich jene Geschichte, von der Robert Musil in seinem Roman *Der Mann ohne Eigenschaften* erzählt. Dort berichtet ein Mann mit über einen Mann ohne Eigenschaften:

»[E]s kommt ihm bei nichts darauf an, was es ist, sondern nur auf irgendein danebenlaufendes ›wie es ist‹, irgendeine Zutat, kommt es ihm immer an.«[8]

Damit ist recht präzise jener Weg der gleichmütigen Zutaten markiert, auf dem in Theorie und Praxis des Unternehmens über das 20. Jahrhundert hinweg eine sich wechselseitig befeuernde Ausblendung, Unterwanderung und Zerstörung von inhaltlichen Fragen, konkreten Qualitäten und praktischen Parteilichkeiten eskalierte. Die Folgen sind zerstörerisch und selbstzerstörerisch: Unternehmensskandale[9], fragile Finanzströme[10], zur Erschöpfung getriebene Menschen[11], ein geplünderter Planet[12] und überhaupt eine unheilvolle Vergewaltigung von Natur[13] und Zerstörung von Naherfahrungsräumen[14].

Gewiss sagt sich so etwas vergleichsweise leicht, denn auf Metaebenen scheint es stets bequemer zu sein, da man über den Dingen zu stehen scheint. Doch es scheint nur so. Solche Kritik ist weder Nörgelei noch Bashing, sondern macht sich selbst die Hände schmutzig. Kritische Ökonomik, Wissenschaft allgemein, ist kritisch in dem Sinne, in dem Literatur-, Film- oder Restaurantkritiken kritisch sind. Jenen ist es nicht darum zu tun, Literatur, Film oder Restaurants abzuschaffen, sondern für deren Qualität einzustehen. Sie sind kritisch, gerade *weil* ihnen der kritisierte Gegenstand wichtig ist. Die Sprache, die ich dafür wähle, ist also auch deswegen so deutlich, bisweilen drastisch, weil die Auswüchse, die ich damit zur Sprache bringe, so deutlich, bisweilen drastisch, nach einer Neuausrichtung drängen. Entsprechend geht es auch mir zu keiner Zeit darum, Ökonomik oder die sie Betreibenden klein zu machen, zu zerschlagen oder bloßzustellen, Ökonomik gar abzuschaffen, einfach fallenzulassen oder ihr Tradiertes abzustreifen, sondern einzig darum, die Grenzen solchen Denkens abzustecken und just durch das Abstecken von Grenzen den Ort des Ökonomischen zu erkunden, es an seinen Platz zu stellen und dadurch Perspektiven für eine zukunftsfähige Ökonomik und Ökonomie aufzutun.

Vor diesem Hintergrund stellt sich in Paraphrase von Friedrich Nietzsche mehr denn je die Frage danach, welchen Nutzen und Nachteil denn Ökonomik für das Leben überhaupt noch hat oder unter welchen Bedingungen inwiefern wieder haben könnte.[15] Doch darüber, was Wissenschaft kann und soll, wurde vermutlich zu keiner Zeit nicht gestritten. Die substanzielle Offenheit dessen, was mit *Erkenntnis*, *Wahrheit* oder *Wissenschaft* gemeint sein könnte, kündigt sich je nach fachlicher Couleur in den zahlreichen Methodenstreiten an.[16] Unabhängig davon, welcher Standpunkt dabei im Detail eingenommen wird, ist schlicht nicht wegzudiskutieren, dass Wissenschaft zu keiner Zeit die Welt nur distanziert beschrieben oder erklärt hat, wie sie ist oder erscheint, sondern stets performativ geworden ist. Die denkenden Menschen sind stets kulturgeschichtlich Hervorgebrachtes wie Kulturgeschichte Hervorbringendes. Gewiss gehört es heute in das Feld der Binsenweisheiten, dass der bloße Umstand der Beforschung das zu Erforschende verändert. In unzureichendem Maße scheint sich gleichwohl erst herumgesprochen zu haben, dass die Einsichten der Beforschung selbst praktisch folgenreiche Narrative produzieren und damit niemals nur distanziert sein können, sondern fortwährend performativ werden.[17]

Zudem wirkt auch das zu Erforschende auf die Forschenden. Bereits gegen Mitte des vergangenen Jahrhunderts hat Georges Devereux überzeugend herausgearbeitet, dass die Erforschung des Sozialen die Forschenden als soziale Wesen von der Sache her berührt.[18] Der akademische Duktus (später Dünkel) der Distanznahme, der spätestens mit Norbert Elias in den sogenannten Sozialwissenschaften seit den 1930er Jahren salonfähig gemacht wurde, begründet sich just darin: in der methodischen Kaschierung der Angst vor dem eigenen Gegenstand.[19] Mangelnde Distanz, so Elias, führe zu Denkweisen, »die mehr phantasie- als wirklichkeitsorientiert«[20] seien und sich damit selbsteskalierend reproduzieren und die Situation selbst stetig weiter vernebeln würden. Zweifellos ist die »Zurückstellung der augenblicklichen Wünsche und der persönlichen Parteilichkeiten«[21] ebenso ein integres Anliegen, wie das, was ist, wirklichkeitsbezogen kritisieren zu können. Gerade deswegen ist die Wahrung von Distanz gleichsam wichtig wie gefährlich.

Das Spannungsfeld selbst lässt sich nicht auflösen. Es ist jedoch reichlich instruktiv, an eine sprachgeschichtliche Verwandtschaft zu erinnern: *Angst* kommt von *Enge*.[22] Je enger die Methodik verfasst ist, desto unbewusster macht sie die Angst vor dem Gegenstand, so Devereux, »und nirgends wird potenziell mehr Angst mobilisiert als wenn Menschen ihre Sonden zur Erforschung der Welt auf ihre eigene Sterblichkeit richten oder diese auch nur unbewusst streifen.«[23] Es ist mithin weitaus leichter, Leid zu zählen als es zu erzählen oder gar zu erleben. Das Zählen, Messen oder Wiegen reduziert damit eine Qualität auf eine Quantität und dequalifiziert damit nicht nur den Gegenstand, sondern auch sich selbst in der Traktierung desselben.

Freilich berühren jedoch auch die auf Distanz gebrachten Gegenstände und werden ihrerseits berührt. Je enger die Methodik, je stärker der Drang, die Dinge nur *in abstracto* zu denken, desto gefühlloser und letztlich übergriffiger wird die kulturgeschichtliche Performanz, die solche Wissenschaft entfaltet. Reduktionistische Konstruktion neigt zu Gewalt.[24] Das gilt besonders dann, wenn die Stummheit der Daten auf die Betrachtenden übergeht, die mit Gleichgültigkeit reagieren. Der szientistische Hang, durch mathematische Rigorosität präzise Gesetze aufdecken zu wollen, ist insofern nicht Krönung wissenschaftlicher Exzellenz, sondern Speerspitze ihres Niedergangs. Der deutsche Philosoph Georg Picht formulierte dazu:

»Eines der Fundamentalprinzipien der neuzeitlichen Naturwissenschaft heißt: alles, was ist, ist quantifizierbar [...] Wenn alles, was in der Natur ist, notwendig ist, verschwindet die Modalität der Möglichkeit aus der Natur. Sie wird zurückprojiziert in das naturlose Subjekt und bildet den Spielraum seiner Freiheit [...] Die Naturwissenschaft hat zwar in ihren Experimenten von dieser Freiheit schrankenlos Gebrauch gemacht. Aber sie hat sie zugleich theoretisch geleugnet und hofft noch heute, die gesamte Sphäre der Subjektivität auf deterministische Modelle reduzieren zu können. Man kann den Prozeß der Naturwissenschaft als ein einziges großes Unternehmen beschreiben, das dem Versuch gilt, den Bereich der Möglichkeit der Modalität der Notwendigkeit zu unterwerfen. Das führt, wie wir heute sehen, zur Zerstörung der Natur.«[25]

Das Eliminieren von Undurchdringbarkeit und Endlichkeit aus den Gedanken – und gerade deswegen ebenfalls der Möglichkeit, dass die Dinge auch anders sein könnten – brachte eine verwahrlosende Tötungslust im Denken hervor: Den Tod aus dem Inhalt des Denkens fernzuhalten, ließ ihn stattdessen auf die Struktur des Denkens wandern.[26] Der Aufstieg der sogenannten modernen Wissenschaften ist in diesem Lichte der Siegeszug einer Gefühllosigkeit, die jede Lebendigkeit zu verleugnen, zu verdrängen, zu überwinden geboten hat. Doch Denken, das vermeidbares Leid mit Sinn belegt, das tötet und Verderben bringt, ist eine falsche Tragödie, deren Katastrophe ohne Notwendigkeit kommt, ein Skandal, keine wahre Erkenntnis.

Die gesamte Studie zu diesem Zusammenhang, die mit diesem Buch nun in einer ersten Fassung vorliegt, ist schlussendlich als eine ausführliche Reflexion über nur einen Satz von Arno Gruen auf den Weg gekommen:

»Wissenschaft, gerade weil sie die allgemeine Abspaltung von Gefühlen institutionalisiert, belohnt diejenigen, die ohne Seele sind.«[27]

Nicht trotzdem, sondern gerade deswegen stellen sich mehr denn je die Fragen danach, wohin die Reise geht, wo wir heute akademisch stehen und was unter welchen Bedingungen wie warum noch möglich ist. Wie könnte eine Wissenschaft verfasst sein, welche die allgemeine Abspaltung von Gefühlen als in der praktischen Konsequenz entpolitisierend und zerstörerisch bis mordlustig aufgeklärt hat – und diesen Skandal nicht länger hinzunehmen bereit ist? Wie ließen sich Konturen einer Ökonomik andeuten, die nicht fortwährend in die eigene Falle des scholastischen Stumpfsinns tappt und an dem noch so abstoßendsten Gräuel etwas Spannendes zu finden glaubt, der nicht zu allem irgendwas einfällt, das sich noch erforschen und publizieren ließe? Denn zweifellos ist nicht von der Hand zu weisen:

»Nicht der unabänderliche Tod ist der Skandal, sondern das änderbare abtötende Denken und Leben: Das sinnlose und einsame, schmerzvolle und unwürdige Kranksein, Altern und Sterben. Vor allem aber das sinnlose und einsame, schmerzvolle und unwürdige Leben zu vieler Menschen [und anderer Tiere; LH] in zu vielen Lebensphasen: Das ist der Skandal, der Mangel an Fremd- und Selbstrespekt gegenüber Lebensäußerungen und menschlichen Bindungen in ihrer Kraft, Schönheit und Verletzlichkeit ebenso wie die Neigung, andere oder sich selbst zu verletzen.«[28]

Eine Wissenschaft, die fühlt, die sich in anderes, andere und sich selbst einfühlt, die mitfühlt, darf keine esoterische Spinnerei sein. Es geht mir zu keiner Zeit darum, eine Mystifizierung dessen, was ist, voranzutreiben oder in metaphysischer Spekulation mich von der Welt abzuwenden. Im Gegenteil, so behaupte ich, müssen wir geradezu wollen, dass diese Wissenschaft nicht nur auf das, was ist, blickt, nicht nur Existenz thematisiert, die auch vegetativ und von Leid geprägt sein kann, sondern auf Lebendigkeit als Ausdruck eines tätigen Lebens abhebt, das bestenfalls gelingen kann und in aristotelischer Lesart ein gutes Leben ist.

Ein normativer Kurzschluss, der sich über die vergangenen Jahrhunderte erstaunlich beharrlich gehalten hat, ist, das gute Leben auf menschliches Leben engzuführen mit der Begründung, dass Wissenschaft zwangsläufig aus menschlicher Perspektive vonstattenginge. Das erkenntnistheoretische wie -praktische Argument, dass Erkenntnis nicht aus den Fugen und Rissen einer Universalgeschichte quillt, sondern es eben mit Marx und Engels gesprochen »der Mensch, der wirklich lebendige Mensch, der das alles tut, besitzt und kämpft«[29] ist, der Erkenntnis hervorbringt, braucht jedoch substanziell nicht notwendigerweise und schon gar nicht zwangsläufig dazu zu führen, in diesem menschlichen Denken über die Welt den oder gewisse Menschen zentral zu stellen. Im Gegenteil ist es gerade die (nicht exklusive, jedoch sehr ausgeprägte) menschliche Fähigkeit, aus sich herauszutreten, sich *exzentrisch zu positionalisieren* und Verantwortung zu empfinden, die zur Wissenschaft befähigt.[30] Dass Moral – also die Ausdeutung von etwas als Geachtetem oder Geächtetem – nur eine »Wichtigthuerei des Menschen vor der Natur«[31] sei, das formulierte überdies schon Nietzsche.

Von daher ist jedwedes von Menschen bereitete Terrain des Wissenschaftlichen unweigerlich ein normatives Feld, auch und gerade dann, wenn diese Normativität weit von sich gewiesen wird. Über die Notwendigkeit, Humanismus, wie er zumindest gegenwärtig als verabsolutierte Menschzentrierung begriffen wird, als verhängnisvolle Ideologie aufzuklären und bestenfalls überwinden zu helfen, werde ich im Verlauf der Analyse noch ausführlicher schreiben.

Sich mit den wirklichen Problemen der wirklichen Menschen (und anderer Tiere) in der wirklichen Welt zu befassen, bedeutet, Theorie und Praxis nicht länger gegeneinander auszuspielen. Theorie ist also kein Idealzustand oder eine Blaupause, die der Praxis letztlich unwirklich entgegensteht. Umgekehrt führt das Fernhalten von Theorie auch nicht automatisch in Perspektiven praktischer Exzellenz. Theorie und Praxis sind eng aufeinander bezogene, reflexiv verklammerte Begriffe. Praktisch relevant wird Theorie dabei in dem Maße, in dem sie als »educated cousin of common complaint«[32] und just deswegen als praktische Lebenshilfe betrieben wird. Theorie versetzt somit in die Lage, das, was ist, zu kritisieren und zu problematisieren und aus der Analyse der Ambivalenzen dessen, was ist, die Bedingungen des nun noch Möglichen als alternative Entwicklungsrichtungen analytisch zu entblättern. Theorie, so verstanden, steht im Rücken von Dogmatik.

Über den Typus und *modus operandi* jener Wissenschaft, die aus dieser Einsicht resultiert, lässt sich von daher als Minimalbedingung der Anspruch festhalten, dass sie stets in den Sachen und im selben Augenblick außer den Sachen sein muss – sich Münchhausen gleich am eigenen Schopf aus dem Sumpf zu ziehen habe.[33] Solche Wissenschaft muss sich die Hände schmutzig machen und vollbringen, was schlicht nicht eindeutig und objektiv zu vollbringen ist. Das ist gewiss nicht leicht. Wäre es das, würden wir es vermutlich längst vermehrt tun. Und es lässt sich gewiss auch nicht nach einem vorgestanzten Schema abarbeiten. Es liegt letztendlich auch nicht in den Geschicken einer allumfassenden Universalgeschichte verborgen, der es nur mit den richtigen methodischen Mitteln beizukommen gelte. Weder ein methodologischer Kunstgriff noch die nach oben offene Metaskala können hinreichend befriedigende Lösungen herbeiführen. Sich davon nicht dumm machen zu lassen und in Stumpfsinn zu verfallen, bloß weil es keine ersten und letzten Antworten geben kann, ist ein sehr subjektives Unterfangen, das heute gleichwohl schwieriger denn je fällt.[34]

Der Wissenschaft (und das bedeutet nachkommend: Wirtschaftswissenschaft), der ich mit den folgenden Ausführungen das Wort reden werde, rede also zunächst einmal nur ich das Wort. Und doch weist mein Drang, den ich dabei empfinde, weit über mich selbst hinaus. Dieses Buch ist getragen von der Weigerung, die gegenwärtigen Missstände einfach hinzunehmen. Das theoretische wie gesellschaftspolitische Anliegen, das ich mit diesem Buch stattdessen verfolge, ist ein Versuch einer Grundlegung einer Ökonomik, die stets selbst auf schwankendem Grund steht, die sich selbst an ihren Ort zu stellen versucht, sich aufhebt. Statt metaphysische Glasperlen durch die Finger gleiten zu lassen, verpasst sie der einstweilen zur scheinbar grenzenlosen »Apokalypse-Blindheit«[35] beschworenen Euphorie von Immanuel Kant, der gemäß es für die Menschen nur beständig besser werden könne[36], einen Dämpfer und schreitet stattdessen fortschrittskritisch voran.[37] Nun könnte gewiss eine allzu beherzte Dogmatikerin einwenden: ›Also glaubst Du doch an den Fortschritt. Du willst ihn nur anders!‹ Dem hielte ich entgegen: ›Es geht mir mitnichten dogmatisch um Fortschritt. Doch es geht mir auch nicht darum, ihn im Skeptizismus zu ersäufen. Wir Menschen haben die Fähigkeit, uns zu entwickeln. Wir wissen nicht, wer sie uns warum gab – und das ist für den Augenblick auch gar nicht wichtig. Lasst uns davon ausgehend analysieren, *welchen* Fortschritt wir wie und warum für sinnvoll erachten – und welchen nicht.‹

Mit anderen Worten: Es geht mir um eine Ökonomie und damit Ökonomik, die voll, vielleicht gar übervoll ist von Endlichkeit und Begrenzung, um eine Ökonomik, die das Leben – in der ganzen Subjektivität, aber auch der Mitweltlichkeit, die damit einhergeht – wieder als besseres, vielleicht gar gutes Leben reflektiert und behandelt, und es geht mir um eine Ökonomik, die nicht länger von *dem* Menschen ausgeht. Von daher ist die zentrale Figur meiner Abhandlung, beides zugleich im Spiel zu lassen: den Nutzen wie den Nachteil von Ökonomik für das Leben. Dieses Buch kann nur ein Anfang sein.

2 Wir Ökonominnen und Ökonomen

Jene Wissenschaften, deren Studium mit vergleichsweise deutlichen Tätigkeitsbildern für die Zeit nach dem Studium verknüpft ist, sind besonders anfällig dafür, den eigenen Gegenstand zu zelebrieren, statt ihn zu problematisieren. Ob es letztlich dieser allzu unkritische Hang des affirmativen Abfeierns von Wirtschaft und Unternehmen war, der es Max Weber seinerzeit als Zumutung empfinden ließ, mit (ehemals empirisch geschlechtergerecht formuliert) Ökonomen eine Fakultätssitzung abhalten zu müssen, ist *en detail* nicht überliefert. Sehr wohl aber, dass allein der Umstand für ihn eine war.[38]

Zu Beginn des 21. Jahrhunderts lässt sich die akademische Disziplin der Wirtschaftswissenschaften in ihrem mehrheitlichen Hauptstrom beschreiben als eine Form der scholastischen Selbstbefriedigung, die nicht nur ungefähr keine relevanten Einsichten hervorbringt, sondern zugleich ein gedankenloses Denken katalysiert und reproduziert, das wesentlich um sich selbst kreist, ohne sich selbst darin zu sehen: Wir Ökonominnen und Ökonomen haben uns und die Welt in der Beschäftigung mit uns selbst verloren. Die »geistige Monokultur«[39], die in Forschung und Lehre als einseitiger Hauptstrom[40] und als ideologische Indoktrinationstechnologie[41] wirksam wird, hebt auf entzeitlichte und objektivierte Einsichten über wirtschaftliche Prosperität ab. Sie zielt darauf, spekulative Prognosen und allgemeinste Verfahrensregeln aufzustellen, die sich in jeden und keinen Dienst stellen lassen, denen alles und jedes gleichgültig geworden ist, die nicht mehr darum ringen, diese Welt besser zu machen. Sie ist mithin Ergebnis und Medium einer ganz und gar um das Politische gebrachten Form des Dahinlebens.

Das wissenschaftliche Ethos der kritiklosen Hinnahme von Wirtschaft und wirtschaftlichen Akteuren speist sich aus positivistischen Prämissen, die im 18. Jahrhundert bereits durch die Neoklassik vorgezeichnet wurden und die im Versuch der zunehmenden Angleichung an naturwissenschaftliche Praktiken des Forschens und Publizierens bis ins 21. Jahrhundert fortwirken. Eine Wissenschaft, die wertfrei sein will, *muss* freilich unkritisch sein, da sie die zur Kritik notwendige Normativität mithin weit von sich weist. In dem Lehrbuchklassiker von Wöhe und Döring ist auch in 25. Auflage unbeirrt – und vermutlich einstweilen auch unbeirrbar – nachzulesen:

»Die wirtschaftstheoretisch fundierte Betriebswirtschaftslehre verzichtet bei der Lösung des Koordinationsproblems auf alle Ambitionen zur Schaffung einer besseren und gerechteren Welt.«[42]

Dasjenige, woherum ökonomische Betätigung und Wirkung wesentlich kreist, ist gewiss nicht *das* Koordinationsproblem. Solch singuläres Denken und Nachdenken über das Ökonomische ging so lange gut, wie die vermeintlich wirtschaftlichste Handlung zugleich als die moralisch beste galt. Die wirtschaftswissenschaftliche Tendenz, sich normativer Urteile zu enthalten, beziehungsweise nur scheinbar zu enthalten, reflektiert sich von daher in dem Umstand, dass seit der berühmten Formel des *größten Glücks der größten Zahl* von Francis Hutcheson Selbstbezüglichkeit zur Leit- und Leiderfahrung gesellschaftlicher Entwicklung wurde.[43] Heute ist längst aufgeklärt, dass die Sache so einfach nicht ist.[44] Was im 18. Jahrhundert unter Bedingungen materieller Not und Unterversorgung in gesellschaftspolitischer Absicht gut gemeint auf den Weg gebracht wurde, ist unter heutigen Bedingungen kaum mehr als ein Moralen verrohender Karrierismus von Ichlingen, die sich unter ihresgleichen tummeln.

Allein der Glaube daran, dass die Versorgung mit Gütern und Dienstleistungen eine eindeutige Veranstaltung sei, die nicht von kulturellen Widersprüchen geprägt ist, ist Teil, vielleicht sogar Kern des Problems. Die Idee von Gütern und Dienstleistungen besteht in dem ökonomischen Hauptstrom damals wie heute nur in äußerster Abstraktheit fort. Gewiss sind sie keine Tatsache, sondern immer schon in historische und damit kulturelle Sinnzusammenhänge eingefaltet, aus welchen sie entspringen und von denen her sie ihre Bestimmtheit beziehen. Rational sind kulturelle Tabus *en gros* eher nicht, jedoch haben sie ihre Gründe. Diesen wäre vermehrt nachzuspüren.

Wirtschaftswissenschaften werden jedoch sinnlos, wenn sie ahistorische Zwangsgesetze als ökonomische Determinismen verkünden. Erkenntnis, die nur um der Erkenntnis willen angehäuft wird, damit die jeweils nachrückende Generation von Wissenschaftlerinnen und Wissenschaftlern sich als semantische Verstärkerinnen und Verstärker des eigenen Milieus besonders klug fühlen darf, sitzt dem positivistischen Irrtum einer Anhäufbarkeit von Wissen auf. Der Wert guter Wissenschaft kann sich nicht an einem in ihr liegenden Maßstab bemessen, sondern nur daran, dazu beizutragen, diese Welt zu einer besseren zu machen. Was als besser gilt, ist freilich eine offene, weil nur praktisch zu beantwortende Frage. Für die Wirtschaftswissenschaft folgt daraus jedoch ein gestalterisches Anliegen, das zumindest in Deutschland seit Erich Gutenberg auf die Verschwisterung von *Erklärung* und *Gestaltung*, beziehungsweise einer Gestaltung *durch* Erklärung gebracht wird.[45]

Von daher ist für Ökonominnen und Ökonomen das Verhältnis von Theorie und Praxis, Erfahrung und Wissenschaft ein höchst relevantes. Üblicherweise wird so verfahren, dass entweder eine scheinbar von jeder Empirie gereinigte Theorie zentral steht, die es zu testen gilt, oder es wird einer scheinbar von jeder Theorie gesäuberten Empirie das Wort gesprochen. Statt also Theorie und Praxis als ein stets wechselseitiges und daher nicht auflösbares Spannungsfeld reflexiv aufeinander zu beziehen, wird entweder induktiv oder deduktiv das eine gegen das andere ausgespielt.[46]

In den letzten zehn Jahren greift in den Wirtschaftswissenschaften nun zur Wahrung akademischer Relevanz die Phrase der *Evidenzbasierung* in beeindruckendem Maße Platz. Der Begriff der evidenzbasierten Forschung kommt aus der klinischen Medizin der 1980er Jahre[47] und meint letztlich, in der Anrufung der vermeintlichen Faktizität dessen, was empirisch evident erscheint, sich affirmativ an den Status Quo zu verlieren. Die für die evidenzbasierte Forschung so zentrale Frage »what works?«[48] kreist damit wesentlich darum, *wie* die Dinge sind, nicht *was* sie sind. Statt die Herausbildung eines theoretisch elaborierten Verstehenwollens zur Kritik dessen, was ist, zu befördern, wird ein instrumenteller Habitus der Fertigbaukästen heraufbeschworen, der droht, zu einer repressiven, weil letztlich gleichgültigen und damit abrichtenden und zurichtenden Menschenführungstechnik zu verkommen, der gilt, dass wer nicht will, muss.

Mit anderen Worten: Ökonomische Akteure sollen als Patientinnen und Patienten begriffen werden, deren diagnostizierten Wehwehchen, Krankheiten und Gebrechen es mit der evident richtigen Medizin beizukommen gilt, damit diese wieder auf den scheinbar widerspruchsfreien Pfad zum ewig Besseren zurückkehren können. Der »libertarian paternalism«[49], der sich daraus ergibt, führt auch gesellschaftspolitisch zu antidemokratischen Praktiken des »nudging«[50], wie sie einstweilen von der als *cutting edge* hochgehaltenen Verhaltensökonomik[51] in den wirtschaftswissenschaftlichen Debatten der Gegenwart zu finden sind.

Es krönt keineswegs, dass Richard Thaler diese subtil konditionierende Praxis des An- und Hinstubsens zu einer als besser, gesünder und nachhaltiger geltenden Lebensführung 2017 mit dem *Alfred-Nobel-Gedächtnispreis für Wirtschaftswissenschaften* ausgezeichnet wurde. Denn mit Alfred Nobel, dem (als obszön reichen Unternehmer zunächst erstaunlicherweise) Ökonominnen und Ökonomen laut Briefen aus dem Nachlass verhasst waren[52], wäre ein solcher Preis vermutlich nicht zu haben gewesen.[53] Inhaltlich unbestimmtes Profitdenken, das sich in jeden und keinen Dienst stellen lässt, soll Alfred Nobel schlicht zuwider gewesen sein.[54]

Die Eigenschaftslosigkeit wirtschaftswissenschaftlichen Nachdenkens über die Welt, die damit erneut ins Sichtfeld rückt, schärft den Blick dahingehend, dass die Selbstausweisung von Evidenzbasierung als »realist perspective«[55] keineswegs des Nachbohrens enthebt, inwiefern das überhaupt zutrifft.

Die Annahme, dass sich Realität als Faktizität so ohne weiteres methodisch rigoros einfangen, abbilden, erklären ließe, legt Zeugnis ab über eine systematische Ausblendung erkenntnistheoretischer Fragen. Der normative Amoklauf der Verhaltensökonomik, der als naiver Empirismus auf den Weg kommt, reproduziert damit letztlich nur das Problem toter und todbringender Gedanken als Resultat einer kognitivistischen Vereinseitigung, die für die widersprüchliche Leiblichkeit kultureller Praxis nach wie vor blind ist. Die wirtschaftswissenschaftliche Furcht davor, Mensch zu sein, ist vom Inhalt auf die Struktur des Denkens gewandert.

»It [economics and management studies; LH] relies upon no assumption that individuals act rationally. But it does depend for its practical *raison d'être* upon the assumption that it is desirable that they should do so.«[56]

Die Flucht vor den eigenen Widersprüchen scheint gleichwohl kein exklusives Problem der Wirtschaftswissenschaften zu sein, wohl aber eines, das in der Konsequenz anders gelagert ist als bei gesellschaftlich weniger wirksam werdenden Disziplinen. Das subversive Einschreiben wirtschaftswissenschaftlicher Narrative in die praktischen Umstände des gesellschaftlichen Für-, Gegen-, Neben- und Miteinanders, das gegenwärtig als *Performativität von Ökonomik* diskutiert wird, öffnet den Blick für die besondere Verantwortung, die Wirtschaftswissenschaften als eben nicht nur beobachtende, beschreibende oder erklärende Wissenschaften tragen.[57]

Die akademische Entwicklung gleichwohl, die in dieser Fluchtbewegung zur Sprache gebracht wird, ist eine, die sich auch jenseits der Wirtschaftswissenschaften beobachten lässt. Schon in den 1950er Jahren schrieb der Soziologe Charles Wright Mills über seine Beobachtungen von zunehmendem Empirismus in der Sozialforschung und einer damit verbundenen Kleinteiligkeit im Denken des damaligen wissenschaftlichen Nachwuchses:

»Selten habe ich bei einem dieser jungen Leute, wenn sie erst einmal richtig dazugehören, Anzeichen von echten intellektuellen Zweifeln entdeckt. Und niemals habe ich bei ihnen ein leidenschaftliches Interesse an einem wichtigen Problem gesehen, jene Art von Neugier, die den Geist zwingt, in alle Richtungen zu wandern, alle Mittel zu nutzen und, wenn nötig, ganz neu anzusetzen, bloß um etwas *herauszubekommen*. Diese jungen Leute sind weniger unruhig als methodisch, weniger phantasievoll als geduldig; sie sind aber vor allem in jedem historischen und theologischen Sinn des Wortes dogmatisch. [...] Diese Leute haben die Sozialforschung als Laufbahn gewählt; sie haben sich sehr früh sehr stark spezialisiert und sie haben sich eine tiefe Gleichgültigkeit oder Verachtung gegenüber der ›Sozialphilosophie‹ angeeignet – die für sie bedeutet, ›Bücher aus anderen Büchern zusammenzuschreiben‹ oder ›bloß zu spekulieren‹. Hört man ihren Gesprächen zu, um herausfinden, wofür sie sich interessieren, offenbart sich eine trostlose geistige Beschränktheit.«[58]

Das ist mehr Gesellschaftskritik als individuelle Verhaltenskritik und insofern umso dramatischer. Das institutionelle Gefüge, das aus dieser Geisteshaltung und Praxis gegen Mitte des vergangenen Jahrhunderts begann, rigider zu werden, wirkt insofern zurück, bedingt, ermöglicht und restringiert konkretes wissenschaftliches Tun und wird in diesem Tun reproduziert, variiert oder erhalten. Gewiss: Der Freigeist ist in Verruf geraten. Dem romantisierenden Blick zurück steht insofern eine akademische Praxis entgegen, der mit guten Argumenten allein nicht beizukommen sein wird.

Dogma, aus dem altgriechischen *dógma*, bedeutet *Lehrsatz* im Sinne einer unverrückbaren und über jeden Zweifel erhabenen Verordnung. Gerade in der mehr oder weniger kritischen wissenschaftlichen Beschäftigung mit ökonomischen Phänomenen bezieht die überwältigende Mehrheit der sich zu Wort Meldenden ihre Kraft aus Dogmen statt aus Neugier oder dem Wunsch, etwas herauszubekommen. Wenn ich in diesem Buch also von *Ökonominnen* und *Ökonomen* schreibe, so tue ich das absichtsvoll. Es geht mir mithin um *Wirtschaftswissenschaften* statt um *Wirtschaftslehren*.

Die historisch gewachsene und mehrheitlich institutionell vorgezeichnete Untergliederung in die *Betriebs-Wirtschaftslehre* einerseits sowie die *Volks-Wirtschaftslehre* andererseits ist von der Sache (=Betrieb und Volk) und von der Haltung (=Lehre statt Wissenschaft) eine unheilvolle Entwicklung. Dass zwar von *Wirtschaftswissenschaft* als einem einenden Dach die Rede ist, darf nicht darüber hinwegtäuschen, wie terminologisch aus der Zeit geschlagen, sachlich falsch und praktisch verheerend diese disziplinäre Überspezialisierung einstweilen ist.

Den real existierenden und institutionell verfestigten Graben, der heute zwischen der sogenannten Volks- und der sogenannten Betriebswirtschaftslehre existiert, möchte ich in der Tendenz eher aufschütten als ausheben. Insofern schreibe ich an dieser Stelle versöhnlich von einer Wissenschaft des Werteschaffens, die sich also mit den Bedingungen der Möglichkeit dafür befasst (befassen möchte, befassen könnte, befassen sollte), überhaupt von Praktiken des Wirtschaftens denken, reden und schreiben zu können.

Die Kritik, die ich nachfolgend entfalten möchte, um einer solchen Ökonomik den Boden zu bereiten, geht von daher an die Substanz, weil sie an die Substanz gehen muss. Wenn ich also sage, dass eine gewisse Ökonomik diesen oder jenen Nutzen und Nachteil für das Leben hat, so weiß ich, dass ich damit unvermeidlich etwas sage, das aneckt, anstößt und gerade bei den bestimmtesten Verfechterinnen und Verfechtern jener Ökonomik für Unmut sorgen wird. Von daher sage ich es nicht einfach und unter Umständen zu gerade heraus, sondern begebe mich zunächst auf Umwege, deren Abschreiten dem Argument Gehalt und der Abhandlung die notwendige Vorsicht zuteilwerden lässt.

Aus diesem Grund argumentiere ich nachfolgend auch primär auf inhaltlicher Ebene, nicht auf Ebene von Schulen oder deren Vertreterinnen und Vertretern. An keiner Stelle sage ich damit, dass es nur *eine* Ökonomik gibt. Die Anklage einer in Stumpfsinn verfallenen Ökonomik adressiert nur gewisse Strömungen innerhalb eines durchaus heterogenen Feldes, von denen sich heute gleichwohl eine ganze Reihe zu einem epistemologischen, ontologischen und methodologischen Hauptstrom verschwistern. Manche nenne ich bei Namen, die meisten jedoch nicht. Nicht, weil sie namenlos sind oder ich sie als solche mystifizieren will, sondern weil mir die Kritik an den Strömungen selbst kein Anliegen ist. Streitigkeiten zwischen Schulen waren schon ungefähr immer müßig. Es geht mir ausschließlich um die inhaltliche Ausgestaltung – und die erfordert keineswegs zwangsläufig eine Benennung beim Namen, sondern bei den Verfasstheiten. Die Kritik richtet sich also an all jene Strömungen, Schulen sowie deren Adjutantinnen und Adjutanten, die in der Sache getroffen oder zumindest gestreift sind. Leider fokussiere ich damit zugleich jenen Teil der Wirtschaftswissenschaften, der thematisch unsere heutigen Bildungsinstitutionen, allen voran die Hochschulen dominiert.[59]

Das mag in den Ohren jener, die das Gegenwärtige schon für zukunftsfähig halten oder selbst mit dem Versuch befasst sind, Perspektiven von Zukunftsfähigkeit aufzutun, vermessen, gar anmaßend klingen. Freilich: Die Kritik, die an den bestehenden Varianten wirtschaftswissenschaftlicher Begriffsfindung in Anschlag gebracht wird, bringe zunächst einmal nur ich an. Das ist und will kein allgemeingültiger und schon gar kein letzter Maßstab sein, sondern eine historisch konkrete Argumentation und Beweisführung meiner historisch konkreten Daseinsweise, die ihre zur Kritik notwendige Normativität aus der Ablehnung einer spezifischen Praxis bezieht, die von einer Problematisierung herrührt. Diese kritische Perspektive empfiehlt sich durch ihre Bescheidenheit: Zu keiner Zeit sage ich, dass dieses oder jenes Phänomen problematisch ist. Ich sage nur, dass ich dieses oder jenes Phänomen mit diesen und jenen Argumenten für problematisch erachte. Das will weder Wahrheit sein noch universelles Gesetz. Nur ich bin es also, der auf jene blinden Flecken, Unausgesprochenes und bisweilen gar Unaussprechbares als *politische Unternehmenstheorie* aufmerksam zu machen versucht. Ich spreche für kein abstraktes Gebilde – nicht für *die* Menschheit, *die* Wissenschaft, *die* Zunft oder sonst wen – nur für mich selbst. Und doch ist es kein persönliches Anliegen, das ich mit dieser Studie verfolge, weil dieses Vorgehen unbestritten mit der Einladung verbunden ist, auf gebildeter Ebene Teil der Argumentation zu sein, ihr eine Facette beizufügen oder mehrere als Unfug aufzuklären und natürlich, nur deswegen wurde die Mühe der schriftlichen Niederlegung unternommen, den performativen Beweis ihrer praktischen Tauglichkeit oder Untauglich zu erbringen – ein anderes, ein lebendigeres Unternehmertum zu befördern, das die Missstände dieser Welt nicht länger zu akzeptieren bereit ist. Der Pluralismus, dem ich hier das Wort rede, meint also keine Beliebigkeit.

Die forschungsleitende These dieser Studie greift den von Hannah Arendt in die Welt gesetzten Begriff einer *amor mundi*, der Liebe zur Welt, auf und versucht, die Bedingungen der Möglichkeit dafür auszubuchstabieren, diese als regulative Idee wirtschaftswissenschaftlicher Erkenntnissuche fruchtbar zu machen.[60] Die These lautet: *Die Liebe zur Welt kommt als Möglichkeitswissenschaft.*

3 Von Scholastik zu einer kritischen Möglichkeitswissenschaft

Ökonomik als Unternehmenstheorie mit Liebe zur Welt zu betreiben, heißt, der inhaltlichen Unbestimmtheit Substanz zu verschaffen, statt die im Geleit wirksam werdende, Gewalt hervorbringende Gleichgültigkeit gleichmütig hinzunehmen. In dem Maße, in dem Ökonomik für alles und nichts stehen kann, sich in der Beschäftigung mit sich selbst verliert, die Welt, und sich selbst darin, vergisst, wird kein Hahn mehr nach uns krähen.

Die weichspülenden Tendenzen der akademischen Disziplin *Ökonomik* sind in den letzten Jahren vermehrt ins Visier kritischer Abhandlungen gelangt.[61] Bislang unbesehen ist indessen, dass Pluralität und Heterodoxie nicht *per se* die Not wenden, sondern die Krux in den erkenntnistheoretischen Fundamenten liegt sowie in den Ontologien, auf die diese bezogen sind. Nicht das Offenkundige, sondern das Mitlaufende ist das Problematische, und an diesem möchte ich mich im Rahmen dieser Studie abarbeiten.

Ich behaupte stattdessen, und werde dafür argumentieren, dass es weitaus instruktiver ist, Ökonomik als Möglichkeitswissenschaft zu verfassen, statt sie sich selbst und damit der fortwährenden Reproduktion zu überlassen.[62] Doch was hieße das? Den Begriff der *Möglichkeitswissenschaft* übernehme ich in diesem Sinne von Reinhard Pfriem, der ihn vor einigen Jahren in die Welt gestellt und später näher bestimmt und ausgearbeitet hat.[63] Mit dieser programmatischen Ausrichtung verbindet sich ein wichtiger konzeptioneller Übergang:

»Wenn es freilich kulturelle Auseinandersetzungen um die Gestaltung der prinzipiell offenen Zukunft gibt, dann brauchen wir vor allem den Übergang von Theorien über

Strukturen und Systeme zur Erklärung, warum was alles nicht geht, zu Theorien von Innovation und Veränderung in dem Sinne, was unter welchen Bedingungen geht.«[64]

Einer solchen Ökonomik geht es um die Aufhebung der als problematisch erachteten Um- und Zustände, ohne sich selbst als bloß instrumentelle Vernunft zu verzwecklichen. Für eine Ökonomik, die ihre Kritikfähigkeit zurückerlangt hat[65], ist das, was ist, immer auch Potenzial dessen, was sein könnte: »Nur wenn, was ist, sich ändern läßt, ist das, was ist, nicht alles.«[66]

Terminologisch ist der Begriff der *Möglichkeitswissenschaft* auch ursprünglich bei Reinhard Pfriem inspiriert von jenem Roman von Robert Musil, von dem weiter oben schon zu lesen war. Dort heißt es an einer Stelle:

»Wenn es aber Wirklichkeitssinn gibt, und niemand wird bezweifeln, daß er seine Daseinsberechtigung hat, dann muß es auch etwas geben, das man Möglichkeitssinn nennen kann. Wer ihn besitzt, sagt beispielsweise nicht: Hier ist dies oder das geschehen, wird geschehen, muß geschehen; sondern er erfindet: Hier könnte, sollte oder müßte geschehen; und wenn man ihm von irgend etwas erklärt, daß es so sei, wie es sei, dann denkt er: Nun, es könnte wahrscheinlich auch anders sein. So ließe sich der Möglichkeitssinn geradezu als die Fähigkeit definieren, alles, was ebensogut sein könnte, zu denken und das, was ist, nicht wichtiger zu nehmen, als das, was nicht ist.«[67]

Die Frage, die ich eingangs aufgeworfen habe und die darauf abstellte, wofür Ökonominnen und Ökonomen heute eigentlich mehrheitlich stehen, ist in hinnehmbarer Grobschlächtigkeit schnell beantwortet. Wirtschaftswissenschaften werden heute mehrheitlich von Frauen und Männern ohne Eigenschaften betrieben, die, damit er hält, Blei über den Status Quo gießen.

Dieser akademische *Wirklichkeitssinn* hingegen, der gern als Rigorosität[68] auftritt, ist in seinem Glauben, Wirklichkeit widerspruchsfrei einfangen zu können, nicht nur naiv, sondern nimmt das Gegebene als gegeben hin und verneint damit Kontingenz als wesentliche Einsicht jedweder Daseinsweisen. Dabei führt gerade der wissenschaftliche Drang, sich an nichttrivialen Fragestellungen abzuarbeiten, an solchen, deren Beantwortung sich nicht in einem Allgemeinplatz erschöpft, sondern tatsächlich so oder anders aussehen kann, die Notwendigkeit vor Augen, Kontingenz zum

Ausgangspunkt jeden gebildeteren Denkens und Nachdenkens über die Welt zu machen.

Bevor ich im weiteren Verlauf also auf den Nutzen von Ökonomik für das Leben zu sprechen kommen kann, was warum wie wo noch geht, benötige ich zunächst einen luziden Blick auf die praktischen Auswüchse der Widersprüche und damit heute den Nachteil von Ökonomik für das Leben, wie er sich aus der gegenwärtigen Verfasstheit ergibt. Der tieferliegende Sinn dieser Abhandlung liegt einzig in dem, was Jacques Derrida als *Dekonstruktion* beschreibt, also darin, in produktiver und konstruktiver Absicht Grenzen zu Bewusstsein zu bringen:

»[...] die Grenzen der Begriffe und der Werte, die sich (im Laufe dieser Geschichte) durchgesetzt und sedimentiert haben, die mehr oder weniger lesbar sind, die in höherem oder in geringerem Maße vorausgesetzt werden.«[69]

Im Wissen um diese Grenzen Wege und Strategien zu entwickeln, die Raum für eine produktive Bewegung schaffen, ist das Anliegen, das ich mit diesem Vorgehen verbinde. Das vorliegende Buch kann daher als Versuch verstanden werden, auf die Füße zu stellen, was zu lange auf dem Kopf gestanden hat. Es gliedert sich in drei weitere Buchteile.

Im *Teil 2* lege ich zunächst die Grenzen eines verwahrlosten ökonomischen Denkens sowie die Rohheit der Institutionen dar, in denen es mehrheitlich betrieben wird. Dafür widme ich mich eingangs (4) dem Befund einer sich von der Welt abwendenden Ökonomik, welche (5) in der Konsequenz beginnt, sich zu einem scheinbar aus jedem historischen Kontext geschlagenen Universalprinzip zu verselbständigen. Die praktischen Folgen dieses Geschehens dokumentieren sich keineswegs nur in akademischer Abgeschiedenheit, sondern befördern und rechtfertigen (6) zugleich einen praktischen Umgang mit Leben und Lebendigem, der zunehmend rauer wird und durch neue Beherrschungstechnologien zu einer Form von Weltabtötung führt, der von Seiten der Wirtschaftswissenschaften der Segen erteilt wurde. Damit werde ich in der Untersuchung an einen Punkt gelangen, an dem ich mich (7) eingehender mit der akademischen Daseinsweise, Ökonomin oder Ökonom zu sein, befassen werde, also mit der Form und dem Prozess wirtschaftswissenschaftlicher Erkenntnissuche und Erkenntnisdokumentation. In gründlicher Auseinandersetzung mit den theoretischen Holzwegen dieser Disziplin wird es mir schließlich (8) möglich, zu formulieren, dass es Wirtschaft nicht gibt, was den Gang der Untersuchung schließlich zu der kritischen Einsicht treiben wird, dass (9) die Einlösung der viel beschworenen und häufig reichlich fundierten Rufe nach neuen, nachhaltigen Lebensweisen auf diesem Planeten heute nur über eine Transformation des Ökonomischen führen kann.

Mit dem *Teil 3* wende ich die Offenlegung der Grenzen schließlich zu einer konstruktiven Überwindung und thematisiere die Notwendigkeit, aber auch die Möglichkeit dessen, was ich als Liebe zur Welt entfalten werde. Dafür gehe ich (10) zunächst auf die Bedingungen der Möglichkeit dafür ein, dass Unternehmen eine bessere Welt schaffen und Unternehmenstheorie eine bessere Welt schaffen helfen kann. Aus dieser Perspektive werde ich (11) einen Begriff von lebendiger Natur für ökonomische Überlegungen fruchtbar machen und (12) für eine Zuwendung zur Welt als Liebe zur Welt plädieren. Die Beförderung, Bewahrung und Kultivierung von vielfältigen Weisen, die Welt zu lieben, verweist auf einen gesellschaftspolitischen Pluralismus, den ich (13) anschließend als Überwindung der Weigerung, sich in der Sache zu streiten, thematisiere.

Den abschließenden *Teil 4* werde ich dazu gebrauchen, die Überlegungen (14) noch einmal zu raffen und (15) mögliche Eingriffspunkte dessen zu benennen, was mit erotischer Ökonomik gemeint sein könnte. Für Optimismus zu skeptisch, aber gerade deswegen nicht frei von Hoffnung stellt sich die Einsicht ein, dass Wirtschaftswissenschaften und die institutionellen Gefüge, in denen sie betrieben werden, weder pure Erfolgsgeschichte noch Zwangsgesetz sind. Andere Formen von Ökonomie und Ökonomik sind noch immer möglich.

Die Verwahrlosung von Ökonomik beginnt als übersteigerte Selbstbezüglichkeit

Eine problematisierende Dekonstruktion

4 Wirtschaftlichkeit ist ein falscher Gott

Wer glaubt, dass gegenwärtig darüber, was *Wirtschaft* ist oder was damit gemeint sein könnte, von Ökonominnen und Ökonomen hitzig diskutiert, geforscht und gestritten werden würde, der irrt.[70] Dabei ist es keineswegs eine triviale Frage, ob es ein Ding oder eine Praxis gibt, das oder die Wirtschaft *ist*. Wiewohl die reine Anzahl von wissenschaftlichen Publikationen seit dem Zweitem Weltkrieg jährlich um etwa neun Prozent steigt[71] und es regalwandfüllend sogenannte *evidenzbasierte Studien* zu den empirisch noch so randständigsten Phänomenen, von denen angenommen wird, sie haben etwas mit Wirtschaft zu tun, gibt, wurde und wird *Wirtschaftlichkeit* dabei als ontologische Tatsache in den akademischen Auseinandersetzungen der jüngeren Vergangenheit und Gegenwart stets von Beginn an vorausgesetzt. Schon Karl Marx monierte:

»Die Ökonomen erklären uns, wie man unter […] gegebenen Verhältnissen produziert; was sie uns aber nicht erklären, ist, wie diese Verhältnisse selbst produziert werden, d.h. die historische Bewegung, die sie ins Leben ruft.«[72]

Das weitestgehend implizite Hinnehmen einer im Voraus gesetzten Idee von Wirtschaft verweist auf eine Ontologie, die ohne jede konkrete Daseinsweise auskommt. Das als De-Ontologie dieserart Entzeitlichte, das als Text ohne Kontext daherkommt, für sich zu stehen scheint, ist eine Idee des Ökonomischen, die als *a priori* vor jeder Erfahrung steht. Ein solcher Begriff von *Ökonomie* hat seine Grundlegung weltabgewandt in übersinnlichen, übernatürlichen, überirdischen Sphären.

Aus dieser Warte heraus wird die Welt aus den Angeln gehoben. Heute mehr denn je. Und gerade weil dieser *archimedische Punkt* – in der semantischen Verwendung des Wortes von Hannah Arendt[73] – empirisch untraktierbar im Jenseits west und aus dem Off ins praktische Geschehen der wirklichen Welt einsickert, kann eine Wissenschaft, die sich mit den Resultaten (nicht mit den Ursachen und schon gar nicht mit den Gründen dieses Einsickerns) befasst, solche scheinbaren Gesetze nur deterministisch als Zwangsgesetze annehmen und in den Blick nehmen. Gesetze zu suchen und Gesetze zu finden, wird zur Aufgabe der Wirtschaftswissenschaften und ihrem disziplinären »Blick von nirgendwo«[74]:

> »Gegenstand der Wirtschaftswissenschaften ist die Erforschung von Gesetzmäßigkeiten in der Wirtschaft. Unter Wirtschaft wird der rationale Umgang mit knappen Gütern […] verstanden.«[75]

Im demütigen Glauben an diese metaphysische Spekulation, die ihre Überzeugungskraft wesentlich aus dem guten Gefühl gewinnt, das entsteht, wenn am Ende der mathematischen Beweisführung das eindeutig anmutende Ergebnis doppelt unterstrichen und mit *quod erat demonstrandum* versehen wird, verwirklicht sich als selbsterfüllende Prophezeiung dasjenige, welches ohnehin bereits vorausgesetzt wurde. Die Denkfaulheit, die sich in dem scholastischen Missbrauch der mathematischen Methode als Tötungslust lebendiger Zusammenhänge ins Werk stellt, reflektiert sich als subtile Gewalt schürende Arroganz gegenüber Ambivalenzen und Pluralität – sowohl auf Ebene der Gegenstände wie auch in Bezug auf die Zugänge, mit denen diese traktiert werden. Und die Verachtung von Pluralität ist letztlich nur eine andere Formulierung für eine Verachtung von Leben und Lebendigkeit: Die wirkliche Welt ist nicht mathematikförmig.

Die ökonomistischen Glaubenssätze, die sich ahistorisch und verdinglicht daraus ergeben, beginnen heute mehr denn je damit, übergriffig zu werden und narrative Kräfte zu entfalten, die das Gesellschaftliche perforieren, es zu zersetzen beginnen.[76] In Anklagen wie der von einer »Ökonomisierung der Gesellschaft«[77] kulminiert schließlich das Unbehagen, dass zunehmend gesellschaftliche Bereiche, für die das bislang nicht zutraf, nun einem Rationalisierungsprojekt unterworfen seien, das, wie wir heute wissen, entgegen der frühaufklärerischen Euphorie, zuvörderst nicht frei, sondern als repressive Regierungstechnologie unmündig macht.[78] Wenn der Neoliberalismus eines nicht ist, dann gewiss liberal und freiheitlich.

Von *Ökonomisierung* zu reden, setzt jedoch selbst immer schon eine im Zweifel unverrückbare Vorstellung davon voraus, was das Ökonomische überhaupt sei, das nun Platz zu greifen scheint. Dass es sich dabei augenscheinlich um einen auch semantischen Kalibrierungsprozess der gesellschaftlichen Selbstbeschreibung handelt, wie Birger Priddat argumentiert[79], trägt noch wenig substanziellen Gehalt zur Klärung bei, was genau dort letztlich wirksam wird. Wenn Krankenhäuser, Opernhäuser oder Universitäten Bilanzen aufstellen und Kosten gegen Nutzen abwägen, würde es eine gehörige Naivität voraussetzen, zu meinen, dass es dort vormals nur um Heilung, Kunst oder Bildung gegangen wäre, aber keine Kosten angefallen und sich keinerlei Nutzen ergäbe hätten. Diese nun explizit *als* Kosten und Nutzen zu reflektierten, verweist auf eine spezifische und durchaus auch semantisch zu reflektierende Denkweise: Geld jedoch als Handlungen strukturierende Denkform in den Blick zu nehmen, wie es Georg Simmel seinerzeit als erster systematisch getan hat[80], entfaltet erst dann sein kritisches Potenzial, wenn die vermeintliche Ökonomisierung als »immer weitergehende Alleinstellung des Gewinnmotivs«[81] stärker als bislang inhaltlich ausgeleuchtet wird.

Die Aporie utilitaristischer Grundlegungen ist, dass sie auf Nutzen abheben, jedoch den Nutzen des Nutzens nicht zu bestimmen wissen. Diese Ratlosigkeit entsteht, weil »wo der Nutzen sich als Sinn etabliert, Sinnlosigkeit erzeugt wird.«[82] Das Fehlen von Sinn, wie wir heute sehen, drängt solche Ökonomien zur Gewalt. Die Verwahrlosung, die mit jener Anklage annonciert ist, führt genealogisch über zwei Stufen[83]:

- *Die Verdrängung von Sinn durch Zwecke:* Statt das Unternehmensstrategische als einen reflexiven Suchprozess zu fassen, werden feste und zu erreichende Ziele gesetzt.
- *Die Verwechslung von Zweck und Mittel:* Statt marktliche Koordination als Methode zur Verwirklichung des Unternehmensstrategischen zu betreiben, wird der finanzielle Gewinn selbst zum leitenden Motiv.

Die auf diesem Weg in den Vordergrund gespielten und den alleinigen Sieg davontragenden Mittel erhalten auch heute noch den Glauben, Wirtschaftlichkeit wäre ein kontextfreier Befund, der, gerade wegen seiner Raum-Zeitlosigkeit, das, was ist, überformt und damit potenziell Leid hervorbringt. Das von Milton Friedman pointierte Narrativ, die gesellschaftliche

Verantwortung von Unternehmen erschöpfe sich im Maximieren von Profiten[84], treibt diese Verwahrlosung über zwei Stufen zur vollen Konsequenz, indem es fortwährend ein Mittel zum Zweck erklärt und über dessen Sinnhaftigkeit nichts zu sagen weiß.

Solche Rede von Ökonomisierung ist in der Begriffsverwendung von Marx und Engels *voraussetzungslos* und insofern zahnlos, als sie eine spezifische Form von Ökonomie, die historisch gleichwohl so kontingent ist, wie das auf jede kulturgeschichtliche Hervorbringung zutrifft, als *das Ökonomische schlechterdings* homogenisiert und kurzschließt.[85] Das akademische wie auch allgemein gesellschaftspraktische Gleichsetzen von Ökonomisierung mit Prozessen der Herstellung von Marktförmigkeit[86] oder Kommerzialisierung[87] schließt fortwährend als naturalistischer Fehlschluss vom Sein auf ein Sollen und verstellt sich damit in der Beschäftigung mit sich selbst sich selbst den Blick auf das nuancierte Spektrum gegenwärtig existierender sowie grundsätzlich noch möglicher Wirtschaftsformen. Stattdessen wird das Ökonomische in völliger Einseitigkeit effizienzgetrieben auf marktfundamentalistische Praktiken von Ausbeutung, Raubbau und Imperialismus reduziert, wie sie insbesondere mit Konzernen und multinationalen Unternehmen in Verbindung gebracht werden. Der empirisch gleichsam treffende Befund eines Umsichgreifens genossenschaftlicher Praktiken des Wirtschaftens wird mit der Anklage von Ökonomisierung jedenfalls nicht markiert.[88] Die Rede von Ökonomisierung braucht von daher stets den erläuternden Nachsatz, *welche* Ökonomisierung damit nun eigentlich gemeint ist – was nur eine andere Formulierung dafür ist, dass dieser Begriff erst dann theoretisch zu tragen beginnt, wenn er entsingularisiert wird.

In der alltagssprachlich einstweilen völlig selbstverständlich gewordenen Formulierung *Da hast Du Dich aber nicht sonderlich ökonomisch verhalten!* gelangt schließlich das gegen nahezu jedes rationale Argument immunisierte, weil sich von selbst verstehende Dogma zum vollen Bewusstsein: Wirtschaftlich verhalte sich nur, wer es in der Tendenz maximal rational, effizient, optimal und opportunistisch angehe. Dann, und nur dann, so lautet das bald 300 Jahre alte Versprechen, werde sich alles und jedes auf Erden, im wahrsten Sinne des Wortes, *wie von Geisterhand* zum Besseren kehren. Im Rahmen einer als deterministisch verstandenen Wirtschaftsdogmatik verwundert es insofern nicht, dass die Metaphorik der *unsichtbaren Hand*, die Adam Smith erst von seinen Epigonen des 20. Jahrhunderts als Selbststeuerungstechnologie kapitalistischer Wirtschaftsformen angedichtet wurde, als auch gesellschaftliches Narrativ so wirkmächtig hat werden können. Es befördert noch immer den Glauben daran, dass sich die Welt maximieren und schließlich als Coup der Verwirklichung des Unmöglichen, der realen Utopie, in den holistischen Zenit rücken und damit abschließen ließe.

Doch »die vollends aufgeklärte Erde strahlt im Zeichen triumphalen Unheils«[89], denn zweifellos wäre jene Welt so, wie sie ontologisch und methodologisch von den Wirtschaftswissenschaften bereits angelegt ist: nämlich tot. Dass Adam Smith die ohnehin in seinem Lebenswerk nur dreimal verwendete Metapher aller Wahrscheinlichkeit nach an allen drei Stellen ironisch meinte[90], ist vor diesem Hintergrund mehr als nur eine betrübliche rezeptionsgeschichtliche Randnotiz. Es hieße jedoch, den wesentlichen Vertretern der schottischen Moralphilosophie[91] Unrecht zu tun, würde nicht gleichsam darauf aufmerksam gemacht werden, dass unter Bedingungen materieller Not die ursprünglich katalysierte und von Hobbes inspirierte Idee, man müsse sich nur zusammenraufen und den Blick auf die Nützlichkeit für die eigene Sachen richten, seinerzeit gut gemeint gewesen war.[92]

Die Geschichte übersteigerter Selbstbezüglichkeit modernen ökonomischen Denkens reicht insofern zurück bis in die Zeit ihrer Erfindung. Ihre Überzeugungskraft bezieht sie aus der Abwehrhaltung, aus der heraus das Wesen dessen, was mit *Wirtschaft* gemeint sein könnte, nicht zur Disposition gestellt wird, beziehungsweise nahezu jeder Versuch der Kritik mit dem transparenten Kunstgriff abgetan wird, das wäre Soziologie, Philosophie, Kulturwissenschaft oder irgendwas, nicht aber Wirtschaftswissenschaft. Unhintergehbar scheint das Mantra, man müsse Wirtschaft eben nehmen, wie Wirtschaft eben sei: Gesellschaft zersetzend und Natur zerstörend – dafür am Ende jedoch zweifelsfrei der Garant für eine bessere Zukunft.

Bis in die Gegenwart hinein wird die Vorstellung aufrechterhalten, es sei Aufgabe politischer Regulierung, die vermeintlich dunkle Macht des Ökonomischen durch Gesetze und Vorschriften einzunorden. Empirisch ist dieser Glaube schnell als restaurative Maßnahme dechiffriert, die unter dem Strich grandios gescheitert ist. Akteure, die etwas unternehmen, statt alles hinzunehmen, zu etwas zu zwingen, das sie nicht wollen, kann freilich auch schon aus gesundem Menschenverstand heraus nur ein Kampf gegen Windmühlen sein. Ich komme darauf zurück.

Wiewohl die seitherige Geschichte kapitalistischer Verwertung also auch eine Geschichte von Wohlstandsmehrung und Freiheitsgewinn ist[93], gibt sie keinen Anlass für zügellose Euphorie. Denn den Preis für die hedonistischen Zugewinne, die das gute Leben hüben näher denn je erscheinen lassen, haben drüben ihren Preis und konnten nur auf Kosten von anderem und anderen in die Welt kommen. Tatsächlich verwirklichten sich die Ideen, aus denen eben jene, gesellschaftlich heute so wirkmächtigen Narrative des Ökonomischen entstanden sind, seinerzeit schon in ausgesprochener Gewaltförmigkeit:

»Ein einziger Sack Pfeffer war im Mittelalter mehr wert als ein Menschenleben, aber das Gold und das Silber waren die Schlüssel, die die Renaissance dazu benutzte, die Tore des Paradieses im Himmel und die Pforten des kapitalistischen Merkantilsystems auf der Erde zu öffnen. Das Epos der Spanier und der Portugiesen in Amerika verknüpfte die Verbreitung des christlichen Glaubens mit der unrechtmäßigen Inbesitznahme und der Plünderung des Reichtums der Eingeborenen [Lateinamerikas; LH]. Die unerschlossenen, gefahrenumwobenen Gebiete voll dichten Urwalds stachelten die Habgier der Feldkapitäne an, der adligen Ritter und der in Lumpen gehüllten Soldaten, die sich zur Eroberung der unermeßlichen Kriegsbeute in den Kampf stürzten.«[94]

Die zum Gewinnmotiv salon- und hoffähig gemachte Todsünde *Habsucht*[95] wurde zum Leid- und Leitspruch einer um Sinn und Sinnlichkeit gebrachten Praxis des Wirtschaftens, die ihre Ursprünge in hemmungsloser Gewalt und Gefühllosigkeit fand. Die Hoffnung, welche dereinst die schottische Moralphilosophie in Umlauf brachte, dass die Suche und die Sucht nach finanziellem Vorteil friedensstiftend und versöhnend wären, war in dieser Einseitigkeit schon immer eine falsche gewesen.[96] Daran ändert sich auch dann nichts, wenn die Orientierung an der Anhäufung von Reichtum das Mittel zu einem höheren Zwecke geblieben wäre, als das es einstmals angelegt worden war.

Karl Marx übernahm seinerzeit von Adam Smith den Begriff der *ursprünglichen Akkumulation*, um zu markieren, dass die Idee des *American Dream*, durch harter Arbeit Lohn es eines Tages zur Millionärin oder zum Millionär gemacht zu haben, bis auf verschwindend wenige Ausnahmen immer schon ein romantisierendes Hirngespinst gewesen ist, das als *carrot-and-stick* Strategie noch heute verlängert, was ist.

»Diese ursprüngliche Akkumulation spielt in der politischen Ökonomie ungefähr dieselbe Rolle wie der Sündenfall in der Theologie. [...] Die Legende vom theologischen Sündenfall erzählt uns allerdings, wie der Mensch dazu verdammt worden sei, sein Brot im Schweiß seines Angesichts zu essen; die Historie vom ökonomischen Sündenfall enthüllt uns, wieso es Leute gibt, die das keineswegs nötig haben. [...] In der sanften politischen Ökonomie herrscht von jeher die Idylle. Recht und ›Arbeit‹ waren von jeher die einzigen Bereicherungsmittel, natürlich mit jedesmaliger Ausnahme von ›diesem Jahr‹. In der Tat sind die Methoden der ursprünglichen Akkumulation alles andre, nur nicht idyllisch.«[97]

Durch diese keineswegs idyllischen Initialzündungen auf See wie an Land, durch Piraterie und Feldzüge, konnte dann erst in Gang gesetzt werden, was später scheinbar wertfrei und mutmaßlich nur Wohlstand aus dem Nichts schaffend als ewiger Tausch von Geld in Ware in mehr Geld reflektiert wurde. Doch das Eindeutige ist das Unwahre, insofern es den Widerspruch verleugnet.

Das sich als wertfrei, objektiv und damit letztlich (moralisch) unverfänglich inszenierende Abstraktum von Tausch, Geld und Ware verdeckt letztlich die gesellschaftspraktischen Konsequenzen, die sich dabei im Konkreten zeigen: Das Wirkliche lediglich abzuziehen, bedeutet letzten Endes, es seiner Qualität und damit seiner Eigentümlichkeit zu berauben. Die gesellschaftlichen Grundlagen dieser wissenschaftlichen Reflexion, Legitimierung und Beförderung einer Ökonomie, die tötet, charakterisieren sich in einer Empathie und politischen Streit vernichtenden Gleichmacherei.[98] Einzige Voraussetzung für diese mutmaßlich wertfreien Prozesse ist, dass »niemand, weder Gott noch ein böser Geist, etwas daran ändern kann, daß zwei mal zwei vier sind.«[99]

Sich nur mit Mengen, nicht mit Eigenschaften zu befassen, ist die selbstverstärkende Not einer Wissenschaft, deren Güte sich geradezu nur in der handwerklichen Beherrschung mathematischer Methoden widerspiegeln kann. In den 70er Jahren des 19. Jahrhunderts notierte William Stanley Jevons dazu:

»It seems perfectly clear that Economy, if it is to be a science at all, must be a mathematical science [...] To me it seems that our science must be mathematical, simply because it deals with quantities.«[100]

Eine zur Wesentlichkeit erklärte Beschäftigung mit methodischen Fragen erklärt zugleich Inhalte für nachrangig: Das Sosein der Welt verliert sich affirmativ als Imperativ einer industriell-technokratischen Barbarei an den Status Quo, zu dessen selbsterhaltendem Dogma es verkommt, das Verlängern des Gestrigen in die Zukunft als unhintergehbaren Glaubenssatz im Voraus zu setzen. Weil jedoch jedes Denken ideologisch ist, seine historischen Voraussetzungen, materiellen Ausdrücke und kulturellen Werthaltungen hat, ist gleichsam jeder Versuch, Eigenschaftslosigkeit als Ritterschlag wissenschaftlicher Exzellenz zu krönen, der erkenntnistheoretische Freitod: »Daß wir Reflexion verleugnen, *ist* der Positivismus.«[101]

In der gleichmütigen Parole »de gustibus non est disputandum«[102] von Stigler und Becker stellt sich schließlich und endlich das wirtschaftswissenschaftliche Ethos ins Werk, dem gemäß über Inhaltliches nicht gestritten werden soll, weil über Inhaltliches angeblich nicht gestritten werden kann. Die akademische Disziplin Ökonomik bezieht *en gros* ihre Bestimmtheit demnach aus der Haltung, Geschmack einfach hinzunehmen, weil er als subjektiv und willkürlich und damit nicht in das eigene Schema unterstellter widerspruchsfreier Rationalität passt. Das Elend ist: Gerade im Versuch der Abwehr von Willkür verstrickt sie sich rettungslos in ihr. Statt unterschiedliche praktische Parteilichkeiten auf ihre Substanz hin zu analysieren, verfängt sich jene Ökonomik affirmativ in der subjektiven Orientierungslosigkeit bloß instrumenteller Vernunft.

Das gegenstandslose Ausblenden und Absprechen von Pluralität, Heterogenität und der sich daraus ergebenden Ambivalenzen, das als wirtschaftswissenschaftliche Erkenntnissuche nur methodologisch gemeint in die Welt kam, gibt dem disziplinären Selbstverständnis noch immer scharfe Kontur.[103] Die singuläre Rede von »the economic approach«[104] markiert dabei die Verkehrung von Gegenstand und Zugang – ohne hinreichend kritisch darüber zu reflektieren, was *das Ökonomische*, von dem her die Welt beforscht werden soll, überhaupt sei. Solche methodologische Vereinseitigung uniformiert das Denken. Die auf rationale Effizienzkalküle hin *a priori* gleichgeschalteten Suchscheinwerfer solcher Ökonominnen und Ökonomen beginnen fortan, nahezu überall Verschwendungen aufzudecken, die freilich – jeglichem Postulat von vermeintlicher Wertfreiheit zum Trotz – mit der mindestens impliziten Normativität daherkommen, dass diese Verschwendungen abzustellen seien:

»Es [das Bild vom homo oeconomicus; LH] handelt sich um ein präempirisches Schema, das die empirische Forschung vor dem richtungslosen Stochern im Nebel bewahren und ihr statt dessen eine *Anweisung* geben soll, wo sie was gezielt suchen soll.«[105]

Effizienz als Maß der Verschwendungsarmut wird nicht nur zum Ausgangs-, sondern ebenfalls zum Endpunkt ökonomischer Erkenntnis, sodass das, was als Gegenstand be- und erforscht werden soll, nachgerade belanglos wird: statt Kritik am Bestehenden zu üben, die vom Wunsch einer Veränderung getrieben ist, wird jegliches Phänomen und jegliche damit verbundene normative Orientierung für adiaphorisch, also gleichermaßen gültig, für gleichgültig erklärt – weil über Geschmacksfragen eben nicht zu streiten sei. Die Jahrhunderte andauernde Beschäftigung mit Fragen effizientem Mitteleinsatzes hat scheinbar auch zu einer nicht von der Hand zu weisenden Sparsamkeit mit eigener Geisteskraft geführt.

Die unwirkliche Grundlegung des *economic approach*, die einen naturalistischen Fehlschluss institutionalisiert hat, trifft so fortwährend auf eine empirisch konstatier- und erfahrbare Welt, die dem entgegen, quer oder kontaktlos steht. Der gestalterische Impetus wirtschaftswissenschaftlicher Betätigung lässt sich in Fortführung dessen als eine effizienzgetriebene Optimierungsveranstaltung in Anschlag bringen, die sich auf dem Wege mathematischer Maximierung ins Werk stellt – also in dem Sinne aus empirischer Betätigung nicht wesentlich klüger werden kann, sondern nur um ein Beispiel reicher. Widersprüche müssen ausgeblendet oder geleugnet werden, weil ein Drittes ausgeschlossen ist. So formulierte Erich Gutenberg:

»Nur darauf kommt es an, daß es unter auch noch so komplizierten Verhältnissen einen theoretisch richtigen Einkauf oder Verkauf geben muß.«[106]

Die damit verbundene ontologische und epistemologische Grundlegung ist ein versalzener Nährboden, auf dessen Widrigkeit wenig theoretisch Gehaltvolles sprießen und noch weniger gedeihen kann. Optimal und eindeutig ist schlichtweg optimal und eindeutig; da braucht es keine kritische Wissenschaft und deren theoretisierte Lamenti. Solche Ökonomik kann und muss geradezu schon allein von daher unkritisch sein, als ihre idealisierten Postulate bereits als Perfektion gelten und insofern keine Angriffsfläche einerseits, aber auch keine Eingriffsstellen für mögliche andere Entwicklungsrichtungen bieten.

In kritischer Reflexion dessen kann es einerseits durchaus instruktiv sein, den ernstzunehmenden medizinischen Befund zur Kenntnis zu nehmen, dass Höhenluft das Hirn schrumpfen lässt.[107] Im übertragenen Sinne lässt sich daraus jedoch auch die Einsicht gewinnen, dass Abstraktion schlichtweg noch nicht Analyse ist. Auch und erst recht dann nicht, wenn solche Abstraktion terminologisch als Analyse ausgewiesen wird. Der Kunstgriff, Ökonomik als Analyse ökonomischer Daten zu beschreiben, wie er insbesondere in öffentlichen Verteidigungen solcher Ökonominnen und Ökonomen gern zum Einsatz kommt[108], verschweigt letztlich das entvielfaltende, verstummende und dequalifizierende Zustandekommen dieser sogenannten Daten selbst und legt schlussendlich nur erneut Zeugnis ab über das positivistische Ethos, mit dem Wirklichkeit dieserart erheb- und abbildbar wäre.

Dieser Kunstgriff speist sich wesentlich aus der methodologisch angelegten Feindseligkeit gegenüber heterogenen Akteuren pluraler Gesellschaften, deren methodische Schlussfolgerungen auf der gleichmacherischen Rationalität der Statistik fußen, einen Normalzustand festzustellen, dessen Normativität schlicht aus der bloßen Konstatierbarkeit abgeleitet wird. Rationalität als einen universellen Maßstab zu setzen, auf den sich die wirkliche Heterogenität und Pluralität der wirklichen Menschen in der wirklichen Welt abziehen ließe, heißt, so lange und so viel Lebendigkeit von den Erfahrungen der wirklichen Welt abzuziehen, bis diese sich in bequemster Übereinstimmung mit einer gleichsam abstrakten Mehrheit innerhalb einer Gesellschaft befindet. Die Ontologie solchen Vorgehens lässt sich nur beschreiben als ahistorisches Räderwerk mechanistischen Denkens: »Vollends die entfaltete Lehre von der Korrelation drängt zum System.«[109] Denn Wirkliches korrelieren darf nur, wer mit dem Glauben leben kann, dass es Gesetzmäßigkeiten gibt und die Gesetze der Zukunft den Gesetzen der Vergangenheit hinreichend entsprechen werden. Mit keinem Argument, das nicht Metaphysik ist, lässt sich dieser universalgeschichtliche Glaube unterfüttern.

Im barbarischen Irrtum, Mehrheit sei Wahrheit, wird jede Form von Einzigartigkeit, die das Leben ausmacht, jedoch aneckt, als *Ausreißer* marginalisiert, als *abweichendes Verhalten* abgestraft oder zur *Pathologie*, zur *Krankheit* erklärt. Das mathematische Aussortieren, das den Kern der statistischen Methode ausmacht, ist eine der tiefsten Verachtungen gegenüber dem Leben und jeder Form von Lebendigkeit. Die Kontingenz, weil letztlich Konstruiertheit dessen, was als *krank* und was als *gesund* gilt, was als *normal* und was als *exotisch* gilt, hat historisch bekanntlich schon zur kulturellen Ausgrenzung, Verbannung vor die Tore der Stadt oder gar von Mordlust getriebener Verfolgung geführt, deren letztlich willkürliche Opfer entweder anderen Glaubens, anderer Sexualität, anderer Herkunft oder sonst wie zum vogelfreien Anderen erklärt werden konnten.

Das Primat der unpersönlichen Gleichheit, das freilich jeder Form von persönlicher Einzigartigkeit als überformend und damit potenziell gewaltvoll entgegensteht, findet in der mathematischen Dequalifizierung wie in der Jurisprudenz ihre triste Pointe in dem universalgeschichtlichen Drang, zu korrelieren, der Rationalität unterstellen muss, um korrelieren zu dürfen, und daher an allen Stellen sprachlos wird, an denen das nicht der Fall ist. Also immer dann, wenn es um die wirklichen Menschen der wirklichen Welt geht. Ökonomische Daten zu analysieren, heißt nicht, Ökonomie zu analysieren, sondern von ihr auf Daten zu abstrahieren. Das, was dabei jedoch als ökonomische Daten erhoben wird, findet seine Begrenzung zwangsläufig in den Grenzen der jeweiligen Erhebungsmethode sowie der damit verbundenen Vorstellung, was als relevantes Feld ökonomischer Betätigung überhaupt in den Blick gerät. Das Mögliche im Wirklichen wird dabei zu keiner Zeit auch nur gestreift.

Eine gehaltvolle Analyse müsste hingegen bei den Bedingungen der Möglichkeit dafür ansetzen, überhaupt von *Ökonomie* und *dem Ökonomischen* denken, reden, schreiben zu können, um über ein theoretisch elaboriertes Verstehenwollen dieser widerspruchsvollen Zusammenhänge die Vielfalt an Entwicklungsrichtungen und Möglichkeiten dafür aufzutun, wohin die Reise gehen könnte.

Ungefähr das Gegenteil ist der Fall. Im wissenschaftlichen Hauptstrom wie auch in der damit beförderten Praxis wird Wirtschaft und Wirtschaftlichkeit weiterhin als zweckrationale Gewinnorientierung zelebriert und eine Praxis des »empire building«[110] vorangetrieben, deren unbedingte Erhaltung von allen und jedem regelrecht gewollt werden muss. Seit 1914 wird dieses Wollen-müssen auf die jede Kontingenz anzeigende Kritik im Keim erstickende Formel *too big to fail* gebracht.[111] Es ist wissenschafts- und bildungspolitisch also durchaus ein Erfolgsrezept der Wirtschaftswissenschaften, die eigene Lehre, und damit sich selbst als die damit befasste Disziplin, in ein gutes Licht zu rücken und dem gesellschaftlichen Narrativ weiter Futter zu geben, dass die zur vollen Konsequenz getriebene Wirtschaftslehre am Ende alles und alle nur besserstellen werde.

Die gesellschaftspolitische Wirkmächtigkeit dieser aus jedem historischen Zusammenhang herausgeschlagenen Narrative lässt sich kaum von der Hand weisen. In Diagnosen wie der vom »unternehmerischen Selbst«[112] oder der zum sozialwissenschaftlichen Kampfbegriff heraufbeschworenen Worthülse des »Neoliberalismus«[113] gelangt die Tiefe, in der sich dieses Dogma in das Gesellschaftliche als kulturelle Praxis eingeschrieben hat, zum vollen Bewusstsein. Die grassierende Art der Selbstausbeutung, auf die diese Diskurse verweisen, ist gerade deswegen gefährlicher als Fremdausbeutung, weil sie keinen Widerstand kennt.

Sowohl die strukturierte Selbstausbeutung wie auch die Tendenz, die Welt, und alles in ihr, entlang von Zweckrationalität und Gewinnmotiven zu vermessen, greifen gleichsam akademisch Platz und werden seit einigen Jahrzehnten auch von benachbarten Disziplinen übernommen. Der »economic imperialism«[114], also das Überschwappen dieser von Effizienz und Zweckrationalität bestimmten Denkmuster in andere wissenschaftliche Disziplinen, hinterlässt nicht nur in den Besatzungsdisziplinen Spuren, sondern hält zugleich auch innerhalb der Wirtschaftswissenschaften als Bestätigung und Legitimation für diesen abtötenden Denkstil her. Gary Becker zeichnet erneut verantwortlich dafür, als einer der ersten in den 1970er Jahren eher soziologische Gegenstände (beispielsweise Familienzusammengehörigkeit, Rassendiskriminierung etc.) entlang von Nutzenmaximierung und Ratio traktiert zu haben.[115] Dass und warum *der* ökonomische Ansatz als sozialwissenschaftliches Paradigma nicht taugt, hat Günther Schanz bereits wenige Jahre später ausgeführt.[116] Im Lichte des bereits Argumentierten reicht an dieser Stelle der resümierende Hinweis, dass die wirtschaftswissenschaftliche Verdrängung von Sinn und Sinnlichkeit letztlich Lebensverachtung ist und von daher wenig Substanzielles zur Erhellung lebendiger Zusammenhänge beizutragen weiß. Das, was ein gelingendes Leben ausmacht, ist schlicht nicht allgemein und logisch – und somit mathematisch nicht greif- und begreifbar.

Das verkopfte Ausblenden von Tod, Endlichkeit und Undurchdringbarkeit, das als Restauration des frühaufklärerischen Glaubens an die prinzipiell rationale Auflösbarkeit des scheinbar Irrationalen wirksam wurde und wird, hat Erfahrung, Eros und Empathie theoretisch geleugnet und praktisch eliminiert; es hat das Denken entzeitlicht und es, und damit die Wirtschaftswissenschaften selbst, von der Welt abgewendet. Aus dem weltabgewandten Denken, der Metaphysik, wurden abstrakte und allgemeine Annahmen abgeleitet, die sich als wirtschaftliche Wiedergänger in der praktischen Erdung als zerstörerisch und selbstzerstörerisch erwiesen haben.

Wenn die wirkliche Welt auf einen vermeintlichen Idealzustand abgehobelt werden soll, dann fallen zwangsläufig Späne. Wenn etwa zum Zwecke der methodischen Verrechnung und Vergleichbarmachung von sogenannten *homogenen Gütern und Dienstleistungen* ausgegangen wird, dann ist das zwangsläufig scholastisch und abtötend. Die Annahme, dass *ein Kilogramm Äpfel soundso viel Euro kostet*, ist im Angesicht von heute noch über zweitausend mehr oder weniger kultivierten Apfelsorten mit je eigenem Geschmack, eigener Konsistenz, eigenem Erscheinungsbild, eigenen Nährstoffen, eigener Saisonalität, eigenen Anbau-, Lager- und Verarbeitungspraktiken usw. eine Form von Biodiversität diskriminierender Verachtung, die Eigenschaften auf geldwerte Menge reduziert. Dass in der praktischen Konsequenz im Supermarkt bloß die immer gleiche Handvoll Sorten anzutreffen ist, braucht vor diesem Hintergrund nicht zu verwundern.[117] Insofern mag die Annahme von homogenen Gütern bei industriell gefertigten Produkten noch eher zutreffen, aber die sind letztlich selbst Resultat dieser Vielfalt vernichtenden Arroganz gegenüber dem Anderen und Fremden im Zeitalter technischer Reproduzierbarkeit.[118] Von daher ist auch das noch immer Teil des Problems, denn freilich ist eine vermeintliche Qualitätssicherung industrieller Güter, die darauf abhebt, dass Dinge stets gleich erscheinen, keine Sicherstellung von Qualität im eigentlichen Sinne des Wortes. Ein Fruchtsaft, der stets gleich schmeckt, hat mit Wahrung der Qualität und Eigentümlichkeit von Früchten ungefähr nichts zu tun, sondern nur damit, diese zu normieren – und dass das Setzen von Werten und Normen nicht wertfrei zu bewerkstelligen ist, liegt letztlich auf der Hand.

Der Weg von einer Verdrängung philosophischer Reflexionen und sozialwissenschaftlicher Studien hin zu einer theorieaversen und von einem naiven Steuerungsoptimismus getriebenen Wirtschaftslehre führte insofern über den Zuschnitt von Ökonomik als singuläre Methodik des *economic approach*. Aus dessen Perspektive sind die an Ursachen, Gründen und Qualitäten interessierten Fragen nach dem *Was* und *Warum* nicht länger stellbar, da in jedem Gegenstand sich die Methode bloß selbst gespiegelt fand und findet. Die Antwort auf die Frage, *wie* etwas ist, ist letztlich methodologisch stets schon im Voraus souffliert: möglichst effizient und rational. Mit dieser Abkehr von der Welt hat sich eine gewaltvolle Anteilslosigkeit institutionalisiert, die, mit Thomas Kuhn gesprochen, einstweilen paradigmatisch geworden ist: Es wird nicht *über*, wohl aber *mit* dieser Tötungslust gedacht.[119] Der Skandal in der Art, wie heute mehrheitlich Wirtschaftswissenschaften verfasst sind, ist, dass, indem sie die Welt auf die ihnen eigene Weise zu denken beginnen, sie diese Welt töten oder abtöten.

Inhalt und Prozess wirtschaftswissenschaftlicher Erkenntnis gehören insofern eng zusammen. Die tieferliegende Frage nach dem Zustandekommen von gesellschaftlichen Verhältnissen, aus denen heraus das Interesse an der Welt derart verloren werden kann, findet ihren Fluchtpunkt in der adiaphorischen Setzung, dass trotz nahezu ubiquitärer Innovations- und Fortschrittsrhetorik wesentliche Änderungen von Wirtschaft und Gesellschaft heute nicht mehr stattfinden.

5 Das letzte Wort sei gesprochen

Als gegen Ende der 1980er Jahre der sogenannte *Eiserne Vorhang* fiel, der nicht nur das nördliche Erdenrund quer durch Deutschland in Ost und West gespalten hatte, sondern gleichsam zu einem Duell von Marktwirtschaft und Planwirtschaft inszeniert worden war, wurde von Francis Fukuyama das »Ende der Geschichte«[120] in Aussicht gestellt: Die praktischen Umstände des gesellschaftlichen Für-, Gegen-, Neben- und Miteinanders waren geprägt von einem Narrativ der ewigen Ordnung, demgemäß Geschichte nun nicht mehr gemacht werden würde, weil das letzte Wort gesprochen und der letzte große Streit ausgetragen sei. Der Kapitalismus, so schien es, hatte sich endgültig als dominante und überlegene Form des Wirtschaftens durchgesetzt.

Das ist so lange nicht her, und doch hat es schon heute den Anschein, dass jeder Entwurf einer anderen Wirtschaft oder Gesellschaft im Allgemeinen als ein, wenn überhaupt, dann nur milde zu belächelnder Fall von Spinnerei abgetan wird. Über ein Danach, Daneben oder Jenseits dessen, was wir heute mit *Kapitalismus* meinen könnten, nachzudenken, wird mehrheitlich mit dem beschwichtigenden Täuschmanöver abgetan, das habe mit Wirtschaftswissenschaft nichts zu tun. Achim Wambach, damaliger Vorsitzender des *Vereins für Socialpolitik*, formulierte exemplarisch in einem Interview mit der *WirtschaftsWoche* über die von Studierenden aus Frust über die Einseitigkeit ihres Studiums initiierte Bewegung der *Pluralen Ökonomik* erst vor kurzem:

»Der pluralen Ökonomenbewegung geht es vielfach mehr um Politik als um Wissenschaft, da schwingt oft eine markt- und kapitalismuskritische Agenda mit.«[121]

Die Weigerung, den Beginn einer Ahnung von Zweifeln am eigenen Dogma auch nur in Spurenelementen zuzulassen, mithin die Reflexion als Theodizee zu verleugnen, kulminiert in dem Gedanken, dass, wer kritisiere, keine Ökonomik betreibe. Warum im Gegenzug die Markt und Kapitalismus abfeiernde Agenda mehr Wissenschaft als Politik sei, bleibt nicht nur hier transparent dunkel.

Der die Geschichte mutmaßlich abschließende Punkt, der in den 1990er Jahren mit der bundesdeutschen Wiedervereinigung exemplarisch hinter den kapitalistischen Praktiken des Wirtschaftens gesetzt wurde, schrieb gleichwohl eine Qualitäten unterminierende und Eigenschaften amputierende Entwicklung fort, die sich nach dem blutigen Ausgang des Zweiten Weltkrieges bereits abzuzeichnen begann. Schelsky übernahm seinerzeit von Adorno den Begriff des »Konkretismus«, um die entpolitisierte und auf Umsetzungsfragen bedachte Generation zu markieren, welche die durch Krieg und schwerindustrielle Aufrüstung geprägten 1930er und 1940er Jahre hervorgebracht hatten.[122]

Die fortan als Zwangsläufigkeit vorgestellte Entwicklung von Wirtschaft und Gesellschaft verwirklicht sich, und die performativ mitlaufende Rechtfertigung, auch auf semantischer Ebene. Der Literaturwissenschaftler Franco Moretti und der Wissenschaftshistoriker Dominique Pestre haben erst kürzlich eine fulminante Studie zum »Bankspeak«[123] vorgelegt, die genau diese semantische Justierung trefflich nachzeichnet und illustriert. Ihre Analyse fokussiert die Sprache der Weltbank, mit der diese ihre Berichte verfasst. Die Studie arbeitet hervor, dass über die zweite Hälfte des 20. Jahrhunderts die Verwendung von temporalen Adverbien um mehr als die Hälfte zurückging. Die Formulierungen veränderten sich folglich von konkreten historischen Zusammenhängen hin zu einer geschichtsvergessenen Rhetorik von vermeintlich allgemeinen Fakten und Tatsachen. In der grammatischen Struktur der Weltbankberichte findet dies gleichsam Ausdruck in einem Übergang von *konkreten* Formulierungen darüber, *was aktiv getan* wurde, hin zu *abstrakten* Beschreibungen davon, *wie sich die Dinge passiv ereigneten*. Die Geschichtsvergessenheit in der Sprache deutet auf eine Geschichtsvergessenheit in der Sache.

Die kritische Pointe von Moretti und Pestre charakterisiert sich in dem betrüblichen Befund, dass zwar fortwährend von Wandel und Zielen gesprochen, letztlich aber keine handfeste Vorstellung mehr zu erkennen ist, wohin die Reise gesellschaftspolitisch gehen könnte.[124] Die hektische

Sachverwaltung des Status Quo hat ihren Dienst angetreten und verstellt sich selbst in ihrer Hektik den Blick auf das noch anders Mögliche. Und Zukunftsvergessenheit ist letzten Endes auch nur eine Form von Geschichtsvergessenheit.

Das passte und passt noch immer gut zu einer Wirtschaftswissenschaft, die jegliche räumlichen und zeitlichen Verhältnisse, aus denen sie hervorgegangen ist, zu verschweigen pflegt. Die Rhetorik ökonomischer Gesetze als Sachzwänge korrespondiert insofern mit einer Praxis, der es als selbstverständlich gilt, dass der Weltenlauf fortan nach weltfremden Gesetzen vonstattenginge. Im strengen Sinne des Wortes ist solche Begriffsbildung also nicht nur geschichtsvergessen, sondern bekennt und rühmt sich geradezu damit, dass Geschichte in ihr und für sie keine Rolle spielt, sie zeitlos ist. Die scheinbare Stabilität dieser Widerspruchsfreiheit braucht Tötungslust. Zygmunt Bauman pointiert:

»Incongruity is ›just‹ the defeat of the mind's own Thanatos-like drive towards that stable tranquility which only the cohersion, the absence of contradiction, can bring.«[125]

Wenn das, was ist, von einem Übersinnlichen her bestimmt ist (statt nur orientiert, rückgebunden oder dergleichen), verlieren Handlungen ihre Wirklichkeit gestaltende Kraft. Statt sich um das *Wohlergehen der Welt* zu kümmern, rückt das *eigene Wohlbefinden* in den Vordergrund. Diese Selbstbezüglichkeit, als deren Folge die Konsequenzen des eigenen Tuns hinter dem Gefühl zurücktreten, das sich im Handlungsvollzug einstellt, drängt zum Stumpfsinn. Schon in den 1970er Jahren hat Richard Sennett festgestellt:

»Intimate society has entirely reversed Fielding's dictum that praise or censure should apply to actions rather than actors; now what matters is not what you have done but how you feel about it.«[126]

Neben der Befreiungsbewegung, als die der kapitalistische Ausgang aus dem Feudalismus zweifellos auch zu rekonstruieren ist, hat sich von dynastischen über manageriale zu anlegergeführten Modi dessen, was wir von daher nicht im mehr im Singular als *Kapitalismus* markieren sollten, eine gesellschaftspolitische Bewegung verwirklicht, der es nicht länger galt und gilt, sich die Hände vermeintlich schmutzig machen zu müssen und sich stattdessen den sogenannten schönen Dingen im Leben zuwenden zu können.

Statt die Anerkenntnis von Kontingenz mithin auch auf die eigene – menschliche, wirtschaftliche und wirtschaftswissenschaftliche – Existenz zu beziehen, hält sie im Grunde nur für einen Innovationsfetischismus her, dessen Triebkräfte des Denkens sich aus zeitlosen, abgetöteten und todbringenden Quellen speisen, die nicht Teil einer Lösung, sondern Teil des Problems sind.[127] Die Degenerierung von Wirtschaft, dem Leben allgemein, zu einem Unterhaltungsprogramm, dessen Qualität sich einzig in der Quantität durchzappbarer Programme reflektiert, ist als rezeptionsgeschichtliche Entleerung einstmals kritischer Denkweisen auf den Weg gekommen, die zur mit Quellen hinterlegten Legitimierung eines nahezu ins Gegenteil verkehrten abtötenden Denkens vergewaltigt werden.

Das betrifft in betrüblichem Ausmaß die Person Joseph Schumpeter, der bei aller persönlicher und intellektuellen Einwicklung im Laufe seines akademischen Schaffens und Wirkens heute in vulgärer Einseitigkeit für eine Glorifizierung des Neuen vergewaltigt wird. Die kritische Unternehmenstheorie, um die es ihm zu tun war, wurde im Laufe seines Lebens stetig reicher um die Einsicht in die Gesellschaftlichkeit ökonomischer Betätigung – und damit umso kritischer:

> »Der fundamentale Antrieb, der die kapitalistische Maschine in Bewegung setzt und hält, kommt von den neuen Konsumgütern, denen neuen Produktions- oder Transportmethoden, den neuen Märkten, den neuen Formen der industriellen Organisation, welche die kapitalistische Unternehmung schafft.«[128]

Die kritische Pointe, die Schumpeter ebenda gewiss noch deutlicher hätte hervorstreichen können, reflektiert sich in dem fast schon trivial anmutenden Befund, es hier nicht mit managerial zu bewerkstelligen Verteilungs- und Umsetzungsfragen zur ewigen Lösung eines zeitlosen Koordinationsproblems zu tun zu haben, sondern dass dies im sehr deutlichen Sinne des Wortes *Unternehmertum* auf den Plan ruft.

Statt jedoch andere Dinge zu tun als bislang, werden heute mehr denn je die gleichen Dinge bloß anders getan als bislang. Das Verschwinden des Unternehmerischen, das Schumpeter seinerzeit bereits in Verbindung mit dem Aufstieg der industriell-technokratischen Großunternehmen anklagte, lässt sich aus dieser Richtung her als praktisches Fundament einer in Stumpfsinn verfallenen Ökonomie reflektieren.[129]

In dem Maße, in dem das Neue zu einem Oberflächenphänomen verkommt, das nur methodisch orientiert ist, nicht substanziell, sich mithin auf Befindlichkeiten, Äußerlichkeiten oder Designfragen innerhalb der bloßen Neuartigkeit reduziert, wird die Welt zunehmend unpolitischer, letztlich barbarischer. Die heute grassierende Eventisierung führt diese Entwicklung unübersehbar vor Augen.[130] Sie und die damit verbundene Tendenz, aus allem und jedem einen schlechten Witz zu machen, sind von daher ökonomisches Produkt und Produktion von gesellschaftlichen Verhältnissen, in denen Schein und Anschein kosmetisch restaurieren, was ist.

Dieser Mangel an Bereitschaft dafür, sich ernsthaft und tiefergehend mit der Welt, und allem in ihr, zu befassen, ist zugleich Ergebnis und Katalysator einer Eigenschaftslosigkeit, die im Glauben daran, dass stets anderswo gelenkt werden würde, zu einer Melancholie führte, der gemäß sich der Geschichte Lauf schon von selbst ereignen würde. Der gleichmütigen Haltung des *not-my-cup-of-tea* steht eine Philosophie der Alternativlosigkeit gegenüber. Während hüben mithin die Vorstellung wirkt, nur drüben würde gelenkt werden, suggeriert das Drüben, selbst ausschließlich Ausführungsorgan einer nicht anders möglichen Geschichtsschreibung zu sein. Das ist im deutlichen Sinne des Wortes nicht nur evolutionstheoretisch wichtig, sondern auch evolutionspraktisch bedeutsam, denn es verändert Menschen über Weltfremdheit zur Selbstbezüglichkeit, in der es keinen Raum mehr für das Politische gibt – und damit das Ringen darum, an dieser Welt zu arbeiten.

Die an weltfremden Fäden hängende Schockstarre der Alternativlosigkeit, in der totes Denken eine tote Praxis gebiert, die ihrerseits totes Denken empirisch zu rechtfertigen scheint, resultiert in einer Wirtschaftswissenschaft, die kontingentes Leid nicht lindert, sondern mit Sinn belegt. Die Ausblendung und Unterwanderung von inhaltlichen Auseinandersetzungen, von einem Prozess des Politischen, der unterschiedliche praktische Parteilichkeiten zu verständigen versucht, ist einer hektischen Politik des Konsenses gewichen, die Vielfalt nicht kultiviert, sondern tötet. Der Lakai der Alternativlosigkeit ist dieser Konsens.

Wenn das Sosein der Wirklichkeit als hermetisch erscheint und in dessen Angesicht die Möglichkeit von Möglichkeit bis zur Vertrocknung verkümmert, entsteht nicht nur vegetativ ein »rasender Stillstand«[131], sondern auch ein entzeitlichter Begriff von Geschichte, die nicht fortschreitet, sondern sich aufbläht: Die melancholische Empfindung des ausgedehnten Abgehängtseins, die sich daraus ergibt, kommt dem Transport auf einer Rolltreppe nahe[132], die automatisch und fortwährend alles und jedes ohne aktives Zutun scheinbar voran bringt und die Erfahrung bereithält, dass auch voran und ans Ziel kommt, wer einfach nur regungslos, nahezu tot ist – bis die eigene Existenz gar überflüssig erscheint.

»Todesverdrängung, ungelebtes Leben, unerfüllte Wünsche, wenn also keine Versöhnung von Wunsch und Wirklichkeit stattgefunden hat, schneiden tief ein und entfalten aus dieser Tiefe heraus ihre dadurch nicht geringe Wirkung.«[133]

Das gesellschaftspolitische Resultat ist ein historischer Prozess, in dem Zukunft zur ewigen Neuauflage des Gegenwärtigen verkommen ist, die nicht nur nichts Neues mehr bereitzuhalten scheint, sondern auch jeglichen Reiz verloren hat, sich dafür zu engagieren und für etwas einzustehen. Es geht nicht mehr um Entwürfe einer von der Wesentlichkeit her besseren – das heißt auch: anderen – Welt und in diesem Sinne um politischen Streit, sondern nurmehr darum, die Risse und Schlaglöcher dessen, was ist, mit Zuckerguss zu verkleben.

Jene Ökonomik, die solche Universalgeschichte zu schreiben versucht, ist gewiss gut beraten, Endlichkeit und damit auch Tod inhaltlich nicht weiter zum Thema zu machen, sondern im Glauben an die Eindeutigkeit ihrer evidenzbasierten Fakten und Tatsachen die disziplinäre Einengung als weitere Spezialisierung, die nur Zersplitterung ist, voranzutreiben. Die Verleugnung der eigenen Performanz, etwa als Rhetorik der außer und über den Dingen stehenden reinen Beobachtung, Beschreibung oder Erklärung, ist innerhalb dieses Irrglaubens berechtigt, setzt dieser doch den Lauf der Dinge bereits als solchen voraus.

Derlei geschichtsphilosophische Eindeutigkeiten suggerierende Vorstellungen brauchen einen Begriff der Geschichte, der diese auf eine Abfolge aneinandergereihter Gleichgewichtsmomente abzieht. Die vertrags- und spieltheoretisch inspirierten Strömungen innerhalb der Wirtschaftswissenschaften, insbesondere solche Linien, die mit *ceteris paribus* Annahmen die Welt zum Labormitschnitt erklären, zwingen diese szientistische Logik des zerstückelten Zeitstrahls dem Denken geradezu auf.[134]

Damit ist Licht auf die Notwendigkeit geworfen, den Begriff der Geschichte selbst einmal näher zu bestimmen und für wirtschaftswissenschaftliche Bemühungen fruchtbar zu machen: Eine wesentliche Herausforderung in der Entwicklung eines begrifflichen Mittels, das in dieser Hinsicht trägt, ist, dass jeder wissenschaftliche Standpunkt, von dem aus das Vergangene in den Blick genommen wird, selbst schon Ergebnis und Produkt der Bewegung und folglich in deren Kräftespiel eingelassen ist, deren Quellen, Linien und Gründe er zu rekonstruieren versucht.

Michel Foucault hat in Weiterentwicklung von Friedrich Nietzsche den Begriff der *Genealogie* als reflexiv perspektivierte Analyse fruchtbar gemacht und weiterentwickelt, die Kontingenz und auch Zufälle anerkennt.[135] Der Genealogie als historischer Methode geht es um die Suche nach Deutungen, die als Neusetzungen, Ersetzungen oder Versetzungen erstmalig auftreten und wiederkehren. Gerade deswegen ist das wirtschaftswissenschaftlich so häufig unterstellte Nützlichkeitsmotiv, aus jedem historischen Zusammenhang geschlagen, vielleicht noch überzeugend, als Methodologie eines gezeitlichten Denkens macht es jedoch blind. In die Irre führt es, da es als historische Perspektive aus dem, was ist, auf einem Zeitstrahl wandernd, unabhängig davon, ob das zutrifft oder traf, einen linearen Weg zurück oder nach vorn konstruiert und damit die Brüche und Diskontinuitäten nicht zu greifen bekommt, die es für diejenigen zu greifen gilt, die den historischen Prozess begreifen wollen. Statt möglichst universelle Aussagen darüber zu treffen, was geschehen (sein) muss, folgt die Genealogie als historische Methode den Ambivalenzen und anerkennt die Einzigartigkeit des Ereigneten.

> »Im Gegensatz zur christlichen Welt, deren gesamtes Gewebe auf die göttliche Spinne zurückgeht, und im Unterschied zur griechischen Welt, die in das Reich des Willens und das der großen kosmischen Dummheit aufgeteilt ist, kennt die wirkliche Historie nur ein einziges Reich, in dem es weder Vorsehung noch Endursache gibt, sondern nur ›jene eisernen Hände der Notwendigkeit, welche den Würfelbecher des Zufalls schütteln‹.«[136]

Das Material, aus dem sich das Reich des Historischen zusammenfügt, ist eine kulturelle Praxis, die auch jene historisch konkreten Praktiken des Wirtschaftens umfasst, um die es Ökonominnen und Ökonomen zumindest auf Ebene der Namensgebung geht (oder gehen sollte). Das wäre auch schon von Karl Marx zu lernen gewesen:

»Mit der Erwerbung neuer Produktivkräfte verändern die Menschen ihre Produktionsweise, und mit der Veränderung der Produktionsweise, der Art, ihren Lebensunterhalt zu gewinnen, verändern sie alle ihre gesellschaftlichen Verhältnisse. Die Handmühle ergibt eine Gesellschaft mit Feudalherren, die Dampfmühle eine Gesellschaft mit industriellen Kapitalisten.«[137]

Bei aller Gefahr, dem Missverständnis einer materialistischen Universalgeschichte aufzusitzen, lässt sich aus Marxens Analyse konzeptionell die Idee von Wirtschaft als einer Geschichte bewegenden Triebkraft gewinnen. Diese Bewegung kann nur eine kulturelle Praxis sein, deren tieferes Ziel folglich nicht mit dem Begriff der *Notwendigkeit*, sondern mit dem der *Freiheitlichkeit* anzuvisieren ist.

Das historische Zustandekommen von gesellschaftlichen Verhältnissen, in denen gewisse kulturelle Praktiken als ökonomische Praktiken des Wirtschaftens in den Blick genommen werden können, ist eine immer schon machtvoll zu denkende Gemengelage spannungsvoller Praxis, deren Zündstoff sich nicht einfach aus der Verschiedenheit ableiten oder auf den gemeinsamen Nenner von mehrheitlicher Nutzen- und Gewinnmaximierung bringen lässt.

»Vergangenes historisch artikulieren heißt nicht, es erkennen ›wie es denn eigentlich gewesen ist‹. Es heißt, sich einer Erinnerung bemächtigen, wie sie im Augenblick einer Gefahr aufblitzt.«[138]

Als ein stets parteilich berührtes Erinnern von Vergangenheit folgt daraus auch für die Wirtschaftswissenschaften, dass es im Geiste eines genealogischen Zugangs nicht darum gehen kann und sollte, jedem Ereignis seinen festen Platz in einer Universalgeschichte zuzuweisen, die sich metaphorisch als Zeitstrahl zu erkennen gibt. Das bedeutet letztlich, dass Zeit nicht im Geiste Descartes' als erst noch zu beschreibendes leeres Blatt betrachtet wird, aus dem sich kontinuierlich eine Geschichte ergibt, sondern immer als Bruchstückwerk zu begreifen ist, das sich gerade nicht teleologisch gerichtet auf einen Endzustand hin zuspitzt.

Das heute gesellschaftlich mehrheitlich wirksame und durch die Wirtschaftswissenschaften gleichsam katalysierte Verständnis speist sich gleichwohl just aus solcher Zuspitzung auf einen Endzustand hin, deren *modus operandi* als akkumulierendes Fortschrittsversprechen sogenannter *aufgeklärter Gesellschaften* im Angesicht gegenwärtiger Auswüchse, Krisen und Zerstörungen mitunter der Verwunderung Futter gibt, wie es im 21. Jahrhundert denn noch möglich sei, dass vor Krieg fliehende Menschen zu Tausenden im Mittelmeer ertrinken. Geschichte ist nicht, und schon gar nicht zwangsläufig, ein einseitiges Optimierungsprojekt.

Dieser naive und deswegen irreführende Begriff von Geschichte findet gleichsam Ausdruck in einer Vorstellung von Evolution als beständige Höherentwicklung. Dieser Irrtum wäre bereits mit Charles Darwin aus der Welt zu bringen gewesen, der, anders als es seine Rezeptionsgeschichte nahelegt, ein sehr deutlicher Kritiker humanistischen Dünkels und menschlicher Überheblichkeit gewesen ist.[139] Die Welt hat weder Endgegnerin noch Endgegner, sondern bringt fortwährend widerspruchsvolle Praxis hervor, die gleichsam fortwährend grandios scheitern kann. Das gilt für erdgeschichtlich vergleichsweise schnelllebige kulturelle Praxis vermutlich noch einmal mehr. So hält Walter Benjamin in gebotener Schärfe fest:

»Wer immer bis zu diesem Tage den Sieg davontrug, der marschiert mit in dem Triumphzug, der die heute Herrschenden über die dahinführt, die heute am Boden liegen. Die Beute wird, wie das immer so üblich war, im Triumphzug mitgeführt. Man bezeichnet sie als die Kulturgüter. [...] Die Tradition der Unterdrückten belehrt uns darüber, daß der ›Ausnahmezustand‹, in dem wir leben, die Regel ist. Wir müssen zu einem Begriff der Geschichte kommen, der dem entspricht.«[140]

Das, was weiter oben in Anlehnung an Smith und Marx als Idee der *ursprünglichen Akkumulation* in diese Untersuchung Einzug gehalten hat, öffnet insofern den Blick für die Vielschichtigkeit und Ambivalenz dessen, was wir häufig so eindeutig als historischen Prozess ausweisen. In welche Richtung sich die wirtschaftswissenschaftliche Theoriebildung also bewegt *hätte*, wäre sie nicht als »imperiale Lebensweise«[141] von Europäerinnen und Europäern maßgeblich auf den Weg gebracht worden, sondern etwa von lateinamerikanischen Ökonominnen und Ökonomen, kann freilich nur gemutmaßt werden. Dass die Perspektiven von Unterdrückten und Unterdrückenden jedoch nicht ohne weiteres in Deckung hätten gebracht werden können, darüber wird vermutlich kein Streit entstehen. In den sogenannten *postcolonial studies* wird seit einigen Jahren, gleichwohl nicht unter wesentlicher Beteiligung durch die Wirtschaftswissenschaften, dieser Perspektivwechsel systematischer als bislang eingenommen.[142]

Mit der fast schon polemischen Gegenüberstellung von *Unterdrückten* auf der einen Seite und *Unterdrückenden* auf der anderen Seite soll nicht dem gleichen dichotomisierenden Reduktionismus gefrönt werden, der bereits in Marxens Geschichtsphilosophie zu dem Missverständnis führte, dass sich historische Ereignisse ewiglich in einer dialektischen Pendelbewegung sprichwörtlich die Klinke in die Hand geben würden. Von daher soll lediglich das Blickfeld freigeräumt werden für die Einsicht, dass es keine objektive Ereigniskette gibt, die sich rein deskriptiv außer den Sachen stehend rekonstruieren ließe, sondern immer schon Widersprüche, Normativitäten und Parteilichkeiten eingewoben und verwickelt sind. Und dass diese einzelnen Pfade eben nicht nur Verlängerung oder Variation des Vergangenen sind, sondern im Sinne revolutionärer Bewegungen auch als Brüche, Sprünge und Versatzstücke in die Welt kommen können.

Nun hat der Begriff der *Revolution* gewiss eine durchaus gewaltförmige Tradition, die hinlänglich dokumentiert ist und die ich weder gutheißen noch verschweigen möchte. Seit wenigen Jahren ist mit dem Begriff der *Transformation* ein alternatives Vokabular im Angebot, das von dieser Geschichte gereinigt zu sein vorgibt. Nach meiner Wahrnehmung hat diese nur terminologische Verschiebung jedoch zu keiner wesentlichen Klärung beigetragen, was unter *Transformation* oder *Revolution* nun letztlich zu begreifen sei. Der Charme, dessentwegen ich an dem Begriff der *Revolution* festzuhalten gewillt bin, ist, dass er gerade in seiner Radikalität den Blick für die durch engagierte Akteure, und deren »Wille zur Freiheit als einem positiven Lebensmodus«[143], herbeigeführten fundamentalen Umstürze schärft, statt den latent technokratischen Begriff des *Transformierens* zu verwenden, der nicht frei ist von mystifizierenden Projektionen allzu optimistischer Steuerungsszenarien.

Worum es mir geht, um Ökonomie und Ökonomik noch einen deutlichen Sinn jenseits von Abtötung zu geben, sind letztlich keine Rebellionen oder Aufstände, die historisch und verständlicherweise überall dort aufkommen, wo Unterdrückung stattfindet. Es geht auch nicht um einen fließenden Übergang oder um das Hinzufügen einer weiteren Facette, sondern um einen aktiv eingeforderten Umsturz, eine gesellschaftliche Ordnung, die

– in diesem Fall – nicht durch ideologische Konstruktionsleistungen des 18. Jahrhunderts bestimmt ist, deren größte Lüge heute vermutlich die Selbstausweisung als *freiheitlich* ist.

»Nur wo dieses Pathos des Neubeginns vorherrscht und mit Freiheitsvorstellungen verknüpft ist, haben wir das Recht, von Revolution zu sprechen.«[144]

Die Ablehnung des Gegenwärtigen, aus dem Revolutionen ihren Angang nehmen, ist nur Veranlassung dessen, was sie im Kern bestimmen. Sie heben als Restaurationen an, als *re-volvere = Zurückdrehen* des historischen Prozesses.[145] In diesem Sinne setzen sie etwas in Gang, und erst im Prozess der Entfaltung wird dabei die eigentliche Bestimmtheit deutlich. Damit grenzen sich Revolutionen sehr deutlich ab von allzu naiv geplanten oder im Vorfeld sorgsam ausgearbeiteten Alternativprogrammen. In ihnen gelangt die Fragmentiertheit des historischen Prozesses als emanzipatorischer Drang zum Bewusstsein, der nicht individuelle Kratzbürstigkeit ist, sondern eine Unwiderstehlichkeit entwickelt, sobald »sich herausgestellt hat, daß die Macht auf der Straße liegt«[146] – statt als Notwendigkeit etwas Ewiges und Schicksalhaftes an sich zu haben.

Geschichte ist letztendlich kein quasi-objektiver Zeitstrahl, sondern eine ambivalente Gemengelage vieler und höchst heterogener Stränge, Pfade und Splitter. Die Frage danach, welche Teile, Aspekte oder Perspektiven schließlich gesellschaftlich als kulturelle Praktiken auch des Wirtschaftens hegemonial werden, verschwinden oder ein Nischendasein fristen, ist eine stets empirische Frage, die als solche nicht vorweggenommen werden kann – und aus demokratischer Überzeugung und wissenschaftlicher Redlichkeit heraus nach meinem Dafürhalten auch nicht vorgenommen werden sollte – sondern letzten Endes nur praktisch zu beantworten ist. Und das ist schlussendlich nur eine andere Formulierung dafür, dass das letzte Wort freilich noch nicht gesprochen ist und Geschichte auch heute noch immer gemacht wird, respektive gemacht werden will.

Als John Maynard Keynes in den 1920er Jahren *unter sonst gleichen Bedingungen* in Aussicht stellte, dass »das wirtschaftliche Problem innerhalb von hundert Jahren gelöst sein dürfte«[147], so führte er damit unwissentlich sehr deutlich die doppelte Problematik ökonomischen Denkens vor Augen: nämlich einerseits die Setzung, dass über die Eigentümlichkeit dessen, was mit *dem ökonomischen Problem* gemeint sein könnte, nicht weiter gestritten werden müsse, weil die Sache eindeutig und klar als materielle Versorgung gelagert sei und andererseits die damit verbundene Vorstellung einer prinzipiellen wie praktischen Abschließbarkeit zumindest ökonomischer Geschichte. Die universalgeschichtliche Totalität, in die dieser Gedanke mündet, war für Keynes, der sich damit selbst zum Chrematistiker, zum Künstler des Gelderwerbs, machte, zwar kein Anlass, die Zweck-Mittel-Relation zu überwinden, gleichwohl plädierte er kontrafaktisch gegen eine Verselbständigung dieser Mittel als gemeinschaftliche Perspektive:

> »Der Gang der Dinge wird einfach der sein, dass es immer größere und größere Schichten und Gruppen von Menschen geben wird, für die sich Probleme wirtschaftlicher Notwendigkeit einfach nicht mehr stellen. Der entscheidende Unterschied wird erreicht sein, wenn dieser Zustand so allgemein geworden ist, dass sich die Natur unserer Pflicht gegenüber unserem Nächsten verändert. Denn es wird vernünftig bleiben, wirtschaftlich zielgerichtet für andere zu handeln, nachdem es für einen selbst aufgehört hat, vernünftig zu sein.«[148]

Heute wissen wir, dass jeder Gedanke, der unter der Annahme *sonst gleicher Bedingungen* steht, vermutlich das Papier nicht wert ist, auf dem er festgehalten wird. Daran ändert auch der Umstand nichts, dass der Wandel von Bedingungen sich häufig schleichend vollzieht. In sozialpsychologischer Reflexion wird seit den vielzitierten Studien zur schleichenden Wahrnehmung des Schwunds von Fischbeständen[149] mit dem Begriff der *shifting baselines* markiert, dass sich die historisch jeweils vorgefundenen Umstände als Referenz- und Bezugspunkte dessen, was für normal erachtet und daher nicht weiter hinterfragt wird, so fließend und kleinteilig verschieben, dass dieser Wandel *in praxi* nicht weiter auffällt. Das wird weder jener klinischen Reinheit gerecht, die mit *ceteris paribus* eingefordert wird, noch täuscht es darüber hinweg, dass der mutmaßliche Transport auf der Rolltreppe in Wahrheit nur der auf einem Fließband ist.

In diesem Sinne haben sich auch die Praktiken des Wirtschaftens seit dem Fall des *Eisernen Vorhangs* gewiss schleichend gewandelt und die in ihnen wirkende Dogmatik nur konsequenter vorangetrieben, jedoch und gerade deswegen nicht von ihrer Wesentlichkeit her eine andere Richtung eingeschlagen. In welche Richtung das »Raumschiff Erde«[150] manövriert, hängt noch immer fundamental ab von den Taten und Handlungen jener, die noch oder wieder tun und handeln. Eine morbide Ökonomik gebiert gleichwohl tote und todbringende Gedanken, deren performative Anschlagstärke zu Beginn des 21. Jahrhunderts zu einem Unheil heraufbeschwörenden Gedröhne angeschwollen ist.

6 Ein reduktionistischer Zugang tendiert zu gewaltvollem Umgang

Das krypto-normative Ethos einer Wirtschaftswissenschaft, die in gleichmütigen Stumpfsinn verfallen ist, lautet, dass alles, was machbar ist, auch gemacht werden kann und allein von daher auch gemacht werden sollte: »Geht nicht, gibt's nicht!«[151] verspricht das anpackende Mantra der korrespondieren Wirtschaftspraxis. Die weltwirksame Konsequenz einer reduktionistischen Vorstellung von Universalgeschichtsschreibung als mutmaßlich evolutorischer Fortgang zum Besseren verwirklicht sich als Innovationsfetischismus einer von Dingen und Dinglichkeit vorgestanzten Praxis des Wirtschaftens.

Die Frage nach einem universellen Maßstab, an dem sich festmachen ließe, was warum wie wo noch und inwiefern zu machen und tun in Ordnung ist oder nicht, bleibt offen, weil sie offen bleiben muss. Daraus Legitimierung für eine *anything-goes* Politik zu beziehen, wäre indessen fatal. Einen allgemeingültigen Maßstab, der nicht zur Disposition gestellt werden braucht, kann es nicht geben, braucht es dieser Tage jedoch dringender denn je. Just weil solch ein universeller Maßstab jedoch nicht einfach aus logischen Gründen ableitbar, mathematisch bestimmbar sowie letztlich setzbar ist, braucht es den offenen Streit darüber, welche kulturellen Hervorbringungen geachtet oder geächtet werden. Und das betrifft auch und gerade Praktiken des Wirtschaftens sowie das, was diese in die Welt setzen.

»Und da dem Menschen das Herstellen von Dingen nun einmal freisteht, verfügt er wohl überhaupt über kein derartiges Kriterium: es sei denn, er mache *sich selbst* zum Kriterium, das heißt: er definiere den Grenzpunkt als in demjenigen Augenblick erreicht, in dem er, ›*kleiner als er selbst*‹, mit sich selbst ›nicht mehr mitkommt‹, das heißt: seinen Produkten nicht mehr gewachsen ist. Also heute.«[152]

Das, was Günther Anders in Anschluss an jene Gestalt der griechischen Mythologie, die das fossile Zeitalter auf die Erde brachte, als »prometheische Scham«[153] bezeichnete, das Überwältigtsein von den eigenen Hervorbringungen, traf seinerzeit vor über 50 Jahren schon zu und ist heute, im Angesicht gesellschaftlicher Debatten um das technische Steuern und Herrichten von Natur als Geoengineering[154], das Bewohnbarmachen des Mars[155] etwa durch künstliche Treibhausgasemissionen[156] oder des Abbaus von Ressourcen auf Asteroiden[157] zutreffender denn je.

Gerade deswegen braucht es in Zeiten, die von Überheblichkeit, Krisen und Leid geprägt sind, umso mehr *auch* eine kritische Wirtschaftswissenschaft, die das Interesse an der Welt zurückgewinnt. Denn anders, als die spieltheoretischen Labormitschnitte dies nahelegen, lässt sich Geschichte weder vor- noch zurückspulen, ist die Abtötung, die sich im Namen einer reduktionistischen Ökonomik ins Werk stellt, mitunter unumkehrbar.

Das betrifft insbesondere die auch ökonomisch getriebenen Verhältnisse zu dem, was wir heute noch Natur nennen.[158] Um das Denken und Nachdenken über Natur und die ökonomischen Naturverhältnisse in Bewegung zu setzen, ist es in einem ersten Schritt hilfreich, sich zu vergegenwärtigen, es mit einem Phänomen zu tun zu haben, das es so und an sich nicht gibt. Die Konstruiertheit und Unbegreifbarkeit dessen, was mit Natur gemeint ist, gelangt in dem norddeutschen Sprichwort *Gott schuf das Meer, der Friese die Küste* zu Bewusstsein. Um also Natur im Sinne einer Ursprünglichkeit überhaupt fassen zu können, ist eine Form von Göttlichkeit als Stunde Null mitzudenken, ohne die wir nicht zu sagen wüssten, woher sich das harmonisch zu einem Ganzen zusammenwebende Phänomen *Natur* ergeben könnte. Doch: »Das Ganze in das Unwahre.«[159]

Die Idee einer Natur, die von Menschen unberührt ist, ist stets eine romantisierte und letztlich willkürliche und unhaltbare Setzung. Es bleibt mir nach wie vor ein Rätsel, welcher der zwingende, weil prinzipielle Unterschied zwischen einem von Menschenhand gefällten Baum und einer von Elefanten in den Urwald gelegten Schneise sein soll. Statt in übersinnlicher Spekulation zu versacken, geht es mir um den konkreten praktischen Umgang sowie eine Problematisierung dieser Praxis. Denn unter dem Strich beteiligt sich jeder Versuch, Natur durch Romantisierung zur Ganzheitlichkeit zu retten, an ihrer Abtötung. Der öko-romantische Holismus, der sich etwa als *Gaia Hypothese* ausdrückt, ist nämlich selbst schon Ergebnis einer mechanistisch reduzierten Systemvorstellung funktionaler Bezüge[160] – also der leblosen Hülle dessen, was vielleicht mal lebendige Naturverhältnisse gewesen sein mögen.

In diesem Zusammenhang ist das ökonomische Hervorbringen nur abstrakten Reichtums als systematisch angelegte Abtötung von fremder und eigener Lebendigkeit zu charakterisieren. In der verharmlosenden, weil völlig allgemeinen Rede von *Roh-, Hilfs- und Betriebsstoffen* zu sprechen wie einstmals von Strom, der aus der Steckdose gekommen sei, ist selbst schon Ausdruck einer Ökonomik, welche die materiellen Grundlagen ihrer Wirtschaftlichkeit in der Tendenz zu verschweigen oder zu maskieren sucht. Dass die ökonomische Theoriebildung des 18., 19. und 20. Jahrhunderts Natur im Grunde nur als »Sack von Ressourcen«[161] kannte, ist von daher ein ausgesprochen pointierender Befund und die konsequente Folge der von vermeintlichen Nützlichkeitskalkülen getriebenen Verwertungslogik, die weiter oben bereits als falscher Gott aufgeklärt werden konnte. Doch oben wie auch grundsätzlich läuft die Anklage purer Verwertung schnell leer, wenn nicht direkt nachgeschoben wird, *welche* Verwertung historisch und empirisch konkret gemeint ist und *inwiefern* diese als problematisch erachtet wird.

Das Schema, mit dem die Beherrschung und Verwertung von Natur zu einer Vergewaltigung von Natur pervertiert ist und das historisch nahezu immer dort zum Einsatz kommt, wo Leid systematisch organisiert wird, lautet, eine Differenz zum Eigenen zu konstruieren und das zu Unterwerfende zum Anderen zu erklären, um dieses Andere dann schließlich nach Gutdünken dem Eigenen unterzuordnen. Natur zum schmutzigen Anderen zu machen, dem das Eigene als vermeintlich von jedem Naturbezug gesäubert strahlend entgegensteht, ist die Geschichte einer Entsinnlichung großer Teile der heute in westlich-industrialisierten Gesellschaften lebenden Menschen, denen die Welt, und sie selbst darin, unwirklich fern geworden sind. Diese Entsinnlichung selbst ist so dramatisch, weil sie in ihrer Gewaltförmigkeit nicht mehr Teil einer politischen Willensbildung ist, sondern übergriffig wird.

»Weil Gewalt ihrem Wesen nach stumm ist, kann auch die politische Theorie wenig über sie aussagen, und die Diskussion der Gewaltmittel überläßt sie besser den technischen Experten [...] erst in der Rechtfertigung wird die Gewalt ein eigentlich politisches Phänomen.«[162]

Dass von daher im Felde gewaltförmiger Herrschaftsapparate die sich zu Wort meldenden Disziplinen selbst von Beherrschungsfantasien getragen waren und sind, findet seinen Ausdruck auch auf Ebene der Thematisierungen von *Natur* überhaupt. Bei genauerer Hinsicht zeigen sich für die Unternehmenstheorien des 20. Jahrhunderts drei Erscheinungsformen und Thematisierungen von Natur[163]:

- *Natur als opulente Gegebenheit*, mit der beliebig umgegangen werden kann.
- *Natur als verwertbarer Ort*, an dem Ressource entnommen oder Müll abgeladen werden kann.
- *Natur als unspezifizierte Umwelt*, die als unwesentliche Rahmung pro forma angeführt werden kann.

Während bis in die 1980er Jahre hinein von Unternehmen und Gewerkschaften die Behauptung gepflegt wurde, Umweltpolitik müsse von der Sache her Aufgabe des Staates sein[164], kamen die ersten Impulse, wirtschaftlich anders mit Natur umzugehen als bislang, nicht aus theoretisch unterfütterter Kritik seitens der Wirtschaftswissenschaften[165], sondern aus einer Wirtschaftspraxis, der das zu einer »Frage der Ehre«[166] wurde. Natur als schutzbedürftigen Gegenstand in die öffentlichen Debatten einzubringen, war in Deutschland seinerzeit auch wesentlich von jenen NGOs vorbereitet und vorangetrieben worden, die die zahlreichen Natur zerstörenden Skandale und Unfälle der 1970er Jahre nicht länger hinzunehmen bereit gewesen waren.[167] Auf diesem Boden keimte die Idee, der Praxis industrialisierten Wirtschaftens eine »ökologische Modernisierung«[168] zuteilwerden zu lassen, die als *business case for sustainability* noch heute ihre Euphorie und Zustimmungsfähigkeit aus dem Umstand bezieht, dass sich mittels veränderter technologischer Weichenstellungen im Kern nichts zu ändern brauche, da das bestehende Dogma erhalten und lediglich der Gegenstandsbereich, auf den es bezogen ist, erweitert wird.

Damit wandeln die Ideen, Rohstoffe zu schonen, Emissionen zu bilanzieren, Schadstoffe zu filtern oder Stoffstromkreisläufe zu schließen, noch immer im Denkhorizont dessen, was mit der seitherigen ökonomistischen

Modellierung vorstellbar war und ist. Natur wird dabei lediglich als nun zusätzlich auch noch zu berücksichtigende und mutmaßlich alles Übel korrigierende Variable in das Formelgestell wirtschaftswissenschaftlicher Maximierungs- und Nutzenkalküle gefügt. Der damit verfolgte Ansatz, durch »qualitatives Wachstum«[169] einer »green economy«[170] die Mehrung von Wohlstand von ökologischen Zerstörungen zu entkoppeln, erfreut sich einstweilen auch in den politischen Institutionen der westlich-industrialisiert wirtschaftenden Gesellschaften als »green new deal«[171] großen Zuspruchs. Mit ihm ist die Hoffnung verbunden, schließlich und endlich denjenigen Pfad gefunden und betreten zu haben, auf dem der ewige Fortschritt nun aber wirklich stattfinden könnte.[172]

Die auf diesem Wege immerhin äußerlich begrünte Ökonomie ist also nicht nur von gesellschaftlicher Euphorie getragen, sondern legitimiert zugleich und weitestgehend im Unbesehenen die ideologischen Quellen jener Praxis, die sie eigentlich zu problematisieren angetreten war, also jene Quellen, aus denen sich wirtschaftswissenschaftliches Denken seit bald 300 Jahren ohnehin speist, und damit auch der Gleichmut, sich mit inhaltlichen Fragen und praktischen Parteilichkeiten nicht auseinandersetzen zu wollen.

Auf diese Weise wird nach wie vor der Blick verstellt auf die tatsächlichen Hervorbringungen der sich wirtschaftlich betätigenden Organisationen, also wesentlich erwerbswirtschaftlichen Unternehmen. Erneut reduziert sich der Blick auf eine methodische Verfahrensweise, die nun weniger Schadstoffe ausstoßend oder weniger Ressourcen verbrauchend sei. Effizienz ist und bleibt ungebrochen, scheinbar undurchbrechbar, die Logik, entlang derer Wirtschaftlichkeit nach innen gerichtet organisational gedacht wird. In den Blick gerät noch immer nur *wie* es ist, nicht *was* es ist. In dem schlichten Glauben, dass eine auf Nutzenmaximierung hin gerichtete Verfahrensweise den jeweiligen Akteuren noch immer als *summum bonum* entgegenschlagen würde, wird der mutmaßlich zeitlose, weil allgemein gültige Modus ökonomischer Tauschbeziehungen, wie er etwa in der Transaktionskostenökonomik[173] populär gemacht wurde, weiter immunisiert, indem das Schlechte, zumindest Ungewollte, als »externality«[174] nicht etwa als Einsicht in die Ambivalenz kultureller Praktiken des Wirtschaftens fruchtbar gemacht, sondern in einem Jenseits ökonomischer Nutzenmaximierung ausgelagert wird.

Die verharmlosende Rhetorik von *negativen externen Effekten*, die im Kern eine aggregierte Naturzerstörungskennzahl sind, charakterisiert schon auf sprachlicher Ebene das alte Leid einer verstummenden Ökonomik, deren praktische Blüten einstweilen zum Zynismus tendieren: nämlich von Effekten zu sprechen, die damit markierten Qualitäten aber nur als Quantitäten zu begreifen. Denn der Wunsch, Natur zu verrechnen, braucht schon aus methodischen Gründen einen verrechenbaren Begriff von Natur. Insofern ist »the nature that capital can see«[175] zwangsläufig eine quantifizierte und damit letztlich dequalifizierte Natur, die sich wiegen, zählen, messen lässt.

Die häufig gutgemeinten Versuche, Natur in der eigenen Wirtschaftlichkeitsrechnung zu berücksichtigen, haben einerseits Errungenschaften hervorgebracht, die heute vermutlich niemand ernsthaft missen möchte, andererseits haben sie Natur jedoch in den abgetöteten Kreis widerspruchsfreier Wirtschaftlichkeitskalküle aufgenommen. Weil Kennzahlen freilich abstrakt bleiben, reproduzieren sie just in ihrer Grobheit jene Ferne zu Natur, die aufzuheben der eigentliche Anlass gewesen war. Nähe und Naherfahrungsräume zu zerstören und damit lebendige Beziehungen abzutöten, ist nicht in erster Linie die Herstellung räumlicher Distanz, sondern sinnlicher Abstumpfung: »Kleine Entfernung ist nicht schon Nähe. Große Entfernung ist noch nicht Ferne.«[176]

Statt in diesem Kontext von *Entfremdung* zu sprechen, wie es insbesondere in Anschluss an die marxsche und postmarxsche Philosophie gepflegt wurde und wird, trifft der Begriff der *Entsinnlichung* weitaus präziser das, worum es hier geht, wenn von der Zerstörung sinnlich wahrnehmbarer Nähe, also Ferne gesprochen wird. Wie zu kaum einer Zeit zuvor, war das 20. Jahrhundert eine Etappe der Schaffung von theoretischer und praktischer Ferne. War die »Erfahrung der Ferne«[177] noch bis vor wenigen Jahrzehnten eine Möglichkeit der Befriedigung menschlicher Neugierde auf das Fremde und Andere, so ist das involvierte Abtauchen in fremde Kulturen längst zu einem oberflächlichen, trivialisierten Event von Shoppingreisen und eingezäunter Touristikanlagen degeneriert. Das theoretische Pendant konstruierter Ferne hört etwa auf den Namen *Systemtheorie*, insbesondere in den strukturfunktionalistischen Varianten.

Die technische Vermitteltheit von Natur, die von Herzschlag anzeigendem Piepen im Krankenhaus über diesen am Handgelenk aufzeichnende Uhren bis hin zu Natürlichkeit suggerierenden Fotografien auf Produktverpackungen reicht, ist nur ein erster Schritt zur planerischen Einhegung, Begradigung und Pädagogisierung von Natur, der die Amputation involvierter

Erfahrung, die Nähe braucht, folgt. Die industrielle Überformung und Aneignung von als nützlich erachteter Natur hat die Unverfügbarkeit und Undurchdringbarkeit einer lebendigen Natur, die in Worten stets unbegreifbar bleibt, entlang ihrer technischen Rationalität zu einer leblosen Sache entsinnlicht.

Zu Beginn des 21. Jahrhunderts ist Natur daher unter Bedingungen bislang nicht vorstellbarer Fremd- und Selbst-Verdinglichungen in erster Linie von Technik abzugrenzen.[178] Die »technisch und damit auch ökonomisch werdende Biologie«[179] handelt in diesem Sinne zunehmend weniger von einer lebendigen Natur, sondern beteiligt sich gar an ihrer nur zunächst gedanklichen Abtötung. Das technische Eingreifen in Natur wird damit in dem Maße problematisch, in dem es keine Trennung mehr erlaubt und Natur selbst technisch hervorgebracht wird, wie Gernot Böhme argumentiert:

> »Diese Aura der Natur zerfällt, wie gesagt, wenn die Werke der Natur nicht nur durch die Analogie zu Werken der Technik begreiflich werden, sondern faktisch zu Werken der Technik gemacht werden.«[180]

Das technokratische Machen und Herstellen von nahezu allem und jedem, das einer gleichsam technokratischen Ökonomie inhärent ist, ist gänzlich außer Stande, anders als gewaltvoll mit Natur umzugehen, und kann ihre Aura der Unverfügbarkeit, die sich ausschließlich im Augenblick involvierter Erfahrung zu erkennen gibt, nur als verschwenderischen Mangel an Effizienz zu erachten, dem es mittels technischer Reproduktion und Penetrierung beizukommen gelte.

Von der Sache her kann eine quantifizierte Natur nur eine modellierte Natur sein, kein Ort lebendiger Erfahrung. Und in Modellwelten kann nur Abgezogenes, niemals jedoch Wesentliches zum Thema gemacht werden (sofern es Wesentlichkeit überhaupt gibt). Diejenige Natur, die als *f(Natur)* auf ökosystemische Funktionen abgezogen wurde, ist eine objektivierte, durchdrungene, letztlich abgetötete Natur. Das Kleinhacken von Natur in Funktionsgefüge klingt nicht nur nach mathematisch angeleitetem Schlachterhandwerk, sondern offenbart auch dessen szientistische Provenienz lebloser Fremdverdinglichung. Die Übernahme naturwissenschaftlicher Forschungsmethoden, deren mehrheitliche Rohheit sich aus der Annahme speist, der eigene Gegenstand wäre eine ohnehin empfindungs- und regungslose Sache, reflektiert sich in der wesentlich westlichen Annahme, die

Welt, und alles in ihr, wäre auf Ebene der Letzteinheit von gleicher Körperlichkeit, sich zu Molekülen verkettender Atome, und würde sich in der praktischen Erscheinung lediglich durch den jeweiligen Geist, die Interiorität, unterscheiden.[181]

Die Dichotomisierung von Natur in *Körper* auf der einen und *Geist* auf der anderen Seite führt zurück bis zum Dual von René Descartes, dessen universelles Kalkül, alles, was ist, wäre mechanisch und damit mathematisch traktierbar, bekanntlich nur an seinem christlichen Glauben eine Barriere fand.[182] Noch heute reflektiert sich in der akademischen Arbeitsteilung von den sogenannten Naturwissenschaften auf der einen Seite und den sogenannten Sozial- und Geisteswissenschaften auf der anderen Seite die institutionalisierte christliche Ideologie, dass *der Mensch* Dreh- und Angelpunkt auf Erden sei. Dabei wäre bereits von Charles Darwin zu lernen gewesen, dass die menschliche Moralfähigkeit selbst eine evolutorische Hervorbringung ist[183] und keine göttliche Einsetzung[184]. Denn: »Moral ist älter als Religion.«[185]

Über die praktische Gefahr, die aus dieser menschlichen Überheblichkeit resultiert, würde ein hinreichend klarer Blick auf die wirkliche Welt durchaus informierter sein als jener, der nur Modellwelten *in abstracto* gilt. Der für Ökonominnen und Ökonomen wichtige, gleichwohl *en gros* ungehörte Hinweis von Frans de Waal, dass es im nicht-menschlichen Tierreich gleichermaßen Praktiken der Kooperation und des Tausches gibt, die von der Sache her als Dienstleistungsökonomie zu reflektieren sind, verweist nur ein weiteres Mal auf die Wirkmächtigkeit der humanistischen Engführung davon, was Wirtschaft angeblich sei oder gar sein müsse.[186]

Die praktische Konsequenz der als wissenschaftlich getarnten Glaubenssätze ist eine Form des Wirtschaftens, deren eiserner Würgegriff sich alles und jedes Untertan macht: Zu Beginn des 21. Jahrhunderts prägen in bislang beispielloser Art und Weise Krisenerfahrungen mit eigener, fremder und fremd gewordener Natur die Gattungsgeschichte der industriekapitalistisch wirtschaftenden Menschen. Die vormals mehr oder weniger bedrohlichen Vorstellungen von Natur sind einer ganz und gar begradigten, ausgeschöpften und beherrschten Natur gewichen.[187] Dass jene Menschen der westlich mutmaßlich aufgeklärten Gesellschaften im Anbeginn des 21. Jahrhunderts in bislang noch nicht gekannter Weise auf dem Planeten *Erde* ihre Spuren hinterlassen, scheint in der Folge einstweilen allgemein anerkannt. Crutzen und Stoermer haben den Terminus »Anthropozän«[188] popularisiert, um diesen Befund der *Menschenzeit*, einer neuen geologischen Epoche des Menschen, zu markieren.[189] Seitdem hat der Begriff aus unterschiedlichen Richtungen viel Aufmerksamkeit erfahren.[190]

Die Gefahr, die vielfältigen und interdisziplinären Diskussionen zur Menschenzeit kurzzuschließen, ist groß. In der Zusammenschau zeigt sich schnell, dass der Begriff selbst in substanzieller Hinsicht heterogen verwendet wird. Die Debatten sind insofern in Teilen inkommensurabel und liefern kaum praktische Einsichten in eine zukunftsfähige Gestaltung menschlicher Naturverhältnisse. Im Gegenteil radikalisiert sich der praktische Umgang mit Natur im Anthropozän durch ökonomische Praxis befördert auf eine vergewaltigende Art und Weise.[191]

Bevor der Terminus daher fortfolgend Verwendung finden kann, braucht er schärfere Kontur. In Reflexion der Diskussionen zum sogenannten *Anthropozän* lassen sich drei wesentliche Verwendungsweisen identifizieren:

- Die *deskriptive Verwendung* hebt auf durch menschliches Tun verursachte quantitative Umbrüche ab. Hierbei geht es etwa um CO_2-Emissionen, Versiegelungen von Böden, Artenvielfalt und dergleichen mehr.[192]
- Die *affirmative Verwendung* findet Gefallen an der Zentralstellung des Menschen und möchte diese unternehmerisch, (bio-)technisch usw. als Selbst- und Fremdverdinglichungen, die als Fortschritt gefeiert werden, intensivieren und befördern.[193]
- Die *kritische Verwendung* hat im Begriff des Anthropozäns eine Tribunalisierung gegenwärtiger Auswüchse und Zerstörungen im praktischen Umgang des Menschen mit eigener und fremder Natur gefunden und nutzt den Begriff zur Markierung dieser Missstände.[194]

Der rote Faden der Diskussionen zur Menschenzeit ist zugleich der größte Fehler jener Praxis, auf die sie sich beziehen; nämlich zu glauben, man selbst hätte alles im Griff: Die Möglichkeiten und auch die Bereitschaft, mittels synthetischer Biologie in anderes, andere und sich selbst einzugreifen, nehmen sprunghaft zu. Vom 3D-Druck bionischer Ohrtransplantate[195] bis zur Schaffung synthetischen Lebens[196] hat die Verdrängung der eigenen Natur, der eigenen Widersprüche, vermeintlichen Unzulänglichkeiten bis hin zur Sterblichkeit ein Ausmaß angenommen, das die Bänder zur eigenen organischen Herkunft zunehmend lieber heute als morgen zu zerschneiden begehrt. Der britische Historiker John Gray rekonstruiert:

»Darwin zeigte: Menschen sind wie andere Tiere. Genau dies bestreiten Humanisten. Sie beharren darauf, wir könnten durch unser Wissen auf die Umwelt mehr Einfluss nehmen als alle unsere Vorfahren und hätten nie da gewesene Möglichkeiten, uns zu entfalten. Sie greifen damit eines der fragwürdigsten Versprechen des Christentums auf, alle Menschen könnten erlöst werden. Der humanistische Fortschrittsglaube ist nur eine weltliche Spielart dieser christlichen Verheißung.«[197]

Jener zivilisatorische Kulturdünkel, in dessen Konsequenz sich *der Mensch* als Krone der Schöpfung geriert, hat sich mit *Humanismus* gewiss einen ausgesprochen attraktiven Namen gegeben. In ihm reflektiert sich noch immer eine Überheblichkeit als mindestens dreifacher Irrtum, dass nämlich *erstens* so etwas wie der Mensch schlechterdings und seine Menschlichkeit als singuläre Eigenschaft existiert und eben dieser Mensch *zweitens* im Innersten gut wäre, wenn man ihn nur ließe, sodass es schließlich und *drittens* an jenem im Kern guten Menschen wäre, den Lauf der Dinge selbst in die Hand zu nehmen und die beste aller nur irgend möglichen Welten zu schaffen.

Über den »Prozess der Zivilisation«[198] ließ sich folglich solange naturvergessen theoretisieren, wie die korrespondiere Praxis den Anschein aufrechterhalten konnte, eine universalgeschichtliche Überwindung von durch Gewalt stattfindender Konfliktaustragung zu sein. Diese Maske beginnt nicht erst dieser Tage damit, Risse zu bilden, schließlich zu fallen. Das 21. Jahrhundert ist und wird nur vielleicht weniger kriegerisch als die vorherigen sein, aber gewiss nicht weniger gewaltvoll. Die Gewalt ist gleichwohl subtiler und damit letztlich nur umso gefährlicher geworden. Entlang der Frage danach, »wofür im 21. Jahrhundert getötet wird«[199], kann der scheinbar unstillbare Hunger, mit dem der Planet ökonomisch verschlungen und in Müll transformiert wird, in den Blick genommen werden.

Letztlich stellt sich die wirtschaftswissenschaftliche Lebensverachtung als Brutalität und Zerstörung von menschlicher und nichtmenschlicher Natur ins Werk. Das Abtöten eigener Lebendigkeit durch Unterwerfung des Selbst unter abstrakte Wirtschaftlichkeitskalküle findet seine Tribunalisierung in zeitgenössischen Diagnosen wie der vom »erschöpften Selbst«[200] oder der »Müdigkeitsgesellschaft«[201]. Trotz und gerade wegen der Erkenntnisse um die zwangsläufige Begrenztheit vor allem fossiler Ressourcen[202] steigt die ökonomisch vorangetriebene Überfülle an Maßnahmen, mit denen zur Beschleunigung der Artenvernichtung[203] wie auch zum grundsätzlichen Raubbau als unrechtmäßige Inanspruchnahme von Natur[204] beigetragen wird. Die scheinbare Erfolgsgeschichte, die mit diesem *Extraktivismus*[205] kam, ist gegenwärtig damit befasst, noch weitere qualitative Sprünge zu machen, um mutmaßlich erfolgreich zu bleiben.

Statt das alte Versprechen der schottischen Moralphilosophie des 18. Jahrhunderts, zum *größten Glück der größten Zahl* beizutragen, zumindest auf Sicht zu bringen, katalysiert der reduktionistische Zugang der Wirtschaftswissenschaften einen gewaltvollen Umgang und findet seinen innersten Kern letztlich entmündigend darin, der *größten Verdummung der größten Zahl* Vorschub zu leisten. Die sich daraus abgeleitete Unfähigkeit, das eigene Leben so souverän zu leben, dass es gelingen kann, ist in einen abhängigen Konsumismus umgeschlagen, dessen fortwährende Fütterung zur neuen Aufgabe ökonomischer Betätigung avanciert ist. Die gestalterische Verkümmerung des Ökonomischen, die sich daraus ergibt, ist in der Melancholie einer gesellschaftspolitischen Gleichgültigkeit versumpft. In der performativen Verschiebung vom Modus des *Seins* zum Modus des *Habens*[206] reflektiert sich eine ökonomische Praxis sowie die sie legitimierende statt problematisierende Theorie, denen selbst für die Erkenntnis die Einsicht fehlt, dass Kauf noch nicht mal Konsum ist.[207]

Solcher Wirtschaft und Wirtschaftswissenschaft gilt es nicht länger, sich um das Wohlergehen der Welt zu kümmern, sondern nur, das Gestrige zur oberflächlich variierten Verlängerung in die Zukunft zu treiben. Beide sind nicht mal mehr produktiv im engeren Sinne des Wortes, sondern letztlich auf unterschiedlichem Wege im Kern nur noch damit befasst, hüben zu töten und damit drüben »die Langeweile in Schach zu halten.«[208]

7 Kosmetik kommt mit Langeweile

Im Zuge der bisherigen Argumentation habe ich aufgezeigt, dass und auf welche Weise Gegenstand, Inhalt und Prozess wirtschaftswissenschaftlicher Erkenntnissuche rekursiv miteinander verbunden sind. Nun widme ich mich der Form. Mit einer entsinnlichten, letztlich in Stumpfsinn verfallenen Ökonomie sind zugleich die Umstände markiert, die für das Zustandekommen von Bedingungen dafür verantwortlich zeichnen, wie Wirtschaftswissenschaften heute mehrheitlich betrieben werden. Das von Max Weber seinerzeit noch regelrecht euphorisch dargelegte Ethos von *Wissenschaft als Beruf*[209] ist einstweilen zu einem Ethos von *Wissenschaft als Karriere* pervertiert, das diese, mit Marx und Engels formuliert, »in dem eiskalten Wasser egoistischer Berechnung ertränkt.«[210]

Das Thematisieren einer Wissenschaft, deren Triebkraft sich nicht als Neugierde oder zumindest der unbedingte Drang, etwas herausbekommen zu wollen, fassen lässt, ist kein neues Phänomen. In seiner Antrittsvorlesung unterschied schon Friedrich Schiller seinerzeit zwischen *Brotgelehrten* und *philosophischen Köpfen*, deren Unterscheidung er daran vornahm, dass die einen dogmatisch, die anderen neugierig seien.[211] Wissenschaft auf eine Art und Weise zu betreiben, die er als Brotlehre beschrieb, kann ausdrücklich dann besonders erfolgreich sein, wenn sich Wissenschaftlerinnen und Wissenschaftler ganz auf sich selbst zurückziehen und das Bewandern und Erkunden neuer Denkhorizonte in erster Linie als eine Anstrengung auffassen, die es tunlichst zu vermeiden gilt.

Das Einschwören auf feste Dogmen und unumstößliche Glaubenssätze, mit deren verkündender Lehre das nicht nur sprichwörtliche Brot verdient wird, erhält und verteidigt den Status Quo, rechtfertigt ihn. Im Rahmen eines opportunistischen Karrierismus, der daraus resultiert, ist es freilich nicht klug, das bereits in der Schublade Liegende als *sunk costs* zu versenken. Brotgelehrten darf daher nur jene Anstrengung ein Anliegen sein, die dem eigenen beruflichen Fortschreiten dienlich ist. Insofern ist das didaktische Aufbereiten, kosmetische Aufhübschen und kleinteilige Glattziehen dessen, was ohnehin immer schon gelehrt wurde, weit förderlicher, als sich selbst durch neue Erkenntnisse und Einsichten im Kern überraschen zu lassen.

Der Preis ist eine entpolitisierte Eigenschaftslosigkeit, die in der Rhetorik von *Anschlussfähigkeit* ihren normativen Maßstab daran findet, auf welchem Weg der geringste Widerstand erwartet wird. Die schlichte Schwester der Anschlussfähigkeit ist die Anwendungsorientierung, die gerade in Deutschland mit Gründung der Handelshochschulen zu Beginn des 20. Jahrhunderts mehrheitlich den institutionellen Boden für das bereitete, was wir heute noch immer *Betriebswirtschaftslehre* nennen. Es sind jene Wissenschaftlerinnen und Wissenschaftler, die Wissenschaft als Brotlehre verzwecklicht und just durch die Setzung eines Zwecks entsinnlicht haben.

Nun soll jedoch keineswegs der geschichtsromantische Eindruck entstehen, mit den philosophischen Köpfen wäre noch alles in Ordnung gewesen und Wissenschaft im Allgemeinen, Ökonomik im Speziellen, wäre noch durch eine Renaissance jener Gestalten zu retten. Vielleicht sind die Wirtschaftswissenschaften gar nicht mehr zu retten, vielleicht müssen sie auch gar nicht gerettet werden. Historisch ging es jedenfalls so lange gut, Forschung als »Profession ohne Klientel«[212] zu begreifen, wie die damit verbundenen gesellschaftlichen Umstände das zuließen. Klientellosigkeit ist letztlich nur eine andere Formulierung für Selbstbefriedigung. Wenn die Erkenntnisse abgeschiedener Gelehrter ohnehin mehrheitlich nicht auf breiter Front zugänglich waren, geschweige denn verstanden, weil auch gelesen wurden oder werden konnten, die reine Anzahl an Publikationen und die Schnelllebigkeit, mit der diese sich ablösten, entsprechend überschaubar waren, dann leistete man sich Wissenschaft aus humanistischen oder sonstwelchen Gründen.

Vor dem Hintergrund einer demiurgischen kulturellen Praxis und ihrer Selbstbeschreibung als *Wissensgesellschaft* einerseits sowie eines nahezu exponentiellen Anstiegs von Wissenschaftlerinnen und Wissenschaftlern andererseits[213] ist die zeitlose Berufung auf die Tradition einer vermeintlich nur für sich selbst tätigen und nur sich selbst Rechenschaft pflichtigen Wissenschaft historisch schlichtweg ebenso überholt, mindestens jedoch nicht einfach in die Gegenwart und Zukunft verlängerbar, wie die Versuche, den Sinn von Wissenschaft als Anwendungsorientierung zu verzwecklichen. Was auf Ebene der vertretenen Inhalte gilt, gilt insofern auch in Bezug auf den Sinn von Wissenschaft überhaupt: Das dogmatische Hinnehmen einer festgestellten Vorstellung vor jeder Erfahrung, das Entzeitlichen von Wissenschaft, ist kaum mehr als der überhebliche Versuch, Wissenschaft eine genaue Stellung in einer umfassenden Universalgeschichte zu geben. Auf diese Weise zeigt sich ...

»[...] wie selbst die abstraktesten Kategorien, trotz ihrer Gültigkeit – eben wegen ihrer Abstraktion – für alle Epochen, doch in der Bestimmtheit dieser Abstraktion selbst ebensosehr das Produkt historischer Verhältnisse sind und ihre Vollgültigkeit nur für und innerhalb dieser Verhältnisse besitzen.«[214]

In dem Maße, in dem Ökonomik kein von Neugier getriebener Suchprozess ist, dessen Maßstäbe sich historisch-konkret aus den Strängen und Fasern der wirklichen Welt zu einem Netz weben oder der sich zumindest für die Möglichkeit von Erstaunen offenhält, sondern über Zitationen, Impact Faktoren und eingeworbene Drittmittel zum selbstverherrlichenden Punktesammeln vertrocknet, verliert sie jegliche kritische Substanz und verfällt in Stumpfsinn. Auch der kapitalistischen *Produktion akademischer Erkenntnis* gilt es mithin heute zunehmend nur noch, die Langeweile in Schach zu halten.

Das Abfeiern der eigenen Disziplin und das opportunistische Inszenieren der eigenen Person, das Präsentieren und Performen auf Konferenzen, die Konzerten gleichen, ist insofern stets auch »Hinweis für die zunehmende Verachtung des Wissens«[215]. Diese beginnt bereits mit einem Studium, dessen Substanz als farbenfrohe Verschlagwortung an der Wand flimmert. Diese Verachtung gegenüber Wissen, dem Denken allgemein, ist Ausdruck derjenigen Gleichgültigkeit, mit der es in die Welt gebracht wurde.

Ein wissenschaftliches Ethos, das im Kern darauf beruht, nur über dasjenige zu reden, worüber kein Streit zu entstehen droht, das Inhalte systematisch zu unterminieren versucht, indem unter dem Deckmantel vermeintlicher *Grundlagen*, die es als *Stoff* zu *vermitteln* gilt, methodische Rigorosität absolut steht, verkommt zu einer scholastischen Fingerübung. Die Kompetenzen, die sich daraus ergeben, können nur funktionalistisch reduziert, letztlich ein Instrument einer Herrschaftstechnologie sein.[216] Solche Kompetenz, aus der wissenschaftliche Exzellenz abgeleitet wird, reduziert sich darauf, im richtigen Menü der richtigen Software den richtigen Steuerungspunkt zu finden. Die vermeintliche *Wissensgesellschaft*, so pointiert Konrad Paul Liessmann trefflich, ist »keine besonders kluge Gesellschaft.«[217]

Das gilt auch und gerade für die Art und Weise, wie der sogenannte *Wissenschaftsbetrieb* zum Meta-Feld von Management- und Führungstechniken verkommt, die gerade nicht zum Austragen inhaltlicher Streitpunkte beitragen, sondern zum Preis der Abtötung von Eigenschaften zur Harmonisierung drängen. Eine der wesentlichsten Herausforderungen in der Organisation und damit letztlich auch Institutionalisierung von Ökonomik sowie den damit verbundenen erwerbsbiografischen Perspektiven ist gewiss, wissenschaftliche Güte zu sichern, ohne den Bruch mit Bestehendem auszugrenzen.

Herausfordernd ist das insofern, als die Praxis akademischer Selbstverwaltung, von Brotgelehrten dominiert, in der Tendenz zur Inzucht neigt. Das betrifft einerseits die Praktiken der Rekrutierung, also Berufung sowie Qualifizierung, andererseits jedoch auch das Setzen eigener Standards, an denen sich jene, die berufen werden möchten, zu messen haben – unabhängig davon, ob die sie Setzenden diesen Maßstäben selbst gerecht werden. Solche Form der selbstverpflichtenden Standardisierung ist freilich auch Standardisierung im Denken, die, je nach Ausgestaltung, potenzielle Vielfalt im Denken vernichtet.[218]

Wenn in der Konsequenz das Mantra von Stigler und Becker erhalten wird, dass über Inhaltliches nicht zu streiten sei, weil über Inhaltliches angeblich nicht gestritten werden kann[219], droht akademischer Zeitvertreib zu einer kosmetischen Kur für das eigene Wohlbefinden zu werden, indem man sich als Ökonomin oder als Ökonom mit seinesgleichen feiert. Das äußert sich nicht nur abstrakt und fern in Publikationen, sondern ausgesprochen konkret, weil letztlich performativ auch in der Art, wie akademischer Austausch jenseits davon stattfindet. Wenn sich die *Academy of Management* in ihrem Jahresbericht 2016 etwa damit rühmt, dass bei ihrer Jahrestagung über 10.000 Gäste zugegen waren und über 6.000 Einreichungen vorlagen[220], dann sind das gewiss imposante Ausmaße; es kann jedoch auch bereits gemutmaßt werden, wie intensiv tatsächlich an konkreten Themen gearbeitet wurde und an wie vielen Stellen die 6.000 Einreichenden am Ende wesentlich oder zumindest ein kleines bisschen klüger nach Hause kamen.

Durch die Lektüre der jährlichen Berichte der *Academy of Management* gerät auch die zu Grunde liegende Haltung zu Bewusstsein, die sich in vielen Namen und Gesichtern, vielen Zahlen und Häufigkeiten, die vor- und dargestellt werden, reflektiert, jedoch nicht in Inhalten, über die zu streiten wäre. Nun ist ein Tätigkeitsbericht gewiss auch nicht das Medium erster Wahl, um inhaltliche Positionen zur Disposition zu stellen. Die dort dargestellte Praxis wissenschaftlichen Austauschs ist jedoch desselben Geistes Kind: eine Praxis des zum Event trivialisierten Denkens, die sich als wissenschaftliche Konferenzen ins Werk stellt, die irgendwo zwischen Schaulauf und Klassentreffen anzusiedeln sind, bei denen es vornehmlich darum geht, alte Bekannte mal wieder zu treffen, sich darzustellen.

Akademischer Austausch, der mehr Kontaktpflege als intellektuelle Weiterentwicklung ist, transformiert Wissenschaft zum Stehimbiss, dessen Aufnahmebereitschaft wesentlich davon abhängt, dass das Dargebotene zwischen Tür und Angel stehend, bereits in mundgerechte Häppchen zerteilt wurde. Inhalt und Form einer zum raffiniert drapierten *finger food* verkümmerten Ökonomik gehören insofern eng zusammen. Statt den zum Denken und Nachdenken notwendigen Raum zur Bewegung zu schaffen, in dem Gedanken nicht nur zer- und angerissen werden, sondern tatsächlich entfaltet und im emphatischen Sinne gebildet werden können, konstituiert sich eine Methoden fetischisierende Wissenschaft der *paper and abstracts* als eigenschaftslose Gedankenfetzen entlang des Karrieretipps *ein Aufsatz, ein Gedanke*:

> »It is also important to ›slice the data‹ following the advice of ›one paper, one point‹. The data is often so rich that there are several points to make, and instead of trying to include them all in a single paper, there may be insight for several papers.«[221]

Das Klein- und Zerhacken wissenschaftlicher Ergebnisse, gar das erneute Variieren von bereits publizierten Ergebnissen, die, um sich in das Programm hochrangiger Zeitschriften zu fügen, aus dem Kontext geschlagen werden, fördert letztlich weniger das nachvollziehbare Anliegen thematisch enger Zeitschriften und thematisch noch enger abgestimmter Hefte, sondern treibt die heute ohnehin nicht mehr zur Kenntnis nehmbare Flut an kleinteiligen Publikationen bloß noch weiter voran.[222] Internationalisierung und Digitalisierung haben da lediglich noch ihr übriges zu beigetragen, indem sie die reine Masse an potenziell Lesbarem durch sprachliche und technische Zugänglichkeit haben explodieren lassen. Die Flut an Publikationen ist auf einen ersten Blick gewiss beeindruckend, verursacht jedoch auch einen ungeheuren Lärm. *Wie viel Denkwürdiges ist tatsächlich darunter?*

Das schnelle Aufnehmen und Vergessen von Pointen, deren Argumentationsführung und nähere Grundlegung keiner anhaltenden Erwähnung zu bedürfen scheinen, ist Ergebnis und Medium einer Wissenschaft, in der geschrieben und überflogen, nicht aber gelesen wird, beziehungsweise das eine zum anderen in einem deutlichen Missverhältnis steht. Auch in der ökonomischen Bildung an Schulen und Hochschulen lässt sich der Kunstgriff dechiffriert, wenn unter dem Vorwand, das eigene Denken sei zu fördern, auf die Lektüre und Diskussion von Texten verzichtet wird. Zwischen Lesen und Denken gehört ein *und*, kein *oder*.

Die tiefe Verachtung, die gegenüber dem Lesen zum Ausdruck gebracht wird, hat mehr als nur einen historischen Index. In der das Denken abschottenden Einschwörung auf ein Gemeinsames, in dem Bezug und Überschätzung im Selbst zusammenfallen, ist ein lebendiger Austausch mit den Gedanken anderer, die das eigene Denken in Bewegung setzen könnten, eine zu vermeidende Gefahr. Zensur von Standpunkten, Verfolgung von Autorinnen und Autoren sowie Enteignung von Verlagshäusern haben sich früher oder später stets als drastische Auswüchse machtvoller Züge einer Herrschaftstechnologie entschleiert, der das freigestellte Denken Verbrechen war, dessen Verdikt auf Verbannung, schlimmstenfalls Tod lautete.

> »Die Feindschaft zum Lesen, die sich bekanntlich in der Geschichte schon bis zur Bücherverbrennung, der die Menschenverbrennung folgte, gesteigert hat, ist ein weiteres bemerkenswertes Indiz der Abtötung: Das Lesen braucht und fördert in der stillen inneren Zwiesprache mit einem Autor zugleich die stille innere Zwiesprache mit dem eigenen Ich, welche Hannah Arendt im Anschluss an Sokrates als das Kernmerkmal lebendigen Denkens bezeichnet. Zudem steht das Lesen für vielfältige Zugänge zu einer existentiell pluralen Welt.«[223]

Erstaunlicherweise kann es einer derart verfassten Ökonomik jedoch nicht zum Vorwurf gemacht werden, zu publizieren, ohne hinreichend zu lesen. Einer Ökonomik, der Widersprüche Anathema sind, da das letzte Wort als gesprochen gilt, ist jedes Ambivalenz anzeigende neue Wort freilich nur unwesentliches Gebrabbel. Wenn die Welt in richtig und falsch zerfällt und ein Drittes als ausgeschlossen gilt – *tertium non datur!* – dann bleibt kein Raum für widerspruchsvolle Erfahrungen provozierende Lebendigkeit. Insofern, als die Methode und die in ihrem Einsatz performativ verfestigten Dogmen ohnehin feststehen, ist dann folglich jeder empirische Einsatz kaum mehr als ein weiteres Beispiel für das, was man ohnehin immer schon zu wissen glaubte, das folglich lesend zur Kenntnis genommen werden kann oder auch nicht.

Mit etwas Abstand betrachtet, mutet es gewiss reichlich absurd an, dass jene Wissenschaft, die sich mit Wirtschaft befassen möchte, Wirtschaft selbst immer schon voraussetzt und von daher weder willens noch in der Lage ist, eine kritische Haltung gegenüber dem So-sein des eigenen Gegenstands zu entwickeln. Das Voraussetzen von Wirtschaft leistet nach wie vor der Vorstellung Vorschub, Wirtschaft sei ein sich scheinbar von jeglichen gesellschaftlichen Bezügen befreit habendes Phänomen. Dabei war es immer schon ein theoretischer Irrtum, zu glauben, Ökonomie sei etwas Separiertes oder zumindest prinzipiell Separierbares, dem Politik, Zivilgesellschaft oder sonstwas entgegenstünde. Die wissenschaftliche Rechtfertigung institutionalisierter Verselbständigungen ist in dieser Hinsicht also nicht nur ein reiner Kategorienfehler, es ist zugleich Triebkraft einer ökonomischen Praxis, die alle Fesseln zu sprengen versucht.

Diese akademische Schubladenzieherei fördert das eigene Denken nicht nennenswert, sondern arbeitet ihm eher entgegen. Nun habe ich den Verdacht, dass die theoretische Krücke des sich mehr oder weniger abgrenzenden Systems daran vermutlich nicht ganz unbeteiligt ist – als läge es irgendwo in den Geschicken weit jenseits der eigenen Praxis, von wo aus gelenkt und gesteuert wird. Von Systemen zu reden, ist häufig nur die wissenschaftliche Nebelkerze, aus der die Ausreden und die Begründungen dafür abgeleitet werden, warum man selbst nicht aktiv zu werden braucht. Besonders offenkundig wird dieser Theoriemissbrauch in Anklagen wie der von einer *verschulten Universität.*

Hand in Hand mit dieser systemtheoretisch eingehauchten Schockstarre der Unbildung geht auf Ebene der Form wissenschaftlicher Erkenntnisdokumentation die gegenwärtig grassierende Tendenz der Verkästelung wissenschaftlichen Denkens. Das Zer- und Kleinhacken der eigenen Erkenntnis in mundgerechte Stücke, die in Kästchen stehend, mit Pfeilen und Wechselpfeilen versehen werden, trimmt die Spitzen wissenschaftlicher Publikationen zu einem pflegeleichten und einheitlichen Gesamtbild.

Etwas zu umrahmen, ist nicht nur in grafischer Hinsicht eine Hervorhebung des Rahmens, welche den aktiven und lebendigen Angang der Figurationen selbst in der Tendenz zurückstellt. Damit ist auch just jenes Bild von Unternehmen und ökonomischen Akteuren im Allgemeinen als Anpassungsoptimierern reproduziert, das intellektuell zur Glaubensfrage insofern verkommt, als das, was mit Wirtschaft gemeint sein könnte, nicht in tätiger Praxis durch jene Akteure handelnd hervorgebracht wird, sondern immer schon da zu sein scheint. Das Wesentliche in den Rahmenbedingungen suchen zu wollen, ist nicht nur empirisch fadenscheinig, sondern ist zugleich Ausdruck einer tiefen antidemokratischen Haltung, die in ihrer paternalistischen Verformung letztlich tiefsitzende Verachtung von Leben und Lebendigkeit ist. Was im Umkehrschluss nicht bedeutet, dass alles, was geht, geht.

Ich kann mich des Eindrucks nicht erwehren, dass der Drang, die Welt, und alles in ihr, entlang von Kästchen, die mit Pfeilen und Wechselpfeilen verbunden sind, zu kartographieren, letzten Endes nur der Versuch ist, einen Bauplan der Welt, oder eines Ausschnitts davon, zu entwerfen – und sei es nur, um bei der nächsten foliengestützten Präsentation eine niedrigschwellige Darstellung im Gepäck zu haben. Im Kern dokumentiert sich in diesem Versuch noch immer eine mechanistische Grundlegung, die den Widerspruch verleugnet und Eindeutigkeit braucht. Abbildungen hingegen, die einen widerspruchsvollen Zusammenhang hinreichend bedeutungsoffen veranschaulichen, sind etwas grundlegend anderes als Infografiken und Schaubilder, deren implizite Erkenntnistheorie von einer vermittelbaren Information ausgeht. Also falsch ist.

Das Gleiche ein weiteres Mal anders auszudrücken oder eine neue Illustration hinzuzufügen, eine Facette zu ergänzen, verweist auf die universalgeschichtliche Vorstellung von Erkenntnis als Akkumulationsprojekt. So seltsam es im ersten Moment klingen mag: Der Prozess wissenschaftlicher Erkenntnis ist keineswegs zwangsläufig ein Prozess der fortschreitenden Bildung und Klugheit von immer mehr Menschen, sondern kann im fundamentalen Sinne des Wortes einer entmündigenden Dummheit zur Verbreitung verhelfen, die, wie wir heute sehen, mitunter zur todbringenden Gewalt drängt.

Die Trophäen dieses marktfundamentalistischen Kriegszuges, dessen Gewalt subtil als *wissenschaftliche Exzellenz* pazifiziert wurde, werden mitgeführt und an den Bürowänden ausgestellt. Sie heißen heute *best paper awards* oder *scientific journal rankings* und stehen in der pathetischen Aura unhinterfragbarer Könnerschaft. Solche akademischen Würden und normative Orientierungspfeiler klingen gewiss beeindruckend, sind aber nur hohle Dekorationen. Hinter ihnen verbirgt sich die Publikationsstrategie einer in Stumpfsinn verfallenen Wirtschaftswissenschaft, die vor eigener Potenz kaum noch weiß, wohin mit sich.

Die wissenschaftliche Qualität einer Ökonomin und eines Ökonomen allein bibliometrisch an der gewichteten Anzahl von Publikationen festzumachen, ohne darauf einzugehen, *was* dort eigentlich publiziert wurde, *wofür* diese Wissenschaftlerinnen und Wissenschaftler stehen, drückt der Idee einer kritischen Wirtschaftswissenschaft heute zunehmend die Luft ab. Was nur eine andere Art zu sagen ist, dass es wieder um streitbare und strittige Inhalte gehen müsste. Unter dem Deckmantel der grundgesetzlich geschützten Freiheit von Forschung und Lehre zu meinen, alles, was geht, würde gehen, ist letztlich ein gleichmütiger Mangel an Eigenschaft, der empirisch ungefähr das Gegenteil bewirkt hat, nämlich zu einer Homogenisierung und Entvielfaltung geführt hat, die nicht freiheitlich ist, sondern repressiv, indem sie solche Wissenschaft, die nicht bereit ist, sich in jenes entsinnlichende Korsett des gegenwärtig Hegemonialen zu begeben, marginalisiert, gar als unwissenschaftlich abtut. Der Hinweis von Nietzsche, dass, wer denkt, sich von Universitäten fernhalten möge, findet auf diesem Wege seinen praktischen Beweis.[224] So konstatiert auch Liessmann:

»Der gesamte Wissenschaftsbetrieb mit den Schwerpunkten auf Projektorientierung, Drittmitteleinwerbung, bibliometrisch ermittelter Exzellenz, strikter Ausrichtung am amerikanischen Wissenschaftsmarkt und einer zunehmenden Bedeutung privat finanzierter und gesteuerter Auftragsforschung lässt doch schon seit geraumer Zeit das Ideal der Freiheit der Wissenschaft einigermaßen blass und antiquiert aussehen.«[225]

Gerade und erst dann, wenn das Streiten wieder kultiviert wird, wenn unterschiedliche Standpunkt inhaltlich, nicht persönlich, strittig gestellt werden, kann der Freiheit von Forschung und Lehre wieder tatsächliche Substanz verschafft werden.

Die Aufhebung der Vorstellung von Wissenschaft als klientelloser Profession, die sich heute aus jenen historischen Zusammenhängen ergibt, die zu den gegenwärtigen Zuständen geführt haben, bedeutet letztlich, die zur übersteigerten Selbstbezüglichkeit pervertierte Orientierung an den sogenannten *peers* aufzuheben. Denn das kommunitaristische Einschwören auf nur eine gemeinsame Idee, die als Nukleus zusammenhält, tendiert zu einer Ausblendung des Gesellschaftlichen und damit letztlich einer Verkümmerung des Politischen. Die vollends entfaltete Orientierung an peers drängt gar zur Verdummung von Wissenschaft.

Dabei wären die zerstörerischen und selbstzerstörerischen Folgen übersteigerter Selbstbezüglichkeit bereits seit den 1920er Jahren aus der Gemeinschaftskritik von Helmuth Plessner zu lernen gewesen.[226] Im Sprech einer *scientific community*, die als Referenzkategorie den Horizont dessen spannt, was und wie gedacht werden darf, reproduziert sich fortwährend ein anschwellender Kurzschluss, der die mal gut gemeinte Sicherstellung wissenschaftlicher Qualität durch die eigene akademische Gemeinschaft, das *peer review*, nicht wahrt, sondern vorstanzt. Das Denken selbst, das abtauchende, kritische, verstehenwollende Denken, macht von der Sache einsam, weil wir seit Sokrates wissen, dass im inneren Gespräch mit mir selbst zunächst für niemanden sonst Platz ist. Die Verabsolutierung von *peers* ist insofern zwangsläufig eine Praxis homogenisierender Zensur, nicht die Verteidigung eigener Gedanken.

Letztlich meint die Rede von *peers* einstweilen kaum mehr als das formalistische Einnorden von Wissenschaft zu einem Wissenschaftsmarkt. Die Art, wie heute mehrheitlich Ökonomie betrieben wird, greift damit Platz und zersetzt auch gleichsam die Art, wie heute mehrheitlich Ökonomik betrieben wird. Die reduktionistischen Ideologien des 18. Jahrhunderts, die seinerzeit Befreiung von Unterjochung und Wohlstandsmehrung brachten, entfalten bald 300 Jahre später *en gros* tote und abtötende Wirkungen selbst in jenen Reihen, deren Ahnen sie einstmals in die Welt gestellt haben.

Die Kritik, die sich für die Verfasstheit der gegenwärtigen Wirtschaftswissenschaften aus dieser Gemengelage ergibt, reflektiert sich entlang von fünf wesentlichen Problembezügen gedankenlosen Denkens:

- *Abgeschiedenheit im Denken:* In hoch spezialisierten, internationalen Journals zu reüssieren, die im Zweifel von nur einer Handvoll Menschen gelesen werden, während die gesellschaftspraktischen Umstände sich zunehmend verwüsten, hat Form und Inhalt des wirtschaftswissenschaftlichen Denkens von jenen Verhältnissen, denen es entspringt, isoliert.

- *Einhegung im Denken:* Die Verherrlichung englischsprachiger Zeitschriften hat durch starre und in Teilen gar vorgegebene Aufsatzstruktur und -länge, Wortwahl und den trivialisierenden statt illustrierenden Hang, Kästchen mit Pfeilen zu verbinden, sprunghaft zu einer Homogenisierung und Simplifizierung von Sprache und damit zwangsläufig Denkhorizonten geführt.
- *Zersplitterung im Denken:* Die thematische Enge und Abgeschlossenheit von Aufsätzen, die in renommierten Fachzeitschriften erscheinen können, haben einer Kleinteiligkeit im Denken Vorschub geleistet, die das Stellen von grundlegenden und wesentlichen Fragen verhindert.
- *Gleichschaltung im Denken:* Das weitestgehende Ausblenden von inhaltlich strittigen Fragen, normativen Orientierungen, ontologischen Verständnissen oder epistemologischen Reflexionen hat zu einer Einschwörung auf die immergleichen Dogmatiken geführt, die fortwährend als Methodenfetisch stillschweigend reproduziert werden.
- *Stumpfsinn im Denken:* Im Versuch, das eigene Publikationsverzeichnis möglichst imposant aufzublähen, hat eine quantifizierte Praxis des Publizierens Platz gegriffen, die weit weniger liest als schreibt und für die nur zählt, was zählbar ist, nicht was es ist, der es nur darum zu tun ist, möglichst viel so zu schreiben, dass es veröffentlicht wird.

All diese Entwicklungen drücken eine tiefe Verachtung aus für Wissen und Wissenschaft als transformativen Ort der gebildeten Beschwerde, als welchen wir ihn zu Beginn des 21. Jahrhunderts schlichtweg brauchen.[227] Gerade im Wissen um die Performativität auch solcher Ökonomik stellt sich die Frage nach der Verantwortung von Wissenschaft.

Das ist nun gewiss kein exklusives Problem einer auf Zeitschriftenartikeln basierenden Art der wissenschaftlichen Ergebnissicherung und Ergebnisverbreitung. Die gegenwärtige Ausgestaltung, die sich als Fundamentalisierung verselbständigt, scheint diesen Trend jedoch zu katalysieren. Wenn das Schreiben selbst Teil des Denkens ist, der das Gedachte nicht nur festhält, sondern auch festlegt, dann ist jede Normierung im Schreiben zwangsläufig auch Normierung im Denken. Am Ende müsste vermutlich vielfältiger, fundierter und damit auch weitaus weniger geschrieben werden, respektive nur dann geschrieben werden, wenn es auch wirklich etwas Denkwürdiges beizutragen gibt, statt um der bloßen Publikation willen eine weitere Studie anzustoßen oder im vorliegenden Datenmaterial eine Variable zu ändern. Wir müssen den Zwang, schreiben zu müssen, zu einer Möglichkeit überführen, schreiben zu können. Ein lebendiges Denken und Nachdenken über Wirtschaft auf den Weg zu bringen, würde natürlich eine Ökonomik voraussetzen, die für mehr steht als dafür, den Einsatz einer festgeschriebenen Methodik möglichst präzise zu reproduzieren.

Bei genauerer Analyse wird auch augenscheinlich, dass die großen unternehmenstheoretischen Entwürfe des 20. Jahrhunderts nicht durch Aufsätze, sondern durch Monografien zustande kamen, die gerade jenen Raum zur freieren Entfaltung von Gedanken öffnen.[228] Das verwundert insofern nicht, als es die institutionalisierten Diskursräume in Form von den korrespondierenden Fachzeitschriften zu dem Zeitpunkt nicht gab, weil es sie von der Sache her nicht geben konnte.

Neue Wege zu beschreiten, statt ausgetretenen Pfaden zu folgen, braucht dann vermutlich wieder ein lebendiges verlegerisches Unternehmertum, dem es gleichsam Leitspruch ist, zu verlegen, was aus inhaltlichen Gründen gelesen werden sollte, statt zu verlegen, was wahrscheinlich auflagenstark gelesen werden wird. Doch just dort, abseits des toten Blicks auf Bilanzen, schlummert mannigfaltig Potenzial, dessen Entfaltung nachdrücklich zu begrüßen wäre. Denn letztlich ist die kritische Pointe der Dekonstruktion bis hier hin, dass weder Ökonomik noch Ökonomie, wie sie sich heute mehrheitlich realisieren, so sind, wie sie sind, weil sie so sein müssen, wie sie sich heute zeitlichen.

8 Wirtschaft gibt es nicht

Es ist üblich, gleichwohl unbefriedigend, zwischen Wirtschaftswissenschaften und anderen Wissenschaften in erster Linie danach zu unterscheiden, ob der Zugang zur Welt ein wirtschaftlicher ist. Ein solches Vorgehen setzt stets schon eine sehr deutliche Vorstellung davon voraus, was das spezifisch Ökonomische, von dem her die Welt betreten werden soll, denn eigentlich ist. Das gebildetere Denken und Nachdenken darüber, was es mit Wirtschaft auf sich haben könnte, also insbesondere jenes Denken, das in den Wirtschaftswissenschaften stattfinden sollte, ist mithin gut beraten, seinen Ausgangspunkt bei der Einsicht zu nehmen, dass es Wirtschaft nicht gibt. Solange die *differentia specifica*, die Fachlichkeit von Fachdisziplinen, damit immer auch das disziplinäre Selbstverständnis, sich aus einer Form oder Methode speist, ist jene Fachdisziplin rettungslos zur ideologischen Monokultur, letztlich zum Sektierertum verdammt.

Das Gegengift braucht nur drei Wörter: Ökonomie ist Kultur. Nicht wenige Ökonominnen und Ökonomen lesen diese drei Wörter als vier, so als stünde dort noch ein *auch*, als wäre Ökonomie einerseits das, was Wirtschaft eben sei, und andererseits auch noch von kultureller Bedingtheit und Bedeutung. Und schon zerfallen die Gedanken wieder in leblose Komponenten auseinandergehackter Gefüge. Nein: Ökonomie ist Kultur, ein Ensemble von kulturellen Praktiken der Versorgung, Produktion, Herstellung oder Beratung. Die heute mehr denn je beschworene Parole, Wirtschaft sei *wieder gesellschaftlich einzubetten*, ist insofern ein Holzweg, als Wirtschaft durch und durch und unrettbar eine gesellschaftliche Hervorbringung ist und von daher nicht jenseits von ihr zu fassen oder wieder in sie einzubetten ist.[229]

Die widerspruchsvolle Offenheit von Geschichte, so wie sie im bisherigen Laufe der Studie zu begreifen nahegelegt wurde, öffnet den Blick für das gleichsam historische Flimmern, als das jene Vorstellung, was Wirtschaftlichkeit sei, aufblitzt. Eine abgeschlossene Theorie der Wirtschaft kann es gleichsam nicht geben.[230] Wiewohl es Wirtschaft nicht gibt, gibt es doch zweifellos, weil mehr denn je erfahrbar, kulturelle, weil von Menschen praktisch hervorgebrachte, gesellschaftliche Phänomene, die *als* Praktiken des Wirtschaftens aus jeder Epoche und von jedem Standpunkt aus gezeitlicht in den Blick genommen werden.

Zu jeder Zeit standen und stehen sämtliche Gesellschaften vor spezifischen Herausforderungen, deren konkreter Angang durch nahezu nichts präpraktisch vor jeder Geschichtlichkeit festgestellt ist, keine anthropologische oder sonst eine Konstante ist, die nicht durch die Risse des Firmaments in die Welt rieseln. Wie Menschen zu jeder Zeit ihr Dasein praktisch ins Werk stellen, ihren Alltag bewältigen, folgt keinem Drehbuch, wird nicht universalgeschichtlich souffliert, sondern entspringt der menschlichen Bildungs- und Einbildungskraft zur *exzentrischen Positionalität*[231], der menschlichen Fähigkeit, gedanklich aus sich heraus zu treten und sich selbst als Selbst inmitten von anderem und anderen begreifen zu lernen. Damit ist kein kulturloser und letztlich voluntaristischer Wildwuchs angezeigt, auch kein deterministisches Zwangsgesetz. Es ist lediglich Licht auf die Frage geworfen, wie überhaupt und kontingenterweise Strukturen im Handeln zur Bindung von Raum und Zeit zustande kommen können.

Castoriadis nennt die Werke dieser schöpferischen Bildungs- und Einbildungskraft das *Imaginäre* und verweist damit explizit auf keine subjektiven Visionen oder Hirngespinste, sondern auf über Raum und Zeit performativ verfestigte, gesellschaftlich institutionalisierte Bedeutungen, die als Ursprung einen Raum dafür schaffen, Gewisses überhaupt erst *als* solches denken zu können.

»Desgleichen sind beispielsweise die ›Ökonomie‹ und das ›Ökonomische‹ zentrale gesellschaftliche Bedeutungen, die sich nicht *auf* ›etwas‹ beziehen, sondern die umgekehrt den Ausgangspunkt darstellen, von dem aus zahllose Dinge in der Gesellschaft *als* ›ökonomische‹ vorgestellt, reflektiert, behandelt beziehungsweise *zu* ›ökonomischen‹ gemacht werden.«[232]

Von *Ökonomie* zu reden, bedeutet also nicht, ein Ding oder eine Sache beim Namen zu nennen, welches Wirtschaft *ist*, sondern vorgefundene und übernommene Bedeutungen (Opportunismus, Effizienz, Nutzenkalküle) hinzunehmen und erst, indem diese Bedeutungen gedacht werden, die Möglichkeit dafür zu schaffen, gewisse gesellschaftliche Dinge (wie das Manipulieren einer Steuerungssoftware für Dieselmotoren) *als* ökonomische Dinge in den Blick zu nehmen. Das, was mit *Wirtschaft* gemeinhin adressiert wird, darf also nicht einfach vorausgesetzt werden. Stattdessen geht um die tieferliegende Frage nach dem voraussetzungsreichen Zustandekommen von Verhältnissen, aus denen heraus jene Räume des Denk-, Sag- und Tubaren in Bezug auf diese als ökonomische in den Blick genommenen praktischen Umstände des sozialen Für-, Gegen-, Neben- und Miteinanders überhaupt performativ hergestellt werden. Das gesellschaftlich Imaginäre, von dem aus heute mehrheitlich jene Praktiken *als* ökonomische Praktiken reflektiert und behandelt werden, die auf opportunistische Nutzenkalküle abzielen, ist ein falscher Gott des 18. Jahrhunderts. Ihn hinterfragt oder unhinterfragt, stillschweigend oder lauthals empörend, aber letztlich hinzunehmen, bedeutet, eigens in Stumpfsinn zu verfallen.

Das affirmative Reproduzieren solcher Bedeutungen, die als institutionalisierte Bedeutungen freilich den Anschein von unverrückbaren ewigen Tatsachenbefunden haben, wäre gewiss nicht weiter dramatisch, würden sie in diesem konkreten Fall nicht auf so breiter gesellschaftlicher Front fortwährend Leid mit Sinn belegen, gar selbst von Tötungslust getrieben die Welt, und nahezu alles in ihr, zersetzen – oder zu zersetzen beginnen. Die narrative Strahlkraft dieser imaginären Bedeutung perforiert das Gesellschaftliche, beginnt damit, sich selbst zu legitimieren und gerade durch die als Güter und Dienstleistungen reflektierten Nebenprodukte ihrer Zerstörungswut praktisch zu reproduzieren. Insofern ist die vorgängige Thematisierung von Natur und Evolution durchaus deutlicher zu pointieren. Denn diese Praxis des Wirtschaftens verändert das, was mit dem Menschen gemeint sein könnte, es drängt die gattungsgeschichtlichen Entwicklungen in Richtung von Egoismus, lässt Eros und Empathie vertrocknen.

Aus dieser Perspektive geht es für das Anliegen, Wirtschaft lebenswert zu gestalten, in erster Linie darum, nicht Alternativen *in*, sondern Alternativen *zu* den gegenwärtigen Praktiken des Wirtschaftens zu finden, zu trainieren und ihnen zur Anerkennung zu verhelfen. Statt also den Wirkungskreis des gegenwärtig hegemonialen Imaginären noch weiter zu ziehen, gerät ins Visier, andere Formen und Praktiken des Wirtschaftens näher in Augenschein zu nehmen und nach deren Transformationspotenzial in Bezug auf das Hegemoniale zu fragen, also in Bezug darauf, inwiefern eine Neukodierung oder Verschiebung jenes Imaginären stattfinden kann, von dem aus Gesellschaftliches als Wirtschaftliches reflektiert und behandelt wird.

Insofern, als jene menschliche Bildungs- und Einbildungskraft zu Beginn des 21. Jahrhunderts als geschichtsvergessene Melancholie zunehmend zu vertrocknen scheint, ist die Herausforderung nicht, scheinbar in Ketten gelegte Kreativkräfte zu entfesseln, sondern den menschlichen Ideenreichtum zu revitalisieren, ihn zu kultivieren – der Vorstellungskraft wieder vermehrt Futter zu geben, dass die Welt auch anders möglich ist.

Die inhaltliche Substanz einer Vorstellung von *Wirtschaftlichkeit*, die sich nicht in einer Gleichsetzung mit Zweckrationalität und Nutzenkalkülen reflektiert, hängt von einer gesellschaftspraktisch wirksamen Erzählung davon ab, was *Wirtschaft* im 21. Jahrhundert sein könnte. Zur näheren Bestimmung von Bedingungen der Möglichkeit einer Analyse, welche die Vielfalt solcher Narrationen und deren Bedingungen aufdecken könnte, ist es in einem ersten Schritt hilfreich und notwendig, eine Unterscheidung zwischen dem Ontischen und dem Ontologischen vorzunehmen: Wenn ich von *Wirtschaft* oder *Ökonomie* im Singular wie im Plural geschrieben habe oder schreibe, so meine ich damit den oder die ontischen Befunde, die sich empirisch konstatieren und erfahren lassen. Ontologisch zu begreifen ist hingegen die Verwendung der Begriffe des *Ökonomischen* oder der *Wirtschaftlichkeit*. Wissenschaftliche Beschäftigung mit *Ökonomie* und dem *Ökonomischen* ist letztlich als *Ökonomik* adressiert.

Die prinzipiell zahllose Vielfalt der »Weltzugänge«[233], mit denen das mutmaßlich Ökonomische als Ökonomie traktiert werden kann, führt vor Augen, dass Fachlichkeit nur überzeugend am Gegenstand festgemacht werden kann.[234] Dem gern gespielten Kunstgriff, Kritik am doch eigentlich zu feiernden Gegenstand, die sich aus anderen Zugangsweisen ergibt, mit der Geste abzutun, das habe mit Ökonomik nichts zu tun, ist damit der Boden entzogen. Evolutionstheoretisch inspiriertes Denken und Nachdenken über Wirtschaft ist freilich so wenig Biologie, wie kulturtheoretisch informierte Unternehmenstheorie Kulturwissenschaft, Soziologie oder Philosophie ist.

Damit gerät recht unvermittelt die Frage danach zum Vorschein, wie sich die prinzipiell unhintergehbare Pluralität und Heterogenität kultureller

Praktiken des Wirtschaftens, also gerade nicht nur jener, die heute hegemonial von international tätigen Großkonzernen an den Tag gelegt werden, sondern eben auch solcher Praktiken des Schaffens von Werten, die etwa unter reinen Effizienzgesichtspunkten oder im Hinblick auf eine größtmögliche Abschöpfung geldwerter Vorteile für einige wenige als unwirtschaftliche Spinnerei abgetan werden müssten, untersuchen lässt. Von instrumentalistischen, ahistorischen und in der praktischen Konsequenz abtötenden Setzungen abzusehen, öffnet insofern den Blick auf die empirische Vielfalt möglicher Formen und Weisen des Wirtschaftens.

Erst die Widersprüchlichkeit dessen, was ist, führt die geschichtliche Offenheit als Unabschließbarkeit der Welt, sowie von allem und allen in ihr, unübersehbar vor Augen. Das, was ist, ist stets auch Potenzial dessen, was sein könnte. Aus dem daraus resultierenden Anliegen, die ontische Pluralität und Heterogenität von *Wirtschaft* anzuerkennen, speist sich die Notwendigkeit einer Ontologie von *Wirtschaftlichkeit*, die dieser Pluralität und Heterogenität gerecht werden kann. Sich die Widersprüche und Abgestuftheit der wirklichen Welt zur Voraussetzung zu machen, bedeutet für eine Ökonomik, die Missstände nicht länger hinzunehmen bereit ist und folglich zu deren transformativer Überwindung beitragen helfen möchte, eine recht radikale Abkehr fachdisziplinär tradierter Ontologien sowie der daraus abgeleiteten Methodologien, letztlich konzeptionellen Entwürfen dafür, praktisch relevant zu werden.

Amartya Sen hat vor wenigen Jahren in Weiterentwicklung seines *Befähigungsansatzes* eine luzide Kritik an ökonomischen Gerechtigkeitsideen vorgelegt.[235] In diesem Kontext bietet er eine ideengeschichtliche Unterscheidung ökonomischer Ontologien an, indem er zwischen dem *transzendentalen Ansatz* (Thomas Hobbes, Jean-Jacques Rousseau, John Locke, Immanuel Kant, John Rawls und andere) und dem *komparativen Ansatz* (Marquis de Condorcet, Adam Smith, Jeremy Bentham, Mary Wollstonecraft, Karl Marx, John Stuart Mill und andere) unterscheidet.[236]

In Bezug darauf, wie sich die jeweiligen ökonomischen Theorien zur Welt in Beziehung setzen, lässt sich diese Dogmenhistorie rekonstruierende Idee auf eine Abwendung und Zuwendung zur Welt weiterentwickeln:

- *Weltabgewandte Ökonomik* perspektiviert von einem Ideal zum Wirklichen. Ziel solcher Überlegungen sind abstrakte Setzungen, die das Idealisierte praktisch-normativ verordnen.

- *Weltzugewandte Ökonomik* perspektiviert vom Wirklichen zum Möglichen. Ziel solcher Überlegungen sind konkrete Analysen, die das Mögliche praktisch-relevant auf den Weg bringen.

In historischer Betrachtung fällt dabei die Vielfalt an Positionen und Zugangsrichtungen auf, die in ihrer Zeit und in Teilen auch darüber hinaus erfolgreich waren. Wirtschaftswissenschaftliches Denken und Nachdenken war mithin bis in das 19. Jahrhundert hinein weitaus mehrdimensionaler, als es heute noch den Anschein hat. Der Abstieg von Ökonomik begann als Aufstieg des Adlatentums: Diejenigen, die überhaupt eine erwähnenswerte Rezeption erfahren haben, sind erst durch das disziplinär zersplitterte und auch zunehmend weniger lesende Adlatentum des 20. Jahrhunderts in ein in dieser Hinsicht schiefes, weil verzerrend selektives Licht gerückt worden.

Das Ausblenden von wissenschaftstheoretischen Fragestellungen, das allzu oft in einer inkommensurablen Praxis geschnürter Blumensträuße gipfelt, legt nur erneut Zeugnis darüber ab, wie wenig in Reproduktion scheinbar ewiger Vorstellungen darüber, was Wirtschaft sei, über Ontologisches, Epistemologisches und letztlich Methodologisches nachgedacht wurde und wird.[237] Doch eine sogenannte Theorie, die behandelt wird, als könne sie wie ein Text ohne Kontext für sich selbst stehen, ist keine Theorie, sondern ein willkürliches Dogma.

> »Soweit der Begriff der Theorie jedoch verselbständigt wird, als ob er etwa aus dem inneren Wesen der Erkenntnis oder sonstwie unhistorisch zu begründen sei, verwandelt er sich in eine verdinglichte, ideologische Kategorie.«[238]

Ein gezeitlichtes Denken und Nachdenken über Wirtschaft und Wirtschaftlichkeit, das die gesellschaftlichen Verhältnisse, aus denen es entspringt, nicht zu verleugnen oder zu verschweigen pflegt, wurzelt in einer von Neugier getriebenen Anerkenntnis kontingenter Entwicklungsfähigkeit. Wenn das, was ist, eben nur kontingenterweise so ist, wie es erscheint, und von daher eben immer auch anders sein könnte, gelangt just durch die Anerkennung der damit verbundenen Ambivalenz die Offenheit möglicher Entwicklungen von Wirtschaft und Gesellschaft allgemein überhaupt erst zum vollen Bewusstsein.

Ökonomik kann dann (auch) Analyse der Bedingungen für das Andersmöglich-sein dieser als Ökonomie reflektierten Praktiken des Werteschaffens sein. Einerseits. Andererseits kann es dann gerade auch darum gehen, die imaginären Bedeutungen, ihre Echos und kulturellen Schleifspuren, von denen aus diese praktisch folgenreichen Reflexionen stattfinden, auf ihre Substanz hin zu analysieren, also die Wirkung der Begriffe selbst in Augenschein zu nehmen und etwaige Konsequenzen, die hinzunehmen von der Sache her strittig sind oder strittig gestellt sein müssten, stärker hervor zu streichen, als das bislang der Fall ist. Statt sich also in völliger Einseitigkeit von der performativen Inszenierung, ritualisierten Beschwörung oder schlichten Anrufung als Rettung versprechender Heilsbringer blenden zu lassen, gilt es, in den Rücken der Begriffe selbst zu gelangen, um eine Vorstellung davon zu entwickeln, wie diese Begriffe arbeiten, sich performativ ins Werk stellen und gestellt werden.

Die auch materiellen Resultate, also die praktischen Hervorbringungen selbst sind es, die als Bezugspunkte einer problematisierenden Kritik Eingriffsstellen liefern. Das potenziell Problematische, von dem her das korrespondierende, weil ursprünglich als Ausgangspunkt dienende Imaginäre Kritik verdient, ist von daher stets selbst Produkt und Produktion der Kultur, die es hervorbringt. Im wohlverstandenen Sinne entfaltet eine Problematisierung dieser Zu- und Missstände letztlich erst dann eine Wirkung jenseits reiner Nörgelei, wenn der wohlwollende Impetus, in dem gebildete Kritik ihre Triebkraft findet, das Ab- und das Aufrichten gleichermaßen beinhaltet. Der Gestus der überheblichen Nörgelei, des wohlfeilen Einprügelns und Draufhauens, der mit Kritik im gebildeten Sinne ungefähr nichts gemein hat, ist damit in ein Verhältnis von Analyse und Bewertung überführt.[239]

Die wirklichen Probleme der wirklichen Welt als Resultate *von etwas* zu problematisieren, heißt, die Wirkungen der damit verbundenen, sie katalysierenden wie hervorbringenden Praxis zu begutachten und, wo immer nötig und möglich, Hinweise und Ratschläge zu geben, wie es in Zukunft vermutlich besser gehen könnte. Die praktische Relevanz solcher Ökonomik reflektiert sich darin, kein Ratgeber zu sein und gerade deswegen gut zu beraten.

Inwiefern diese Ratschläge also *in praxi* Berücksichtigung finden, ausgeblendet, widerlegt, umgedeutet oder sonstwas werden, in welche Richtungen hin sich Geschichte mithin wie entwickelt, das ist (und normativ: soll) aus Gründen radikal demokratischer Überzeugung keine Frage wissenschaftlicher Herrschaft sein. Ökonomik ist weder Kommentierung noch

Schiedsgericht oder Kommandobrücke von Ökonomie. Inwiefern sich was durchsetzt und hegemonial wird, verschwindet oder in der Nische fortwährt, marginalisiert, übersehen, unterdrückt oder befördert wird, ist eine empirische, weil letztlich nur praktisch zu beantwortende Frage.

Das Geben und Nehmen von Hinweisen ist und bleibt somit etwas fundamental anderes als das praktische Ringen um Anerkennung[240], das heute zunehmend verwildert[241] und beginnt, barbarisch zu werden. Statt also sehenden Auges einer Verwüstung der Welt entgegen zu schlittern, kommt aus dem historischen Zusammentreffen von Machbarkeitsphantasien, Gleichmut und Gewaltbereitschaft ein Begriff von Wirtschaftswissenschaft zustande, der nicht länger instrumentalistische Managementtechnologie sein kann oder als Modellplatonismus performativ lediglich verlängert, was sich längst als Irrtum herausgestellt hat. Als historisch konkrete Hervorbringung ist nicht nur Wirtschaft als Gegenstand, sondern auch Wirtschaftswissenschaft selbst gezeitlicht. Sich als Ökonomin oder Ökonom dann selbst theoretisch hinreichend ernst zu nehmen, bedeutet, der eigenen Profil- und Eigenschaftslosigkeit wieder Kante und Kontur zu geben, ohne dabei dogmatisch zu werden. Über konkrete Qualitäten und Daseinsweisen streiten zu lernen, Spannungen und andere Positionen aushalten zu können, Konflikt und Kritik in der Sache zu kultivieren, führt letztlich zu einer wirtschaftswissenschaftlichen Praxis, die wieder Konkretes konkret bewertet, statt Abstraktes bloß zu verkünden.

Das Bewerten selbst ist etwas anderes als reines Messen, Zählen oder Wiegen. Statt ein nur Erfahrbares als Zählbares zu beschreiben, geht es darum, zu einer gebildeten Einschätzung zu gelangen, inwiefern mit der in den Blick genommenen Praxis Effekte einhergehen, deren intendierte und nicht-intendierte Folgen in gewisser Hinsicht problematisch sind oder werden könnten. Über inhaltliche Positionen und praktische Parteilichkeiten zu streiten, ist entgegen einer sich als objektiv nur gerierenden, weil letztlich in der Subjektivität instrumenteller Vernunft rettungslos verstrickten Wirtschaftswissenschaft keine unwissenschaftliche Glaubenslehre, sondern ganz im Gegenteil sogar Kern wissenschaftlicher Reflexion.

»Die Geschmacksdebatte wird niemals ein Ende finden. Besonders eindringlich wollte es die Distelhäuser Bierbrauerei nahe von Würzburg gestalten, als sie für ihre sommerliche Plakatkampagne 2007 den Slogan texten ließ: ›Über Geschmack kann man streiten. Über guten nicht. Distelhäuser.‹ […] Der Werbeslogan ist nicht dumm; aber so einfach ist die Sache eben nicht. Denn selbstverständlich kann und muss man im konkreten Fall darüber streiten, worin guter Geschmack denn besteht. Unumstößliche, vom Subjekt unabhängige Tatsachen gibt es auf dem Gebiet der Ästhetik nicht. Dass das beworbene Bier in der Tat ungewöhnlich gut schmeckt, wie ich bei wiederholten Versuchen feststellen konnte, ändert daran nichts.«[242]

Die epistemologisch zu konstatierende Unmöglichkeit von Objektivität, letzten Wahrheiten allgemein, aus der keine Willkür abzuleiten ist, sondern Ambivalenz, führt die Analyse an den Punkt, dass durch schlichtweg keine methodische Raffinesse ein Ausweg aus der Subjektivität von Erkenntnis führt. Gewiss ist über Geschmack und Inhalte zu streiten – und gerade in den Wirtschaftswissenschaften, die wesentlich davon handeln, spezifische Geschmäcker und Inhalte zu befördern. Von daher sind wir gut damit beraten, den »Intellektualismus der klassischen Ästhetik«[243] genauso hinter uns zu lassen wie jene »zur Ruhe gekommene«[244] Ethik, die ohnehin schon immer im Vorfeld zu wissen vorgibt, was zu tun sei.

Statt also die Einsicht in die Schwierigkeit intersubjektiver Erkenntnis zum abtötenden Anlass zu nehmen, in Stumpfsinn zu verfallen und fortan das Erkenntnisinteresse auf möglichst allgemeine und universelle Befunde zu richten, folgt als Perspektive lebendigen Denkens daraus die grundlegende Einsicht, dass die Politisierung im Praktischen eine Politisierung im Theoretischen braucht. Ich insistiere darauf, dass das gerade nicht bedeutet, sich als Ökonomin oder Ökonom auf die eine oder andere Seite zu schlagen in dem Sinne, dass einer Parteilichkeit bestenfalls reflektiert und gebildet das Wort geredet wird. Wissenschaft ist niemandes Lakai. Statt Partei zu ergreifen, geht es darum, Parteilichkeiten auf ihre Substanz hin abzuklopfen. Die dafür notwendige Kritik macht jedoch einen festen Stand notwendig, einen Standpunkt, von dem aus diese Kritik entwickelt wird. Das Abklopfen und Unterfüttern von Standpunkten ist von daher nicht zu verwechseln mit dem Ergreifen von Partei. Dogmatik abzuwehren, was als gebildete Reflexion, nicht Wankelmütigkeit oder gar Eigenschaftslosigkeit auf den Weg kommt, macht es zu einem Erfordernis wissenschaftlicher Redlichkeit, sich der eigenen Werthaltungen offen zu bekennen.

Das gilt für jene Werthaltungen, derer wir Ökonominnen und Ökonomen uns offen bekennen, und es gilt einmal mehr noch für jene, die unausgesprochen in den Zwischenräumen stehen. Gerade weil die Postulate einer weltabgewandten Ökonomik nur praktisch-normativ zur Geltung gelangen können und der mit dieser Verordnung verbundene Drang, zu überformen, nur als objektiv bemäntelt wurde, gerät es auch zur Aufgabe einer kritischen Ökonomik, diese kryptische Normativität zu dechiffrieren und als das aufzuklären, was sie ist: Instrumentalistisches Denken ist rettungslos eingefaltet in die Gewaltbereitschaft voraussetzende Partikularität bloß überformender Normierung.

Die Folge kritischer Ökonomik ist von daher auf direktem oder indirektem Wege eine Zuwendung zur Welt: entweder durch Kritik am Gegenstand oder durch Kritik an der Art, wie dieser traktiert wird. In beiden Fällen ist die Rede von einer konstruktiven Kritik tautologisch, da in beiden Fällen Kritik stets konstruktiv in dem Sinne ist, als sie überflüssig wäre, würde ihr nichts am zu Kritisierenden liegen. Auf diese Weise den nur vermeintlichen Frieden des eigenen Faches zu stören, macht jene Ökonomik, für die ich hier argumentiere, zu einem spezifischen Störenfried. Dieter Thomä hat in seiner *Philosophie des Störenfrieds* vier Typen von Störenfrieden differenziert, die zugleich das entfaltete Kritikverständnis illustrieren.[245]

- Der *egozentrische Störenfried*, der nur um seines eigenen Vorteils willen stört (etwa Despotinnen und Despoten).
- Der *massive Störenfried*, der nur in der Anonymität eines Kollektivs stört (etwa ausschreitende Demonstrantinnen und Demonstranten).
- Der *exzentrische Störenfried*, der nur für sich selbst aus dem Bestehenden ausbricht (etwa exaltierte Künstlerinnen und Künstler).
- Der *nomozentrische Störenfried*, der darum ringt, diese Welt besser zu machen (etwa Whistleblowerinnen und Whistleblower).

In dieser Begriffsscheidung ist mit dem Plädoyer einer kritischen Ökonomik ein nomozentrischer Störenfried angezeigt, dessen störendes Wesen darauf abhebt, eine neue gesellschaftliche Ordnung auf den Weg zu bringen, indem er der Fantasie Futter gibt, was alles wie heute noch möglich ist.

9 Eine neue Gesellschaft führt über eine neue Ökonomie

Wiewohl das 20. Jahrhundert zweifellos eine Etappe der technologisch katalysierten Idee scheinbar grenzenloser Machbarkeit war, war es auch eine Etappe der Trockenlegung menschlicher Bildungs- und Einbildungskräfte. Dem immer kürzer getakteten und immer tiefer in das Gesellschaftliche vordringenden Auftun neuer technologischer Möglichkeiten steht im Ergebnis heute eine Melancholie gegenüber, deren innerster Kern sich in dem eigenschaftslosen Gleichmut reflektiert, dass wesentlich Neues heute ohnehin nicht mehr stattfinden würde. Eine ökonomische Praxis, die Glück mit materiellem Besitz verwechselt und in der Folge mit besten Absichten immer mehr Zeug in die Welt bringt, dadurch jedoch das Leben zum Unterhaltungsprogramm degeneriert, ist es erstaunlich lange gelungen, den eigenen Stumpfsinn als Fortschritt versprechende Innovativität auszuflaggen.

Die zentralen imaginären Bedeutungen des 18. Jahrhunderts halten sich mithin auch heute noch so kraftvoll, weil das Imaginäre im Sinne von Cornelius Castoriadis immer auch das Selbstverständliche ist, das sich von selbst Verstehende, das von der Sache her immun gegen gute Argumente ist. Es setzt erst dann ein, wenn der Verstand aussetzt, weil es selbst entlang von Zweck und Mittel nicht traktierbar ist; es ist kein Kalkül, sondern tieferliegende Projektion.

»Als Unbewußtes läßt die radikale Imagination sich sein, läßt sein, was nirgendwo sonst ist, was nicht ist und was für uns die Bedingung dafür ist, daß irgendetwas ist.«[246]

Diese kulturelle Praxis als ökonomische Praxis zu reflektieren und zu behandeln, ist keine Selbstverständlichkeit, sondern zutiefst voraussetzungsvoll. Die Formation von Ideen, von denen aus Gesellschaftliches als Ökonomisches traktiert wird, ist eine kontingente Konstruktionsleistung, die gänzlich anderen gesellschaftlichen Verhältnissen vor bald 300 Jahren entsprungen ist und sich einstweilen in heutigen Umständen weniger produktiv als vielmehr destruktiv verwirklicht.

Der Sinn und Sinnlichkeit abtötende, im langen Schatten des Utilitarismus stehende Hang in den Wirtschaftswissenschaften (aber auch gerade in den deutschsprachigen Sozialwissenschaften allgemein), jedwedes Phänomen nach Zweck und Mittel zu vermessen, damit nach dessen Nützlichkeit gefragt werden kann, drückt den gesellschaftlichen Verhältnissen performativ als *selffulfilling prophecy* zunehmend die Luft ab, zertrennt lebendige Zusammenhänge, drängt zur Eigensucht, die ihrerseits tötet, und transformiert die Welt zunehmend zu dem, was weltabgewandt *a priori* festgestellt wurde: ein von allen leiblichen Empfindungen, politischen Streitigkeiten und kulturellen Ambivalenzen gereinigtes mechanisches Räderwerk. Und die Güte von mechanischen Werken dokumentiert sich zuvörderst darin, dass sie funktionieren, verlässlich reproduzieren, wofür sie geschaffen wurden. In der praktischen Konsequenz jener »Dummheit der Mechanik«[247] wird der »Kitt zwischen den Menschen ersetzt durch den Druck, der sie zusammenhält.«[248]

Nach *Funktionen* und dem *Funktionieren* von gesellschaftlichen Dingen zu fragen, deutet in seinem Allgemeinheitsanspruch auf eine tiefsitzende Geschichtsvergessenheit, deren Arroganz gegenüber dem Konkreten potenziell gewaltvoll ist oder Gewalt zu kaschieren versucht: »The functional language is a radically anti-historical language.«[249] Die funktionalistische Verachtung der Einzigartigkeit dessen, was ist, ist Verachtung von Leben und Lebendigkeit, weil es nach dem Allgemeinen sucht. Weil das Allgemeine jedoch nicht existiert, gebiert das Interesse an ihm, gerade jenes, das es als Gesetz oder Sachzwang anschlagen möchte, fortwährend nur tote und abtötende Gedanken.

Eine Ökonomik, die diesen falschen Frieden stören will, geradezu stören wollen muss, ist gut beraten, hinreichend konkret den wirklichen Problemen der wirklichen Welt zu folgen. Die Zuwendung zur Welt, die sich daraus ergibt, ist eine nur auf den ersten Blick triviale Erkenntnis. Reinhard Pfriems Talent zur präganten Formel zeigt: »Ökonomie ist kulturelle Praxis«[250]. Statt also die methodologische Fundierung sowie die daran hängenden epistemologischen und ontologischen Prämissen aus einem kognitivistischen und individualistischen *Was-wäre-wenn-Spielchen* respektive *Als-ob-Spielchen* übersinnlich, also metaphysisch, abzuleiten, ist es instruktiv, den Begriff der *kulturellen Praxis* nun näher in Augenschein zu nehmen.

In den sozial- und kulturtheoretischen Diskussionen des 20. Jahrhunderts lassen sich mit etwas Abstand drei große paradigmatische Wellen[251] identifizieren:

- *Deterministische Perspektiven* adressieren Makrozusammenhänge, Strukturen, Funktionen und Ordnung, die als so wirkmächtig gelten, dass sie alles und alle ihrem Diktat unterwerfen.
- *Voluntaristische Perspektiven* adressieren Mikrozusammenhänge, Motive, Wünsche und Erfahrungen, die in einem souveränen Subjekt kulturlos zusammenlaufen, das nach Gutdünken aktiv wird.
- *Praxeologische Perspektiven* adressieren die Vollzugswirklichkeiten, in denen sich Praktiken historisch konkret als Verklammerung von Struktur und Handeln verschränken.

Der Begriff der Praxis ist letztlich als »Konvergenzbewegung«[252] aus unterschiedlichen Strömungen der Soziologie, Philosophie und benachbarter Disziplinen in den 1970er und 80er Jahren in dem interdisziplinären Sammelbecken der Praxistheorien zusammengelaufen, die in unterschiedlicher Intensität an Marx, Hegel, Wittgenstein oder Heidegger anschlossen und programmatisch das in Anschlag brachten, was ich weiter oben als Zuwendung zur Welt beschrieben habe.

Aus dem französischen Poststrukturalismus[253], der feministischen Theorie[254], der Feldsoziologie[255], der britischen Machtsoziologie[256] sowie vielen anderen Strömungen wurden allzu abgeschlossene und fertige Vorstellungen von einem System, das funktioniert, wie es funktioniert, oder einem Subjekt, das weiß, kann und darf, was es will, dezentriert und stattdessen der Blick auf das *performative Zustandekommen von gesellschaftlicher Wirklichkeit* gelegt.

»Sie alle waren auf ihre Weise von einer wesentlichen Einsicht getragen: empirischer als die Idee des Systems, ambivalenter als das Konzept der Funktion, historischer als der Begriff der Struktur, kritischer als das Verhalten, kontingenter als das Symbol und umfassender als das Subjekt – ist die Praxis.«[257]

Es ist insofern das kulturwissenschaftliche Verdienst des »practice turn in contemporary theory«[258], darauf hingewiesen zu haben, dass kulturelle Praxis begrifflich (1) stets *verkörperte Praxis* ist, (2) stets *erneut hervorzubringende Praxis* ist und letztlich sowohl rigide wie fluide von der Sache her eine nicht rational auflösbare, weil (3) stets *widerspruchsvolle Praxis* ist.[259]

Das kritische Potenzial dieser praxistheoretischen Konzeptionen reflektiert sich mit Blick auf die Wirkmächtigkeit dessen, was Castoriadis als das hegemonial Imaginäre fasst, als Blickwinkelverschiebung weg von dem Geschrieben, Gesagten oder Gedachten hin zu dem tatsächlich Getanen.

»Das geschichtlich Reale ist nicht vollkommen und restlos vernünftig. Wäre es das, so stellte sich das Problem des *Tuns* gar nicht, denn alles wäre bereits *gesagt*. Das Tun impliziert, daß das Wirkliche nicht durchgängig vernünftig ist, ebenso aber auch, daß es kein Chaos ist; daß es Rillen, Kraftlinien, Adern darin gibt, die das Mögliche und Machbare begrenzen, das Wahrscheinliche anzeigen und es dem Handeln erlauben, im Gegebenen Eingriffspunkte zu finden.«[260]

Aus dieser Perspektive kann es einer Wirtschaftswissenschaft vornehmlich nur noch darum gehen, Wirtschaft als ein Ensemble von kulturellen Praktiken zu begreifen, das in Bewegung ist. Und jede Bewegung ist Bewegung auf etwas hin und damit Einsatzstelle für Kritik. Die konkreten Qualitäten, materiellen Ausdrucksweisen und normativen Orientierungen, die mit, als und durch kulturelle Praktiken des Wirtschaftens verwirklicht werden, sind insofern kein Tatsachenbefund, den es beobachtend, beschreibend, bestenfalls erklärend hinzunehmen gilt. Die Richtungen, in die Praxis weist, sind stets kontingent. Sie zur Disposition zu stellen, heißt zwangsläufig, politisch zu werden und dadurch wissenschaftlich zu bleiben. Ökonomik, die dazu willens und in der Lage ist, ist eine transformationsbezogene Unternehmenstheorie.

»Sie hat in jeder Periode nicht, wie die idealistische Geschichtsanschauung, nach einer Kategorie zu suchen, sondern bleibt fortwährend auf dem wirklichen Geschichts*boden* stehen, erklärt nicht die Praxis aus der Idee, erklärt die Ideenformationen aus der materiellen Praxis und kommt demgemäß auch zu dem Resultat, daß alle Formen und Produkte des Bewußtseins nicht durch geistige Kritik, durch Auflösung ins ›Selbstbewußtsein‹ oder Verwandlung in ›Spuk‹, ›Gespenster‹, ›Sparren‹ etc., sondern nur durch den praktischen Umsturz der realen gesellschaftlichen Verhältnisse, aus denen diese idealistischen Flausen hervorgegangen sind, aufgelöst werden können – daß nicht die Kritik, sondern die Revolution die treibende Kraft der Geschichte auch der Religion, Philosophie und sonstigen Theorie ist.«[261]

Ökonomik, die bei dem praktischen Umsturz der gegenwärtigen gesellschaftlichen Verhältnisse helfen kann und will, wäre nachgerade überflüssig, wäre dieser Umsturz immer schon im Bestehenden angelegt. Die Brüche, Leerstellen und Versatzstücke dessen, was ein historischer Prozess dann noch sein kann, in den Blick zu nehmen, bedeutet zugleich, auf den eigenen wissenschaftlichen Standpunkt zu reflektieren. Selbstbezügliche Wissenschaft ist letztlich nur erklärbar, wenn nach dem Zustandekommen von Verhältnissen gefragt wird, aus denen heraus diese übersteigerte Form ökonomischen Selbstbezugs, den wir heute beklagen, hat entstehen können.

Geschichte ist letztlich nicht einfach die Retrospektive, was war, sondern eine Form der nur praktisch begreifbaren Herstellung von pluraler und widerspruchsvoller Wirklichkeit. Das performative statt deterministische Wesen von Geschichte schafft Raum zur Bewegung, Raum dafür, zu erkennen, dass die Reise in viele unterschiedliche Richtungen weitergehen könnte, dass neben dem, was ist, stets auch das, was sein könnte, Wirklichkeit prägt. Mit keinem rationalen Argument und keiner mathematischen Operation lässt sich diesen Möglichkeiten beikommen. Sie lassen sich nicht präpraktisch ableiten, sie sind kein Gebot, keine Zwangsläufigkeit, sondern entspringen dem menschlichen Ideenreichtum. Castoriadis spricht von ihnen als *Entwürfen*.

»Der Entwurf ist die Absicht einer Veränderung des Realen, geleitet von einer Vorstellung vom Sinn dieser Veränderung, orientiert an den tatsächlichen Bedingungen und bestrebt, eine Aktivität in Gang zu setzen.«[262]

Dass die Zukunft offen ist, ist nur eine andere Formulierung dafür, sich in das noch-nicht-Seiende zu entwerfen. In diesem Sinne kann Zukunft niemals beginnen.[263] Und gerade, weil solch ein Wurf ins Nichts sich einer abschließenden Erreichung entzieht, bisweilen gar seine Erfüllung in seiner

Verweigerung findet, werden Sinn und Sinnlichkeit virulent, die jegliches zu kurz gegriffenes Denken in Zweck und Mittel verabschieden. Zur eingehenderen Entfaltung des Gedankens ist es hilfreich, sich der Unterscheidung von *Sinn* und *Zweck* zu erinnern, die Hannah Arendt vorgenommen hat. Demnach erlischt ein Zweck mit seiner Erreichung.

»Ein Sinn muss dagegen beständig sein, und er darf von seinem Charakter nichts verlieren, wenn er sich erfüllt, oder besser, wenn er dem Menschen in seinem Tun aufgeht oder sich ihm versagt und ihm entgeht.«[264]

Es geht insofern um ein fortwährendes Suchen und Finden, deren Unabschließbarkeit jedoch keine Rastlosigkeit ist, sondern nahezu gegenläufig den Blick für den Wert des lebendigen Augenblicks öffnet, ohne diesen nur deswegen zu verewigen. Denn das Suchen verweist auf das, was noch nicht gefunden wurde.

Statt auf kurzfristiges taktisches Kalkül zu setzen, geht es also um strategische Entscheidungen im deutlichen Sinne des Wortes und insofern stets reflexiv, tentativ und exploratorisch darum, die eigene gesellschaftspolitische Orientierung unternehmerisch zur Disposition zu stellen. *Unternehmen statt Hinnehmen* ist daher immer auch eine performative Kritik am Bestehenden, die zugleich richtungsweisend ist und keine bloße Nörgelei oder Besserwisserei. Denn ein Entwurf, so Castoriadis, »wurzelt in der tatsächlichen gesellschaftlichen Wirklichkeit und stützt sich auf sie, auf die *Krise* der bestehenden Gesellschaft und die *Ablehnung* dieser Gesellschaft.«[265]

Erstaunlicherweise ist es vor diesem Hintergrund der vielerorts um sich greifende Populismus der Gegenwart[266], der sehr deutlich vor Augen führt, wie fundamental Geschichte auch heute noch gemacht wird, wie wenig zwangsläufig sich Zukunft als Verlängerung der Vergangenheit ergibt, wie brüchig und keineswegs linear Geschichte sich entwickelt. Spätestens in Anerkennung der auch wirtschaftlich beförderten Verwüstung von Gesellschaft und gesellschaftlichen Naturverhältnisse ist das Bild des ewigen Fortschritts als Trugbild dechiffriert. Diejenigen Wirtschaftsformen, die heute aus unterschiedlichen Gründen Anlass zur Kritik geben und etwa unter Überschriften wie *Finanz- und Anlegerkapitalismus* geführt werden, sind auch kein Ende der Geschichte. Neben ihnen existieren schon heute vielfältige alternative Praktiken des Wirtschaftens, die in ihrer gesellschaftspolitischen Dimension den Entwurf einer anderen, vielleicht besseren, Welt zu bewerkstelligen suchen. Solche Fortschrittskritik ist gewiss kein Kulturpessimismus, wohl aber von Skepsis getragen.

Die Ontologie des *Noch-nicht*, die damit aufscheint, verweist auf eine Wirtschaftswissenschaft, die für den gegenwärtigen Hauptstrom auch gerade deswegen so schräg anmutet, weil sie über etwas sprechen möchte, das sich nicht einfach zählen, messen oder wiegen lässt. Was letztlich *noch nicht* ist, lässt sich auch *noch nicht* mit herkömmlichen empirischen Methoden erfassen und schon gar nicht im deduktiven Sinne vulgär testen. Empirisch traktierbar sind gleichwohl die historischen Zusammenhänge, von denen aus der Entwurf einer anderen Welt in Anschlag gebracht wird. Das jedoch macht es erforderlich, diese Zusammenhänge, an deren Umsturz gearbeitet wird, in erster Linie zu problematisieren, statt sie einfach nur affirmativ abzufeiern.

Gerade vor dem Hintergrund, dass Wirtschaft und Wirtschaftswissenschaft in bedeutsamer Art und Weise die praktischen Umstände des gesellschaftlichen Für-, Gegen-, Neben- und Miteinanders prägen, Unternehmen mit ihren Strategien »kulturelle Angebote an die Gesellschaft«[267] unterbreiten und es Teil von Ökonomik sein kann (sein müsste, sein sollte), den Bedingungen der Möglichkeit dafür nachzuspüren und verbessern zu helfen, diese als Entwürfe einer besseren Welt ins Werk zu stellen, ist nicht länger übersehbar, dass zu Beginn des 21. Jahrhunderts eine »große Transformation«[268] von Gesellschaft nicht ohne große Transformation von Ökonomie und Ökonomik zu haben sein wird.[269]

Erst die Aufhebung dessen, was wir heute hegemonial als Wirtschaft zum Thema machen, öffnet die Perspektive für eine Zukunft, in der jene Praktiken des Wirtschaftens nicht nur nicht töten, sondern gar selbst Umstände schaffen, die lebenswert sind.[270] Die Jahrhundertaufgabe der Wirtschaftswissenschaften ist, die Bedingungen der Möglichkeit dafür analysieren und verbessern zu helfen, dass ein oder mehrere andere Imaginäre wirksam werden, von denen aus solche kulturellen Praktiken *als* Praktiken des Wirtschaftens in den Blick genommen werden, die dazu beitragen, diese Welt besser zu machen. Das meint keine Abschaffung von *Effizienz* oder verwandten Bedeutungen, sondern deren Aufhebung.

Damit ist der Beginn des 21. Jahrhunderts zugleich auch als Scheidepunkt für jene Fachdisziplinen markiert, von denen die wesentlichen zeitgeist- und gesellschaftskritischen Diagnosen ausgehen. Während im 20. Jahrhundert maßgeblich Vertreterinnen und Vertreter aus Philosophie und

Soziologie den Ton öffentlicher Debatten angegeben haben und ein Monopol auf kritische Denkweisen zu halten geglaubt haben, ist es nun zu einem historischen Erfordernis geworden, dass kritische Theorie und die korrespondierenden auch öffentlichen Intellektuellen überhaupt und vermehrt aus den Wirtschaftswissenschaften kommen. Eine kritische Theorie der Gesellschaft kann es einstweilen nur noch als Unternehmenstheorie geben, die in transformativer Absicht konzipiert ist.

Das ist gewiss keine Aufgabe für ein verlängertes Wochenende. Mit Blick auf das institutionelle Gefüge, in dem sich das Jahrhunderte alte und noch immer hegemoniale Imaginäre erhält, von dem aus gegenwärtig mehrheitlich Gesellschaftliches als Wirtschaftliches angegangen wird, kann durchaus Ernüchterung eintreten:

- Eine *Publikationspraxis*, die darauf angewiesen ist, möglichst viel möglichst Stumpfsinniges zu veröffentlichen,
- eine *erwerbsbiographische Tristesse*, die im Grunde nur den Weg zur Berufung kennt, diesen nur einem Bruchteil der Wissenschaftlerinnen und Wissenschaftlern ermöglicht, dabei jene belohnt, die sich schmiegsam fügen, und zudem gerade in Deutschland in der Verbindung aus wenigen Stellen und Verbeamtung auf Lebenszeit die in der Tendenz eher träge Personalpolitik der Königshäuser praktiziert,
- eine *ökonomische Bildung*, die an Hochschulen und Schulen durch nahezu unantastbare Curricula festgestellt ist
- sowie freilich auch die erdrückende *Mehrheit jener Unternehmen*, die bis zu diesem Tage den Sieg davontrugen und ihre mitunter blutig erkämpfte Beute gewiss nicht zu teilen bereit sein werden.

Im Angesicht der Steilwand des Hegemonialen, das allzu oft trügerisch hermetisch und monolithisch erscheint, nicht eigens in Stumpfsinn zu verfallen, ist das fundamentale *Trotzdem*, mit dem sich zu Beginn des 21. Jahrhunderts die Notwendigkeit einer neuen Wirtschaft und Wirtschaftswissenschaft nur noch angemessen theoretisch einfangen lässt. Im Angesicht größter Not trotz alledem nicht den Mut zu verlieren, ist die Kunst, sich nicht dumm machen zu lassen. Das bezieht sich auf Form und Inhalt wirtschaftswissenschaftlicher Erkenntnissuche gleichermaßen, stellt also ab auf die Gestaltung und gegebenenfalls auch Neugründung transformativreflexiver Orte ökonomischer Bildung im deutlichen Sinne des Wortes.[271]

Von daher reizt der Zustand der Welt heute nur umso mehr, genauer hinzusehen und jenen Entwürfen dafür, diese Welt besser zu machen, besondere Beachtung zu schenken und nach deren transformativem Potenzial zu fragen, also den Bedingungen der Möglichkeit dafür, dass diese Entwürfe transformieren, was ist. Anlass zur Hoffnung entsteht folglich in dem Maße, in dem trotz aller Widrigkeiten ein tragendes Narrativ entsteht, das eine Praxis zu befördern vermag, die ihrerseits performativ zu einer Neubestimmung eines Imaginären von Wirtschaftlichkeit führt, von dem aus Gesellschaftliches, das zu empathischen Naturverhältnissen befähigt, als Wirtschaftliches reflektiert und behandelt wird.

Orte solchen hoffungsvollen Angangs von nachhaltigkeitsbezogenen Herausforderungen sind auf Ebene wirtschaftlicher Praxis keine Hirngespinste, sondern wirkliche und wirkende Phänomene, namentlich »transformative Unternehmen«[272], die das Bestehende umwälzen und eine neue Praxis auf den Weg bringen. Diese Initiativen reduzieren Natur nicht länger auf eine abstrakte Kennzahl im Sinne einer »ökologischen Modernisierung«[273], sondern entdecken sie als aktives und lebendiges Handlungsfeld ihrer Unternehmensstrategie.[274] Im Feld der Land- und Ernährungswirtschaft sind das etwa konsumentengetriebene Ernährungsinitiativen[275], Erzeuger-Verbraucher-Gemeinschaften[276] oder Anbaupraktiken wie Streuobst- statt Plantagenobstbau[277]. Bezogen auf Fragen des Zusammenlebens geraten beispielsweile Nachbarschaftsquartiere[278] oder Energiegenossenschaften[279] in den Blick.

Dass die praktische Verfasstheit von dem, was ausgehend von ideologischen Konstruktionsleistungen des 18. Jahrhunderts heute mehrheitlich noch immer als Wirtschaft in den Blick genommen wird, sich so kraftvoll erhält, findet auch Ausdruck in der zunehmend zu beobachtenden Tendenz, die vielfältigen Wege dafür, diese Welt besser zu machen, gegeneinander auszuspielen. Ob es marktfundamentalistische Auswirkungen sind, in deren Folge sich das Dogma so tief eingeschrieben zu haben scheint, dass das Andere und Fremde als Konkurrenz, schlimmstenfalls als Bedrohung zu erachten ist, darüber kann ich an dieser Stelle nur mutmaßen. Die vielerorts kultivierte Unfähigkeit, gemeinsam am sprichwörtlich gleichen Ende des gleichen Strangs zu ziehen, ist jedenfalls zu konstatieren und reflektiert sich beispielsweise auch in der bisweilen hart umkämpften Deutungshoheit im Feld nachhaltiger Entwicklung.[280]

Das gemeinsame Ziehen am gleichen Ende des gleichen Stranges ist nicht zu verwechseln mit einer konsensualen, auf Kompromiss getrimmten Zerstörung von Vielfalt. In dem Maße, in dem weitestgehend frei von Dogmatik dieses plurale Feld praktisch verständigt wird, braucht es die unbedingte Bereitschaft zum Streit auf inhaltlicher Ebene bei gleichzeitigem Respekt auf persönlicher Ebene. Im Lichte der bisherigen Argumentation ist es dann kein allzu großes Zugeständnis, der Einsicht Raum zu geben, dass der Wunsch, Ökonomie und Ökologie *zu versöhnen*, wie er heute nicht nur aus politischer Praxis, sondern auch aus wissenschaftlicher Reflexion heraus kanonisch als *green economy* beschworen wird, insofern nicht aufgehen kann, als es weder *die Ökonomie* noch *die Ökologie* gibt. In beiden Fällen ist jeweils und notwendigerweise mit zu fragen: Welche?

Die Konsequenz daraus ist, dass jedes gebildetere Denken und Nachdenken zur endgültigen Harmonisierung ökonomischer Naturverhältnisse seinen Ursprung bei der Einsicht nehmen sollte, dass das nicht geht. Gerade deswegen ist über die damit verbundenen unterschiedlichen Richtungen offen zu streiten und gerade deswegen ist Wirtschaft letztlich eine *res publica*, eine öffentliche Sache – und kein Gewinngenerator für einige wenige. Damit thematisiere ich keineswegs eine sozialistische Perspektive gar gewaltförmiger Enteignung, sondern nahezu im Gegenteil eine fundamental demokratische Perspektive, die freiheitlicher ist als alles, was sich in den letzten Jahrhunderten als Bindestrich-Liberalismen angekündigt hat. Denn Freiheit braucht Möglichkeitsräume.

Sie zu eröffnen braucht das folgenreiche Aufzeigen von blinden Flecken und Widersprüchen, welche die Kontingenz der jeweiligen Daseinsweise unübersehbar machen. Was also immer bis zu diesem Tage geschah, wandelt zwischen zahllosen Wirklichkeiten und Möglichkeiten. Manche eingelöst, viele brachliegend und die meisten unbesehen. Diese Möglichkeiten dafür, wohin die Reise stattdessen weitergehen könnte, fallen nicht wie Manna vom Himmel. Sie müssen aus der schöpferischen Bildungs- und Einbildungskraft heraus aufgetan werden, und sie müssen mit viel auch persönlicher Aufopferung und unter Inkaufnahme von Widerständen ausgefochten, verteidigt, durchgesetzt werden.

Eine neue Gesellschaft führt über eine neue Wirtschaft, über ein neues Imaginäre, das als neuer Ausgangspunkt den Raum dafür schafft, anderes *als* Wirtschaftliches zu reflektieren und zu behandeln. Im Anbieten von strategischen Perspektiven für Unternehmen im 21. Jahrhundert reflektiert sich ein solches Imaginäres mit Blick auf die zeitgenössischen Zersetzungs- und Zerstörungstendenzen in einem lebendigen Unternehmertum, das sich die Kultivierung und Bewahrung von dem, was wir heute noch Natur nennen können, zur Aufgabe macht, also Befähigungsangebote dafür schafft, dass mehr Menschen als bislang ihre Beziehungen zu Natur in tätiger Praxis kultivieren. Statt Natur dabei lediglich auf Kennzahlen oder vulgärästhetische Erscheinungsformen abzuziehen, geht es explizit um Nahräume involvierter und involvierender Erfahrung der Lebendigkeit, Undurchdringbarkeit, Unverfügbarkeit von Natur. Das gesellschaftliche Narrativ, als das wir Natur heute brauchen, um trotz aller Entwicklungen der jüngeren Vergangenheit und Gegenwart die Not noch zu wenden, ist praxistheoretisch, weil in sehr unmittelbarem Sinne praktisch zu verstehen, als Feld möglicher Erfahrungen.

Damit ist ein gezeitlichtes Unternehmertum zum Thema gemacht, das sich selbst fortlaufend neuerfinden muss, um solche Felder zu schaffen oder schaffen zu helfen, das dafür neue Wege beschreitet und nicht länger willens ist, die toten und todbringenden Auswüchse der gegenwärtigen Praktiken nur abstrakten Werteschaffens einfach hinzunehmen.

»Für die Freude, trotz allen Schmerzes wirklich lebendig und menschlich zu sein, kommt alles darauf an, diesen Zusammenhang in lebendiger Weise zu sehen: das heißt, nicht aus Angst vor dem Tod schon zu Lebzeiten in Todesstarre zu fallen oder blindlings das Leben und die Denkfähigkeit aus uns und unseren Mitmenschen herauszupressen.«[281]

Was es heute mehr denn je braucht, ist ein Narrativ von Wirtschaft als Feld der verausgabenden Übung, als Ort lebendigen Denkens und Tuns, der darauf abstellt, das Mögliche im Wirklichen aufzutun. Solche Wirtschaftswissenschaft ist *Möglichkeitswissenschaft*, die zu jeder Zeit nicht dabei stehen bleibt, zu analysieren, was ist, sondern aus dieser Analyse heraus zu Vorstellungen zu gelangen sucht, was wie warum inwiefern noch geht – und was nicht. Für eine Wirtschaftswissenschaft, die als Möglichkeitswissenschaft betrieben wird, kann es insofern gar nicht um das Aufdecken einer als Zwangsgesetz abschließbaren Idee von Wirtschaftlichkeit gehen, als das Ökonomische letztlich in jeder Zeit vor die unendliche Aufgabe des Angangs der wirklichen Probleme der wirklichen Welt gestellt ist. Und wie, wenn nicht historisch konkret, wäre das je möglich?

Für eine Wirtschaftswissenschaft, die das analysieren und verbessern helfen kann und will, bedeutet das, in transformativer Absicht die historischen Pfadabhängigkeiten aufzubrechen, die sich im Laufe der Zeit herausgebildet haben, um der Fantasie Futter zu geben, dass niemand das Recht hat, sich dumm machen zu lassen. Ein Leben, das gelingen kann, bleibt eine Zumutung. Daran ändert auch noch so viel Ökonomik nichts. Um kaum mehr geht es dieser Untersuchung: der wirklichen und möglichen Vielfalt von Unternehmensstrategien dafür, diese Welt besser zu machen, Substanz und Perspektive zu verschaffen.

Die Zukunftsfähigkeit von Ökonomik erfordert die Liebe zur Welt

Eine erkenntniskritische Perspektive

10 Wo es kein Übermächtiges gibt, muss selbst gemacht werden

Als Friedrich Nietzsche seinerzeit argumentierte, die Menschen hätten Gott getötet[282], so war das einerseits ein gewiss sehr eurozentrisch geprägter Befund. Andererseits ist die Rede vom *Tod Gottes* nur eine Paraphrase für die Erfindung neuer Ersatzgottheiten, die spätestens mit dem ausgehenden 19. Jahrhundert unübersehbar ihre eigenen Bollwerke und Tempel aus dem Boden stampfen, das Angesicht der Welt zu prägen begannen.

Mit dem Begriff der *Menschenzeit* ist ein einstweilen unübersehbar gewordener Hinweis gegeben, an wem es sei, diese Nachfolge Gottes anzutreten. Das Selbstbild des Menschen als Demiurg, als Weltenbaumeister, der das, was ist, aus dem Chaos führt, die Welt nach seinem Bilde ordnet, kam seinerzeit als gut gemeinte Befreiungsbewegung aus der vielzitierten »selbst verschuldeten Unmündigkeit«[283] in die Welt. Doch dieser emanzipatorische Ruf der Aufklärung ist heute in eine repressive Verklärung umgeschlagen, die mehr denn je unfrei macht und tötet.

Das Abrichtungs-, Zurichtungs- und Hinrichtungskommando, zu dem der einstmals hoffnungsvolle Aufruf der Aufklärung einstweilen mutiert ist, lässt Skepsis sprießen, ob und inwiefern das Fortschrittsversprechen, das von Beginn an mit ihm verbunden war, so ohne weiteres im 21. Jahrhundert noch Orientierung stiften kann und soll.[284] Der Glaube an die prinzipiell rationale Auflösbarkeit des scheinbar Irrationalen, der einen universellen Konsens erlaubt, letztlich zur realen Utopie wird, hat das ökonomische Denken auf ein falsches Gleis geführt. Das Gefühl der Selbstbestimmung ist zu einem Steuerungsoptimismus und einem Machbarkeitswahn eskaliert. Einstweilen trägt es als große Rationalisierungsoffensive zunehmend nur noch dazu bei, Natur und Welt transparent, verfügbar und widerspruchsfrei zu machen – und beteiligt sich dadurch an ihrer Überformung bis hin zur Abtötung.

Ein führender Lakai dieser Abtötungsprozesse ist die schöpferische Bildungs- und Einbildungskraft einer Wissenschaft, deren begriffliche Mittel beginnen, als performative Narrative gesellschaftspraktisch wirksam zu werden, bis sie zur universalgeschichtlichen Selbstverständlichkeit werden, deren praktische Klammer aus Reproduktion und Rechtfertigung einer abstrakten Dogmatik praktisches Futter geben. Doch Dogmatik, die auf Abstraktion fußt, leitet sich nicht einfach aus der Überzeugungskraft der Abstraktion selbst ab, sondern aus einem verführerischen Versprechen, an das sich, eben weil es aus Abstraktion geboren ist, leicht anschließen, an das sich leicht glauben lässt. Abstraktion, gerade weil sie konstruierte Ferne ist, kommt nicht ohne Verführung aus.

Der masochistische Glaube an *den Markt* ist solch ein abstraktes Opium mit sehr konkreten Resultaten. Mit etwas Abstand betrachtet, mutet es im Angesicht der zerstörerischen und selbstzerstörerischen Auswüchse der Gegenwart reichlich absurd an, erfahrbares Leid hinter dem Versprechen zurückzustellen, das sich aus einem abstrakten Schnittpunkt zweier abstrakter Funktionen in einem abstrakten Koordinatensystem ergibt. Wie viel mehr Stumpfsinn können und wollen wir in der Ökonomik noch länger ertragen? Wiewohl es heute üblich ist, so zu tun, als könne mit völliger Selbstverständlichkeit *dem Markt* Handlungsfähigkeit zugesprochen werden, als wäre *der Markt* ein Akteur individueller oder kollektiver Art, ist in aller Schlichtheit zu konstatieren: *Der Markt* existiert nicht.[285]

Seine kulturellen und insbesondere auch wirtschaftswissenschaftlichen Wiedergänger, die als kompensatorische Göttlichkeiten metaphysischen Blutes sind, werden heute institutionell und imaginär so hermetisch abgeschirmt, dass sie gegen nahezu jede Beweisführung und jedes Gegengift immun zu sein scheinen. Zweifel finden keinen Zutritt zu einer Glaubenslehre, die keine Theodizee vorsieht. Gewiss: Entsinnlichung führt schnell zu Unantastbarkeit. Über die konkrete Substanz von abstrakter Marktgläubigkeit weiter nachzudenken, ein Danach oder auch nur ein Daneben anzudeuten, wird gleichgesetzt mit dem Verlassen jenes heiligen Pfades, von dem noch immer geglaubt wird, er würde das Menschengeschlecht zum ewig bessren führen.

Das performative Zustandekommen von Bedingungen, die auf diesen formalistischen Ausdruck von *dem Markt* abgezogen werden, ist das praktische Ergebnis von Handlungen Handelnder und kein Schattenkampf, dessen Ausgang im Vorfeld feststeht, von an fremden Fäden hängenden Akteuren. Wenden wir uns dieser Einsicht zu, erstaunt eher, wieso angesichts nicht zu leugnender Verwüstungen und Verrohungen, die als Marktfundamentalismus ausgeflaggt sind, wesentlicher Protest und wesentliche Beiträge dazu, eine andere Praxis auf den Weg zu bringen, noch immer ausbleiben.

In diesem Kontext ist es mir wichtig, festzuhalten, dass Kritik an marktlicher Koordination und Kritik an Marktfundamentalismus zwei unterschiedliche Dinge sind. Eine Dogmatik, die auf ideologischen Verselbständigungen fußt, zu problematisieren, bedeutet nicht, die eingefangenen Verselbständigungen fallenzulassen, wegzusperren, auszuradieren. Insofern geht es mir an dieser Stelle nicht darum, marktliche Koordination zu verwerfen, sondern sie an ihren Platz zu stellen, dorthin zu hängen, wohin sie gehört, statt ihr ein von Mord- und Zerstörungslust getriebenes Eigenleben einzuhauchen, das, wie wir heute wissen und erfahren, zunehmend mehr destruktiv als produktiv ist.

Das stumpfsinnige Hinnehmen solcher Glaubenssätze erfordert das Vorfinden solcher Glaubenssätze. Damit rückt die Denkfigur der Märkte als *doing markets* von der konzeptionellen auf die empirische Seite. Statt also eine mehr oder weniger gut begründbare Vorstellung davon, was *der Markt* sei, immer schon vorauszusetzen, ist nach den Bedingungen zu fragen, wie ökonomische Akteure in den Vollzügen flüchtige Gebilde beiläufig hervorbringen, die sich als marktliche Koordination beschreiben und problematisieren ließen. Die begrifflichen Mittel, die es dazu braucht, sind erst noch zu entwickeln und empirisch als Problematisierungen zu erproben.

In kritischer Absicht empirisch zu werden, bedeutet, nicht nur aufzusammeln, was häufig als Evidenz erscheint. Angesichts der gesellschaftspraktischen Wirkungen einer in Stumpfsinn verfallenen Ökonomik kann gerade nicht die Evidenzbasierung als Bejahung dieser Zustände, sondern nur deren Problematisierung und Aufhebung befriedigende Hinweise geben. Gerade dann, wenn das, was ist, von Leid geprägt ist, braucht es Theorie zur Aufklärung und Überwindung dieser Umstände, die als Problematisierung und damit Verurteilung, nicht Beschreibung oder Erklärung auf den Weg kommt. Dabei geht es zu keiner Zeit darum, die Apokalypse auszurufen, jedoch ebenso nicht darum, die Missstände der Gegenwart zu verharmlosen.

»Das Ende der Welt, wie wir sie kannten«[286], ist nicht das Ende der Welt als solcher. Die Welt wird vermutlich eher nicht untergehen, sie muss auch nicht gerettet werden, sie wird nur rauer und ungerechter in dem Sinne, dass das gute Leben einiger weniger ausgetragen wird auf dem Rücken einer stetig steigenden Anzahl von Menschen, anderen Tieren und Pflanzen, für die es in der Tendenz immer ungemütlicher und ungerechter zugehen wird – bis hin zu ihrer Vernichtung.

Anhand der Zerstörung biologischer Vielfalt[287], deren Befund als *Biodiversitätsverlust* der harmlose Anstrich abstrakten Verlierens gegeben wurde, ist ein weiterer Strang wissenschaftlicher Anteilslosigkeit zur Sprache gebracht. Rhetorische Verharmlosung zur Vermeidung klarer Standpunkte kann und darf gleichwohl nicht darüber hinwegtäuschen, dass die Vernichtung biologischer Vielfalt keine Geschichte des Verlierens ist, sondern des Abtötens oder der billigenden Inkaufnahme der Abtötung. Das große Sterben und Vernichten von Singvögeln[288] und Insekten[289], die grundsätzliche »Defaunation«[290] sind von daher unweigerlich Ausdruck einer Verschiebung der Qualitäten dessen, was wir noch Natur nennen können, von einem lebendigen hin zu einem zunehmend überformten Zusammenhang bis dieser selbst, ganz und gar abgetötet, zu einem Werk der Technik erstarrt und Pestizide in der Landwirtschaft an die Stelle von Insekten treten oder die künstlichen Klänge von Vogelgezwitscher aus dem Wecker den neuen Morgen gegen den Straßenlärm verteidigen. Über biotechnische Eingriffe in das Selbst schweigt an dieser Stelle des Sängers Höflichkeit.

Die sinnliche Suche nach Sinn, zu der die Widersprüche von Natur *in praxi* regelrecht drängen, wird entsinnlicht und sinnlos im Angesicht einer begradigten, eingehegten, trivialisierten und schamlos penetrierten Natur, deren reduktionistischer Abzug zwar restlos verfügbar gemacht werden kann, jedoch, statt zu involvieren und just dadurch zu affizieren, nur passive Anteilslosigkeit provoziert. Damit ist jene vulgär-pädagogisch designte Natur angezählt, in der vorgeschriebene Lernziele erreicht, jedoch kein Sinn mehr aktiv gesucht werden kann und muss, die damit zugleich jener Form touristischer Urlaubsziele gleicht, welche auf kurzfristige Befindlichkeit abstellen und die Sinne betäuben. Die technisch reproduzierte Erinnerung entlang massenhafter Fotografien verbleibt dabei mehrheitlich ein oberflächliches Einprasseln von Eindrücken, insofern ein Erinnern noch zur Voraussetzung hätte, dass jene Erfahrung nicht oberflächliche Befindlichkeit geblieben, sondern tatsächlich zum Inneren vorgedrungen wäre, involviert hätte, berührt hätte.

Der Wunsch schlussendlich, Wissenschaft möge dem Menschen die letzte Schranke niederreißen, seine Endlichkeit überwinden helfen, ist heute zu einem facettenreichen »Techno-Unsterblichkeitswahn«[291] geworden, der auf der irrtümlichen Annahme beruht, dass die Zukunft verlängerte Gegenwart sei und es insofern nur wünschenswert sein muss, die eigene Daseinsweise zeitlos zu stellen. Die sich darin dokumentierende Überheblichkeit ist Ausdruck eines eigenen Wohlbefindens, das über alles andere und damit auch dem Wohlergehen der Welt gestellt wird – eine Überschätzung, an die spätestens der eigene Tod mit großer Gewissheit schmerzlich erinnern wird.

Daran zeigt sich, welche fundamentale Rolle Erfahrungen spielen. Ein Narrativ von Wirtschaft, dessen Kern ein kognitivistisches Reinheitsgebot ist, drängt in der theoretischen wie praktischen Konsequenz als dreifache Fluchtbewegung zur Gewalt, die Erfahrungsräume einer lebendigen Welt nicht nur meidet, sondern energisch zerstört:

- *Die Leugnung der eigenen Leiblichkeit:* Verkopfung ist nur eine andere Formulierung für den Glauben, dass sich Körper und Geist separieren lassen und nur der Geist für das Schöne, Wahre und Gute steht. In der Folge erscheint jede Form von Körperlichkeit sowie der widerspruchsvollen Gefühle, die damit verbunden sind und die sich rational weder steuern noch auflösen lassen, als ein abzustreifendes Übel.
- *Die Leugnung der eigenen Mitweltlichkeit:* Kognitivismus und Individualismus gehen Hand in Hand. Dieses Imaginäre befördert damit in der Verkopfung zugleich eine Gesellschaftspolitik, welche nicht ohne Bereitschaft, anderem, anderen und sich selbst Gewalt anzutun, auskommen kann, in der sich jede und jeder in erster Linie die oder der Nächste ist.
- *Die Leugnung der eigenen Endlichkeit:* Die vermeintliche Reinheit der Postulate ist schließlich auch Ausdruck eines auf Ewigkeit gestellten Imaginären, das räumlich und zeitlich restlos entgrenzt ist. Die reine Verfahrensweise, die damit übrigbleibt, suggeriert die mechanistische Vorstellung fortwährender Reproduzierbarkeit, der Krankheit, Leid und Tod keine Kategorien sind.

Es erscheint mir in diesem Kontext kein Zufall zu sein, dass gerade dem Begründer jener Lebensphilosophie, an die neben anderen auch Nietzsche anschloss, Gottlob Benedikt von Schirach, es darum zu tun war, einen Blick auf Menschen stark zu machen, der diese weder positiv noch negativ als restlose Bestien oder Gutmenschen idealisiert und damit entgegen vieler programmatischer Aussagen bisher, den Blick für das widerspruchsvolle Dazwischen, für die Entwicklungsfähigkeit, aber auch die Boshaftigkeit freiräumt: »Wir sterblichen rätselhaften Geschöpfe sind weder so böse, wie uns Swift, noch so gut, wie uns Hutcheson malt.«[292]

Wenn wir die möglichen Ambivalenzen menschlicher Naturverhältnisse bedenken, kommen wir nicht darum herum, ein Dilemma zu konstatieren: unbestreitbar lässt sich der Subjektivität menschlicher Naturerfahrung kein Jota an Partikularität abringen, aber trotzdem wissen wir, dass diese Dominanz keineswegs unbedingt auf das Bessere verweist.

In der Konsequenz bietet dieser Befund Anschluss in mindestens drei Richtungen: nämlich *erstens*, dass es keinen allgemeingültigen und damit ersten und letzten Maßstab gibt, der über Raum und Zeit hinweg seine Gültigkeit aus den Gestirnen des Nirgendwo bezieht. Gerade deswegen kommt es stets verständigungsorientiert auf den konkreten Umgang an. Wenn es also keine vorgefertigten Maßstäbe gibt, dann sind *zweitens* die konkreten Naturverhältnisse zu keiner Zeit einfach nur hinzunehmen, sondern bieten entlang reflexiver Praxisformen Rillen und Eingriffsstellen dafür, einen anderen Umgang auf den Weg zu bringen. In diesem Sinne schärft der Befund *drittens* den Blick für die Entwicklungsfähigkeit der Menschen als gleichsam empirische Frage von Entwicklung zum Guten oder Bösen.

Um der menschlichen Gattungsgeschichte jenseits einer von Tötungslust getriebenen Zerstörung und Selbstzerstörung einen tieferen Sinn zu geben, braucht es eine hinreichend fundamentale Besinnung von hinreichend vielen Menschen darauf, wie das eigene Verhältnis zu Natur, zur Welt im Allgemeinen, verfasst ist und in welche Richtungen hin an ihm gearbeitet werden soll. Während die letzten drei Jahrhunderte vergleichsweise reflexartig die Suche nach dem Sinn des Lebens als Reflexion des eigenen in-der-Welt-seins mit einem Fortschrittsversprechen abtun konnten, das zweifellos eine materielle Versorgung von vielen Menschen, Freiheit und Wohlstand in zumindest weiten Teilen der Welt ermöglicht hat, zeigt sich das Problemfeld heute in einem anderen Licht. Das 21. Jahrhundert kann das reflexartige Abtun jener Frage, ohne die wir nicht zu sagen wüssten, was das eigene in-der-Welt-sein bedeutet, nicht länger aufrechterhalten. Zu deutlich sind die Zeichen geworden, die darauf hindeuten, dass einstmalige Errungenschaften sich zunehmend ins Gegenteil verkehren, praktische Resultate hervorbringen, die unfrei machen, gar töten.

Die utilitaristische Vermessung des Universums entlang von Zweck und Mittel, die sich als auf Eigennützlichkeit gebürstetes Narrativ von Wirtschaftlichkeit kulturell scheinbar unverrückbar eingeschrieben hat, legt einer lebendigen Selbstverortung zunehmend die knöchrig kalten Finger um die Gurgel. Das ewige Suchen und Finden von Sinn, das niemals zur Ruhe gelangen kann, setzt eine schöpferische Bildungs- und Einbildungskraft voraus, deren Samen einstweilen nicht nur auf vertrocknetes, sondern auch aktiv versalzenes Ödland fällt. Die Performativität der übrigen Sozialwissenschaften, allen voran der Soziologie, die in Deutschland über die zweite Hälfte des 20. Jahrhunderts hinweg kaum einen Gedanken hervorgebracht hat, der nicht auf das *Funktionieren von etwas* abstellte, hat gleichsam eine gesellschaftspolitische Praxis befördert, die alles und jedes nur nach seinem oder ihrem Beitrag zum *Funktionieren von etwas* zu reflektieren sich im Stande sieht. Die Frage nach dem Sinn nicht zu stellen, weil die Zwecke, oder gar die verzwecklichten Mittel, die Oberhand gewonnen haben, ist selbst bereits Ausdruck einer tiefsitzenden Gedankenlosigkeit.

Statt der revolutionsmüden Melancholie der Gegenwart weiter Platz zu gewähren, braucht es eine emanzipatorische Befreiungsbewegung von diesem »gedankenlosen Dahinleben«[293], welches heute als *größte Verdummung der größten Zahl* nunmehr destruktive, häufig von wissenschaftlich legitimiertem und von Mordlust getriebenem, gedankenlosen Denken Vorschub leistet. Wenn sonst nichts mehr *Halt* zu geben scheint, bleibt nur die eigene *Haltung*.[294] Die ökonomische Angewohnheit jedoch, *Enthaltung* zur Richtschnur, gar zum Qualitätsmerkmal zu erklären, ist nur ein Mangel an Eigenschaften. Enthaltung ist das Fernhalten von Haltung, letztlich gleichmütige Selbstverstümmelung der eigenen Mündigkeit und Urteilskraft.

Die kulturelle Besinnung, die heute notwendiger denn je ist, ist keine kontemplative Einsicht, sondern praxistheoretisch zu fundieren, weil in einem sehr unmittelbaren Sinne nur praktisch zu begreifen: nämlich als Feld affizierender Erfahrung. Wenn wir Lebendigkeit als »Ausdruck praktisch wirksam gewordener Selbstverortung in der Welt«[295] begreifen, also als eine Besinnung in tätiger Praxis, die sowohl Demut wie Gestaltungslust zusammenbringt, dann ist als Bezugspunkt dessen die eigene Stellung im Kosmos markiert.

Gemäß der antiken philosophischen Tradition ist mit *Kosmos* dabei die Idee eines geordneten, gleichwohl nicht abgeschlossenen Weltalls thematisiert sowie die Einsicht, dass sich dieses seinem Wesen nach einer objektiven, eindeutigen, vollständigen, gesicherten oder sonstwie über Raum und Zeit erhabenen positivistischen Erkenntnis schlichtweg entzieht.[296] Es geht also erkenntniskritisch darum, dass sich Gewisses einer rationalen Auflösbarkeit kurzerhand entzieht, dass jedoch gerade diese Undurchdringbarkeit eine Qualität bedeutet, die es zu bewahren und zu respektieren gilt, weil jeder Versuch, ihr reduktionistisch beizukommen, sie letztlich zerstört.

Der Begriff einer *kosmologischen Selbstbesinnung der Menschen,* den ich gemeinsam mit Reinhard Pfriem daraus gewonnen habe, umfasst als *humanismuskritisches Trotzdem* mindestens drei Dimensionen[297]:

- *Das Spüren der eigenen Leiblichkeit*: Statt die vermeintlich aufklärerische Tendenz der Verkopfung zu verstetigen, gilt es, die altchristliche Ideologie des cartesianischen Duals von Körper und Geist, letztlich die separatistische Gegenüberstellung von Natur und Kultur zu überwinden. Das Einlassen auf die eigenen Gefühle, die Empathie zu anderem und anderen sowie den eigenen Körper als Leib sowohl genussvoll wie schmerzvoll zu erfahren, verweist auf eine Perspektive, die Widersprüche zulässt und bewahrt, statt sie reduktionistisch zur Tatsache zu verdinglichen.
- *Das Spüren der eigenen Mitweltlichkeit*: Statt die humanistische Überheblichkeit der Menschzentrierung weiter zu befördern, gilt es, beginnend bei der eigenen Leiblichkeit, nicht länger falsche Abstraktion zur Tötung lebendiger Zusammenhänge in dem Sinne zu missbrauchen, dass diese als Umwelten abgetrennt werden. Zu spüren, nicht umeinander gemeinsam einsam zu sein, sondern an die Stelle von konstruierter Schubladenzieherei, die das Andere zum Fremden erklärt, das aus Gründen von Marktfetischisierung als bedrohlich gilt, eine empathische Gestaltung der Mitwelt zu rücken.
- *Das Spüren der eigenen Endlichkeit*: Statt sich an das eigene Leben zu klammern, den Tod auszublenden und nahezu jeden Hinweis auf die eigenen organischen Ursprünge selbstverdinglichend zu kaschieren, gar überwinden zu wollen, braucht es die Akzeptanz, sich selbst als endliches

Wesen anzuerkennen. Sich mit der eigenen Endlichkeit tiefergehend auseinanderzusetzen, ermöglicht es erst, anstelle der protestantischen Friedhofsruhe das Leben vor dem Tod als ein verausgabendes Projekt praktischer Übung in der Kultivierung und Bewahrung mit eigener und fremder Natur begreifen zu lernen.

Mit dieser dreifachen Besinnung auf die eigene Leiblichkeit, Mitweltlichkeit und Endlichkeit ist ein großes Fragezeichen gesetzt gegenüber allen programmatischen Entwürfen der Vergangenheit und Gegenwart, die alle ihnen verfügbaren Pfunde auf die eine Karte setzen und gesetzt haben, dass die Höherentwicklung des Menschengeschlechts als unaufhaltsame Fortschrittsbewegung die zwangsläufige Stellung innerhalb einer Universalgeschichte sei, welche sich aus und durch rastlose Einsicht und stetig angehäuften Erkenntnisgewinn ergäbe.

Als kritische Ökonomin oder als kritischer Ökonom verlernt man in solchen Tagen gründlich den Glauben an die Kraft des besseren Arguments. Trotz alledem nicht auch selbst in Stumpfsinn zu verfallen, nur weil es kein universelles, kein letztes und objektives Wissen gibt, bedeutet, fortschrittskritisch voranzuschreiten und trotz aller Widrigkeiten dennoch den Blick von Natur her auf die Menschen und ihre praktischen Arten und Weisen des Wirtschaftens zu werfen.

Das bedeutet in der theoriestrategischen Konsequenz das Erfordernis einer transformationsbezogenen Unternehmenstheorie, die sich als Bezugsrahmen für Unternehmen als Akteure gesellschaftlicher Selbstgestaltung in Bezug auf jene mögliche und notwendige Vielfalt menschlicher Naturverhältnisse versteht, also an nichts weniger arbeitet als einem kulturellen Befähigungsangebot zur empathischen, respektvollen, jedoch nicht romantisierten Beziehungspflege. Menschen brauchen den Raum zur verausgabenden Entfaltung, statt ordoliberal unterlassen zu sollen. Die Frage ist also so zu stellen, wie dieses verausgabende Projekt praktischer Übung so gestaltet und kultiviert werden kann, dass es gerade keine existenziellen Bedrohungen für den Planeten darstellt, sondern im Gegenteil ein besseres, also gutes Leben ermöglicht, und welche Rolle welche Unternehmen dabei inwiefern spielen können.

Daraus resultiert eine Wirtschaftswissenschaft in Forschung und auch in Lehre, die nicht einfach nur ein alternatives Indoktrinationsprogramm ist, sondern die Befähigung zur Herausbildung und Kultivierung einer Bildungs- und Einbildungskraft, die eine Wirtschaft verwirklicht, die zur Gestaltung einer besseren Welt beiträgt. Das Narrativ, als das wir Wirtschaft zu Beginn des 21. Jahrhundert Not-wendig brauchen, reflektiert sich nicht länger in einer entsinnlichten Fixierung auf nur abstrakten Reichtum, der verzwecklichtes Mittel ist, sondern lässt sich gehaltvoll und kritisch nur als Befähigungsbeitrag zu einem guten Leben verhandeln, das gelingen kann. Denn Handlungen, die im Dienste der Mehrung nur abstrakten Reichtums stehen, produzieren Sinnlosigkeit, weil die Handlungen selbst keinen konkreten Sinn mehr aufweisen.

Der sehr absichtsvolle und direkte Anschluss an die nikomachische Ethik von Aristoteles, der mit dem *guten Leben* gesucht wird, deutet von der Perspektivierung her auf eine Wiederverweltlichung ökonomischen Denkens, die ihre normativen Orientierungen reflexiv in der kulturellen Praxis fundieren, aus der es selbst entspringt und die es befördert.[298] Als gerade nicht deontologisches Programm überheblicher Pflichten, Gesetze und Gebote, also jener singulären Ethik, die ohnehin immer schon im Vorfeld weiß, was wann wo warum zu tun ist, werden *Verantwortung* und *Tugenden* zu treibenden moralischen Gestaltungskräften.[299]

In dem Sinne ist die Notwendigkeit von entsingularisierten Ethiken angezeigt, die das spezifisch Moralische von moralischem Handeln weder voraussetzen noch sonst wie aus jenen praktischen Umständen des gesellschaftlichen Für-, Gegen-, Neben- und Miteinanders herauslösen, separieren oder als zumindest prinzipiell separierbar auf Distanz bringen. Moralisch sind letztlich nur die historisch ausgesprochen kontingenten[300] Zuschreibungen, Interpretationen und mitlaufenden Bedeutungen, nicht aber die Dinge selbst. In den Worten Nietzsches: »Es giebt gar keine moralischen Phänomene, sondern nur eine moralische Ausdeutung von Phänomenen.«[301]

Es ist insofern keine metaphysische, sondern eine zutiefst praktische und damit kulturelle Frage, was als moralisch thematisiert wird und was nicht. Daraus folgt, dass Moralphilosophien im Zeitalter des Anthropozäns mehr denn je als kritische Ökonomik verfasst sein müssten, die ihren Ausgangspunkt nicht im Nirgendwo, sondern in den wirklichen Umständen der wirklichen Welt nehmen. Von daher geht es zu keiner Zeit um die Erreichung eines Idealzustandes, sondern um Orientierungen, die sind, wie sie sind, aber eben auch gänzlich anders möglich wären und gerade deswegen miteinander auskommen müssen, einen verständigungsorientierten Umgang in ihrer Gespaltenheit zu entwickeln haben und aus einer praktischen Problematisierung heraus auf den Weg kommen.

Insofern geht es nicht um einen abgeschlossenen Zustand, eine vervollkommnete Welt des moralisch Guten, Schönen oder Wahren. Bei einem Vortrag im November 2017 im Rahmen der Jahrestagung der *Arbeitsgruppe für Wirtschaftsphilosophie und Ethik* der *Deutschen Gesellschaft für Philosophie* an der Universität St. Gallen habe ich diese schlichte Einsicht in Anlehnung an das Prosastück *Mosch* von Tankred Dorst auf die einfache Formel gebracht: *Wer lebt, stört.*[302]

Die schlichte Einsicht, dass, wer lebt, halt stört, ist deswegen so instruktiv, weil sie gründlich vor Augen führt, dass es nur um einen historisch auszuhandelnden *Umgang mit etwas* gehen kann, der niemals zeitlos und absolut richtig, gar wahrhaftig sein kann – und insofern mit dem Begriff der *Freiheitlichkeit* anzuvisieren ist, nicht als Notwendigkeit. Jene theoretischen Richtungen, die sich in erster Linie für das Zustandekommen von Ordnung interessieren und ihren innersten Kern daran finden, ein aus Bauteilen gezimmertes Ganzes zu proklamieren, verharren methodologisch in einem mechanistischen Weltbild, das sich, einmal austariert, als *perpetuum mobile* erhält. Die wirklichen Umstände der wirklichen Welt jedoch lediglich zur Leblosigkeit abzuziehen, ist keine Analyse, nur schlechte Abstraktion.

Die Widersprüche dessen, was ist, anzuerkennen, entzieht jedem theoretischem Versuch den Boden, der von *Ganzheitlichkeit* zu reden beginnt. Die fixe Idee eines Lebens, das nicht stört, setzt einen romantisierten Holismus voraus, bei dem das eine ins andere greift und der als verwirklichte Utopie tatsächlich das Ende der Geschichte wäre. Solche Konstruktionen können sich stets nur deswegen selbst erhalten, weil die Konstitution eines Schlaraffenlandes freilich eine menschliche Konstruktionsleistung ist, die den Ursprung der gebratenen Tauben, die dort in Münder zu fliegen pflegen, schlichtweg mystifiziert oder verschweigt. Skepsis ist demnach an all jenen Stellen geboten, die solche Szenarien auch nur anzudeuten beginnen.

Während Sklaverei und Feudalismus in der Vergangenheit diese Visionen gewaltvoll bis lebensverachtend ins Werk zu stellen begannen, sind die Vokabeln der zeitgenössischen Verführung *Digitalisierung* und *Robotik*. Gemeinsam haben sie das Versprechen einer Befreiung von als Last empfundener Arbeit für zumindest einen Teil der Menschen, die dann mehr Raum dafür haben sollen, das zu tun, was sie wirklich möchten. In der jede

Skepsis nur mit der Pinzette berührenden Phrase vom »fully automated luxury communism«[303], der gegenwärtig von Großbritannien aus beschworen wird, gerät schließlich jene Vision zum vollen Bewusstsein, die sich fortwährend mit dem Versprechen beruhigt, dass die Technologien der Zukunft jegliche Probleme lösen werden und dann wirklich, endlich endgültig das Ende der Geschichte gekommen sein wird.

So einfach ist die Sache gewiss nicht. Gerade ein pluraler Blick auf Geschichte zeigt, dass durch Technisierungsprozesse stets auch Beschleunigungsprozesse stattfanden[304], die einstweilen zu eskalieren drohen und fortwährend Gerechtigkeitsfragen produzieren, welche in Verbindung mit Naturbeherrschungen und einer Langeweile stehen, die zu grotesken Auswüchsen geführt hat – kulturell genauso wie wissenschaftlich. Von daher ist jede Hoffnung auf durch technischen Fortschritt erzeugte Besserung gut beraten, weder in die eine noch in die andere Richtung hin dogmatisch zu werden, sondern im Einzelfall nach den konkreten Qualitäten zu fragen, deren Analyse schließlich in Abgrenzung zur reinen Beschwörung die Ambivalenzen diesseits und jenseits von Zweckrationalität zu erkunden sucht.

Solange nur die Frage nach dem reinen *Überleben* gestellt wird, nicht aber nach dem *guten Leben*, also solange Zwecke weiterhin den Sinn verdrängen, verharrt die Perspektive in gleichgültiger Gedankenlosigkeit. Die Kunst, sich nicht dumm machen zu lassen, besteht darin, keine universellen Gebote abzuleiten, von denen aus sich die Verheißungen verselbständigen.

Ein aktives, selbstbestimmtes, verausgabendes Leben, das gelingen kann, ist eben in erster Linie keine Frage von Ausbeutung oder technischer Abtötung. Das Suchen und Finden von Sinn wird schon allein deswegen niemandem durch keine Technologie dieser Welt abgenommen werden, weil der Sinn des Lebens nicht außerhalb des Lebens liegt, sondern das Leben selbst ist, die Art, wie es geführt wird.[305] Und mit dem Suchen selbst ist bereits darauf verwiesen, es mit einer Qualität zu tun zu haben, die erst noch praktisch hervorgebracht und gefunden werden muss, welche nicht wie ein Amulett ist, das die einen haben und die anderen nicht und das von einer Generation zur nächsten oder über die Ladentheke weitergegeben werden kann. Was gebraucht, jedoch nicht vorgefunden wird, kann nicht hingenommen werden und muss folglich selbst unternommen werden.

»Wer das Große nicht mehr in Gott findet, findet es überhaupt nicht v o r und muß es entweder leugnen – oder schaffen (schaffenhelfen).«[306]

Die Heuristik *problematisieren-statt-zelebrieren*, die für eine Transformation der Wirtschaftswissenschaften, ihrer Praxis und Institutionen heute zur Orientierung gereichen kann, macht dabei deutlich, worum es auch gehen muss: nämliche die affirmative Maxime der Menschenzeit, dass, was machbar ist, nur deswegen auch gemacht werden sollte, als jenen zerstörerischen Machbarkeitswahn zu erhellen, der er in kultureller Konsequenz ist.

Das ökonomische Vokabular hält dafür den Terminus der *Innovation* bereit. Innovativität übersteigt begrifflich Neuartigkeit insofern, als sie, mit Schumpeter gesprochen, »grundsätzlich nur zufälligerweise«[307] mit einer tatsächlichen (nicht zwingend technischen) Erfindung einhergehen muss. Die Innovation wird also zur Innovation in erster Linie dadurch, dass sie kulturell in ein neues Licht gerückt wird, ihr anders als bislang ein Wert beigemessen wird, der sie als Wahrnehmungs- und Erfahrungsfrage zu einem historisch-konkreten »Kontextphänomen«[308] macht, also in ihrer Bestimmtheit nicht präpraktisch und vor jeder Erfahrung begreifbar ist:

> »Die Innovation besteht nicht darin, daß etwas zum Vorschein kommt, was verborgen war, sondern darin, daß der Wert dessen, was man immer schon gesehen und gekannt hat, umgewertet wird. Die Umwertung der Werte ist die allgemeine Form der Innovation: das als wertvoll geltende Wahre oder Feine wird dabei abgewertet und das früher als wertlos angesehene Profane, Fremde, Primitive oder Vulgäre aufgewertet.«[309]

Wider die Entsinnlichung von Ökonomie und Ökonomik ist damit ein Verständnis von Innovationen vorbereitet, die sich nicht in ihrer eigenen Neuartigkeit genügen, sondern sich an dem Anspruch dafür bemessen, diese Welt besser zu machen. Das verweist recht deutlich auf einen Begriff von Innovation als Bewahrungskultur, die nicht das Neue um der Neuheit willen feiert, sondern stets auch im Geiste Schumpeters als *schöpferische Zerstörung*[310] daran bemisst, inwiefern es ihr gelingt, Dinge, die besser nicht in der Welt wären, aus ihr zu bringen. Unternehmen und Unternehmenstheorien, die daran arbeiten, wälzen um, was ist.

Gerade deswegen können es *transformative Unternehmen schaffen* und *transformative Unternehmenstheorien schaffenhelfen*, dem Möglichen im Wirklichen nachzuspüren und Pfadabhängigkeiten aufzuspüren, um das Versperrte zu entsperren, lebenswerter Wirtschaft den Weg zu ebnen. Denn die *amor mundi*, die Liebe zur Welt, kann den Wirtschaftswissenschaften noch immer ein Weg sein.

11 Eine lebendige Welt kommt nicht ohne Natur aus

Die *Liebe zur Welt*, von der ich hier in Anlehnung an Hannah Arendt schreibe, hat ausgesprochen wenig mit jener Liebe zu tun, die alltagssprachlich als Form zumeist zwischenmenschlicher Verbundenheit gilt und zu der viel beachteten Entgegnung von Gustav Heinemann führte, dass er keine Staaten, sondern seine Frau liebe.

Die Liebe zur Welt ist in diesem Sinne keine intime, schon gar keine sexuelle Liebe. Sie zielt darauf, das Interesse an der Welt nicht zu verlieren. Beiden Formen, der zur Welt sowie der zu Personen, ist gleichwohl die Nähe gemein. Liebe, indem man sie zu fühlen beginnt, kann nicht abstrakt sein oder bleiben, sondern affiziert in ihrer besonderen Eigenschaft nur *in praxi*, indem sie in ein Geschehen hinein involviert und betroffen macht.

Solche Nähe jedoch, die betroffen macht, in der Gefühle widerfahren und ein Umgang mit ihnen kultiviert werden kann, wurde durch die wirtschaftlich wie wirtschaftswissenschaftlich beförderte Schaffung von abstrakter Ferne über die letzten Jahrzehnte zunehmend verstellt: Produktdesign, das nahezu jeden organischen Ursprung zu chiffrieren sucht, eine konsumistische Gier nach Neuem und der damit verbundene marktförmige Gleichmut haben wahre Gefühle zur Ware Gefühle transformiert.[311] Der unterkühlte Blick der Ökonomik findet seine Erwiderung in einer entpolitisierten Praxis, die zur Vereinzelung drängt. Statt am Zustand der Welt Anteil zu nehmen, geht es heute auf breiter Front in Ökonomie und Ökonomik bloß noch darum, der Liebe zu sich selbst zu frönen, die nicht Besinnung ist, sondern Eitelkeit.

»Die intimsten Reaktionen der Menschen sind ihnen selbst gegenüber so vollkommen verdinglicht, daß die Idee des ihnen Eigentümlichen nur in äußerster Abstraktheit noch fortbesteht: personality bedeutet ihnen kaum mehr etwas anderes als blendend weiße Zähne und Freiheit von Achselschweiß und Emotionen.«[312]

Der Gleichmut kultureller Praktiken des Wirtschaftens, beziehungsweise jener Praktiken, die heute noch immer kontingenterweise mehrheitlich als solche behandelt und reflektiert werden, hat ein Überfluss und Überdruss produzierendes Steigerungsspiel in Gang gesetzt, das, um nicht zu kollabieren, sich stetig selbst übertreffen muss. Auf dieser von ökonomischen Akteuren bereitgestellten kulturellen Basis erhält und legitimiert sich »ein postchristlicher Glaube daran, dass wir eine Welt aufbauen können, die besser ist als jede, in der Menschen bislang gelebt haben.«[313]

Überheblichkeit und Größenwahn, unabhängig davon, worin sie ihre Triebkraft finden, sind Formen von Weltflucht, die sich gegenwärtig gesellschaftspolitisch als Melancholie derer ins Werk stellen, die so mit sich selbst und ihren Befindlichkeiten beschäftigt sind, dass ihnen zu entgehen scheint, wie der Tonfall rauer, die Zerstörungen großflächiger und die Mordlust subtiler wird. Jener postchristliche Glaube daran, dass es dem Menschengeschlecht vorbestimmt sei, auf dem Pfad zum ewigen Glück zu wandeln, hört auf den wohlklingenden Namen *Humanismus*. Er verströmt noch immer seine die Sinne betörende, süßliche Aura des Ausgangs der Menschen aus Zeiten gewaltvoller Krisenbewältigung. Viel zu lange schon fesselt er zu viele Menschen an die längst Lügen gestrafte Hoffnung, es gäbe *den* Menschen und dieser sei als Gattungswesen im Innersten ein friedliebendes und ausschließlich gutes Geschöpf, wenn man ihn denn nur ließe. Kaum etwas wäre so falsch, wie diese *Weltflucht* mit *Fortschritt* zu überschreiben.

Die Heterogenität von Menschen anzuerkennen, anzuerkennen, dass Menschen nicht nur unterschiedlich sind, sondern auch bleiben dürfen, führt überhaupt erst vor Augen, dass die Widersprüche, die sich daraus ergeben, auch keinen Singular dessen zulassen, was mit gut-sein gemeint sein könnte. Erst in der Pluralisierung wird der Raum für ein lebendiges Gefüge geschaffen, in das hinein die Weltflucht aufgehoben werden kann. Erst dann gerät zu Bewusstsein, dass in der Einseitigkeit humanistischer Überheblichkeit das »Raubtier Mensch«[314] Hervorbringung einer ebenso einseitigen ökonomischen Praxis ist.

Bevor ich mich nun nachfolgend der Frage näher zuwende, wie es um die Möglichkeiten einer Weltliebe für die Ökonomik bestellt ist, muss ich ein weiteres Mal dieser viel zu verbreiteten Ansicht gedenken, der zufolge die Menschen ihrem Wesen nach die Krone der Schöpfung seien. Mit anderen Worten: Der auch akademische Boden für die humanistische Selbstermächtigung dieser Tage bedarf einer näheren Analyse. Das ist in erster Linie eine Dekonstruktion der westlichen Vorstellung, Natur sei als Kontrastbegriff zu den Menschen zu verfassen, die sich den einstmals mehr oder weniger bedrohlichen Vorstellungen von Natur zunehmend emanzipatorisch entgegenstellen, die eigene und die fremde Natur zu überwinden, zu beherrschen suchen.

Im Fokus dieser humanistischen Setzung steht ein Spannungsfeld, das seit wenigen Jahren in sozialtheoretischen Kreisen wieder vermehrt und kritikvoll als Unterscheidung zwischen *Natur* und *Kultur* diskutiert wird[315] – wiewohl die hinreichend deutliche Kritik als Humanismuskritik dabei mindestens in dem Maße zu kurz kommt wie die Einsicht, dass die notwendigen Transformationen ohne eine Transformation des Ökonomischen nicht zu haben sein werden.

Um sich einer Kritik der Natur-Kultur-Unterscheidung zu nähern, ist es hilfreich, an das von Denis Diderot gegen Mitte des 18. Jahrhunderts in anthropischer Absicht formulierte Plädoyer zu erinnern, dass es just der Mensch sei, »von dem man ausgehen und auf den man alles zurückführen muß.«[316] Ausgehend von dieser Annahme, lässt sich eine Kritik an der Natur-Kultur-Unterscheidung als Reflexion in zwei Richtungen auf den Weg bringen:

- *Epistemologisch* ist es zweifellos derjenige Mensch, welcher sich wissenschaftlich mit Fragen kultureller Praktiken des Wirtschaftens befasst, der denkt.
- *Substanziell* ist damit gleichwohl noch kein hinreichendes Argument dafür gegeben, dass diese Ökonomin oder dieser Ökonom sich selbst als Mensch im Denken zentral stellt.

Im Wissen um die epistemologische Unmöglichkeit, nicht als Mensch über die Welt, und alles in ihr, zu denken und nachzudenken, trotzdem den Versuch zu wagen, von Natur und deren Lebendigkeit her einen Zugang zur menschlichen Gattungsgeschichte und ihren Arten, zu wirtschaften, zu wagen, das ist gewiss nicht leicht. Wäre es das, so stellte sich das Problem einer Ökonomie und Ökonomik, die töten, vielleicht gar nicht. Das *theoretische Trotzdem*, das sich daraus ableitet, ist folgenreich in dem Sinne, als es die Zumutung beinhaltet, von allzu großen Begriffen, die in der Regel nur schön klingen, Abstand zu nehmen und sich stattdessen im Konkreten die Hände schmutzig zu machen, also den spezifischen und nur in den Vollzügen existierenden Qualitäten die Aufmerksamkeit zu schenken. Statt also *Humanismus* als solchen anzuprangern, muss *en detail* geschaut werden, was warum und inwiefern angegangen wird und in welcher Hinsicht das problematisch ist, also eingedenk der potenziellen Zerstörungskraft überheblicher Selbstermächtigung *trotzdem* die Hände nicht einfach nur in den Schoß zu legen.

Sich der Welt in ihrer Widersprüchlichkeit zuzuwenden, ist von daher zugleich eine Abwendung von Dichotomisierungen, die in ihrer Bi-Polarität blind sind für die »feinen Unterschiede«[317], die Abgestuftheit dessen, was ist. Ich gestehe offen, dass diese Zumutung beinhaltet, auf breiter Front den Mut aufzubringen, wesentliche Teile unseres begrifflichen Instrumentariums nicht nur der Wirtschaftswissenschaften *ad acta* zu legen. Tatsächlich sind die modernen Wissenschaften übervoll von dumm machenden Dichotomisierungen dieser Art. (Das Schwarz-Weiß-Denken eines dafür an und für sich viel zu klug gewesenen Niklas Luhmann braucht dafür in seiner dann schon wieder sympathischen Radikalität gar nicht bemüht werden.) Es sind die beiläufigen und häufig noch vorbegrifflichen Dichotomien, für deren Aufhebung wir den Not-wendigen Mut aufbringen müssen: Natur *versus* Kultur, Körper *versus* Geist, Subjekt *versus* Objekt, Mikro *versus* Makro, Struktur *versus* Handeln, Zweck *versus* Mittel, Individuum *versus* Organisation – die Liste ließe sich regalwandfüllend ergänzen. In genealogischer Rekonstruktion führen diese apodiktischen Gegenüberstellungen über Descartes bis zurück in jene christliche Glaubenslehre, von der noch heute jener humanistische Dünkel zehrt, der den Naturvergewaltigungen der Gegenwart den Segen gegeben zu haben scheint und auf ontischer Ebene in ein willkürliches Sektierertum drängt, das tötet. Die Unterscheidung von Natur und Kultur bleibt dann letzten Endes nur insofern bestehen, als mit ihr nicht gegenständlich Unterschiedliches benannt ist, sondern nur unterschiedliche Weltzugänge thematisiert sind.[318]

Die institutionelle Verfestigung dieser letztlich willkürlich gesetzten Annahme findet im modernen Wissenschaftsbetrieb auf oberster Ebene

Ausdruck in der akademischen Arbeitsteilung der »two cultures«[319]: der sogenannten *Naturwissenschaften* auf der einen und der sogenannten *Sozial- und Geisteswissenschaften* auf der anderen Seite. Ihr Widerstreit markiert nicht nur die Reproduktion dieser Glaubenslehre, sondern öffnet zugleich den Blick für die damit verbundenen praktischen Konsequenzen:

»The feelings of one pole become the anti-feelings of the other. If the scientists have the future in their bones, then the traditional culture responds by wishing the future did not exist.«[320]

Das Elend ist ein doppeltes. Während die einen in blinder Machbarkeit an toter Natur zu werken und zu schrauben beginnen, verbringen die anderen ihren Tag damit, die vermeintliche Sonderstellung des Menschen zur puren Verkopfung zu treiben. Dabei ist selbst im Rahmen noch so naturalistischer Argumentationsräume die Einsicht keineswegs neu, dass die cartesianische Unterscheidung von Körper und Geist zur Zentrierung des Menschen kein Griff ist, der trägt, weil sowohl körperliche wie geistige Unterschiede zwischen Menschen und anderen Tieren nicht von grundsätzlicher, sondern nur gradueller Art sind. In den Worten Darwins: »The difference in mind between man and the higher animals, great as it is, is certainly one of degree and not of kind.«[321]

Das Elend liegt in der Trennung selbst. Die auf entweder pure Interiorität oder pure Physikalität abgezogene Welt ist eine methodisch abgetötete Welt, deren wissenschaftliche Befunde, so sie performativ auf Lebendiges zurückspiegeln, nicht Lupe sind, sondern Brennglas.

Aus dieser Perspektive sind die naturphilosophischen Setzungen unserer Zeit, einerlei an welche Bedingungen sie moralische Relevanz knüpfen (Mensch-sein, Leidensfähigkeit, Leben oder Existenz)[322], in erster Linie ideologische Gelehrtenstreitigkeiten. Zug und Biss bekommt Unternehmenstheorie, die auf ökonomische Naturverhältnisse abstellt, nach meinem Dafürhalten erst dann, wenn sie sich nicht mit dem Setzen allgemeiner Kriterien befasst, sondern das Konkrete problematisiert. Im Sinne einer kritischen Wirtschaftstheorie, und um die geht es mir hier in konstruktiver Absicht, geht es um die Aufhebung von als in gewisser Hinsicht problematisch erachteten praktischen Ausdrucksweisen, und in diesem Sinne geht es nicht um eine Erklärung der Praxis aus der Idee, sondern um die Formation der

Idee aus der Praxis. Nietzsche war einer der ersten, die klug und konsequent genug waren, das einzusehen:

»Wir haben umgelernt. Wir sind in allen Stücken bescheidner geworden. Wir leiten den Menschen nicht mehr vom ›Geist‹, von der ›Gottheit‹ ab, wir haben ihn unter die Thiere zurückgestellt [...] Er ist durchaus keine Krone der Schöpfung, jedes Wesen ist, neben ihm, auf einer gleichen Stufe der Vollkommenheit [...] Und indem wir das behaupten, behaupten wir noch zuviel.«[323]

Es lohnt sich nicht sonderlich, der Glorifizierung des Menschen als *Krone der Schöpfung* noch mehr Zeit und Aufmerksamkeit zu widmen. Ihre ideologischen Irrtümer und praktischen Auswüchse sind offensichtlich, und Raum für eine konstruktive Bewegung der Gedanken bietet sie nicht. Weitaus interessanter und theoretisch ergiebiger ist, sich den Folgen einer Aufhebung für die Art, Ökonomik zu betreiben, einmal näher zuzuwenden.

Gewiss ist nichts-tun im Angesicht von unnötigem Leid mindestens ebenso problematisch wie hemmungslose Machbarkeitsfantasien. Wenn der Blick für das Dazwischen geschärft ist, können wir jedoch weitaus deutlicher herausarbeiten, dass der Mensch als heterogenes Gattungswesen, wenn dieser widerspruchsvolle Sammelbegriff hier erlaubt sei, zweifellos ein besonderes Wesen ist, so besonders, dass es zahlreiche Probleme heutiger Naturvergewaltigungen überhaupt erst hat hervorbringen können. Bedrohung, Abtötung und Zerstörung gehen durchaus von ihm aus, aber auch Vergebung, Verantwortung und Empathie.

Wenn wir Ökonominnen und Ökonomen in hinreichend großer Zahl beginnen würden, den Mut aufzubringen, von Natur her auf die menschliche Gattungsgeschichte und die sich darin dokumentierenden Weisen, zu wirtschaften, zu blicken, würde schnell deutlich werden, dass Ökonomik zu Beginn des 21. Jahrhunderts stärker als bislang einen evolutionstheoretischen Anschluss braucht. Denn das, was wir gegenwärtig noch als *Ökonomie* behandeln und reflektieren, verändert die Menschen eben auch in evolutorischer Hinsicht. Während die vergangenen 300 Jahre moderner Ökonomie und Ökonomik zweifellos für eine ganze Reihe von Menschen reichlich materielle Versorgung, Wohlstand, Sicherheit, Lust- und Freiheitsgewinne hervorgebracht hat, hat sie gleichsam zu einem Verlust von Empathie als Egoismus und Karrierismus geführt, der nicht frei macht, sondern unterdrückt. Der performative Ausdruck wirtschaftswissenschaftlicher Postulate, jede und jeder möge sich rational verhalten und Gefühle unterdrücken, ist widerspruchsvoll insofern, als er Lebendigkeit gegen abstrakten Gewinn tauscht, der das ursprüngliche Versprechen, ein gutes Leben zu ermöglichen, zumindest bis zu diesem Tage noch nicht hat einlösen können.

Ein evolutionstheoretischer Anschluss ist demnach insofern hilfreich, als er Begriffe bereitstellen kann, um in kritischer Absicht Entwicklungen anzuzeigen und, wo immer notwendig, frühzeitige Interventionen einzuleiten. Prozesse der Degenerierung, des Verkümmerns bis Absterbens von Eigenschaften und Fähigkeiten ebenso wie neu hinzutretende sind gewiss nicht allein *qua* ihrer Neuheit oder ihres Verlusts problematisch. Auch hier insistiere ich darauf, den Blick auf die spezifischen Erscheinungsformen zu richten und ein Urteil von der Analyse dieser Zusammenhänge abhängig zu machen. Den Widersprüchen, die sich dabei zeigen, kann nicht mit Gleichgültigkeit begegnet werden, solange die praktischen Antagonismen, die Konfliktfelder und -linien, die mit ihnen verbunden sind, selbst zum Gegenstand der Problematisierung werden. Die Normativität, die es dafür braucht, kann wiederum nur dann nicht dogmatisch sein oder werden, wenn sie sich selbst für die Möglichkeit offenhält, Irrtum zu sein. Denn die Anerkennung von etwas beinhaltet immer auch dessen Verurteilung:

»Jene Identifikation ist daher widerspruchsvoll, ein Widerspruch, der alle Begriffe der kritischen Denkart kennzeichnet. So gelten ihr die ökonomischen Kategorien Arbeit, Wert und Produktivität genau als das, was sie in dieser Ordnung gelten, und jede andere Ausdeutung als schlechter Idealismus. Zugleich erscheint es als die gröbste Unwahrheit, die Geltung einfach hinzunehmen : die kritische Anerkennung der das gesellschaftliche Leben beherrschenden Kategorien enthält zugleich seine Verurteilung.«[324]

Mit einem naturtheoretischen Zugang, der von der Sache her selbst praxistheoretisch und damit gleichsam kulturtheoretisch sein muss, auf ökonomische Akteure und die sie konstituierenden Praktiken des Wirtschaftens zu blicken, wirft ein ganzes Universum an neuen Untersuchungskategorien auf und öffnet damit zugleich wesentlich neue Denk- und Ideenhorizonte, die auf den Plan treten.

»The unexpected richness of a research program that integrates developmental, genetic, evolutionary and cultural approaches to a wellcircumscribed phenomenon demonstrates the power of breaking down old barriers between disciplines.«[325]

Die Körperlichkeit sowie die Gefühlsmäßigkeit als leibliche Regung, nicht verkopft oder als Befindlichkeit zu thematisieren, rückt Fragen von Sinn und Sinnlichkeit vor Fragen von Zweck-Mittel-Relationen. Damit entsteht Raum dafür, Wirtschaftlichkeit nicht immer schon als gegeben vorauszusetzen, sondern zu erkennen, dass Ökonomien, und all die sie bildenden kulturellen Praktiken, selbst immer wieder erneut hervorgebracht werden müssen und die heutige Art des Wirtschaftens, die sich scheinbar von allen ihr fremden Bezügen befreit zu haben scheint, eben nicht viel mehr ist als eine spezifische gesellschaftliche Konstellation, in der Problematisches die Oberhand gewonnen hat.

Mit Blick auf die gesellschaftlichen Naturverhältnisse, die sich daraus ergeben, bietet sich die grundsätzliche Chance, ganz anders als bislang ein Vielfalt beförderndes und Widersprüche nicht glattbügelndes Narrativ von einer lebendigen Natur zu entwerfen, zu verfolgen, durchzusetzen, das der moralischen Schönheit von Natur diesseits menschlicher Projektionen auf sie gerecht wird. Das bedeutet, die Eigenschaften von Natur in der Schöpfung, aber auch ihrer unhintergehbaren Sterblichkeit als Qualitäten bewahren und gleichzeitig kultivieren zu lernen.

In den Nahräumen involvierter Erfahrung, die es dafür braucht, schlägt die Unverfügbarkeit und Undurchdringbarkeit von Natur als spezifische Qualität zurück. Statt klebrig-süßlich zu berauschen, zu Vorurteilen zu verführen, braucht es Räume, die hinreichend offen, gar abschreckend genug sind, dass sie zum eigenen Urteil nötigen. Dass das Spiel von Kindern in Naturerfahrungsräumen komplexer und selbstbestimmter ist, ist gewiss kein Zufall.[326] Das Treffen von Entscheidungen, das Tragen, Austragen und Ertragen der damit verbundenen Konsequenzen bringt Verantwortung als »kulturelle Bildung«[327] von und durch Unternehmen in einem sehr emphatischen und auch empathischen Sinne des Wortes ins Spiel. Es geht also um die Befähigung dazu, dass mehr Menschen und andere Tiere als bislang ein Leben führen können, das gelingen kann.

Auf Ebene wissenschaftlicher Betätigung bestätigt das den Anfangsverdacht, dass wir für eine zukunftsfähige Wirtschaftswissenschaft, die Wirtschaft lebenswert gestalten möchte, eine Vielfalt von Zugängen brauchen, also sowohl das Spezielle, das den sprichwörtlichen Wald vor lauter Bäumen nicht sieht, aber auch das Allgemeine, das vom Hölzchen aufs Stöckchen kommt sowie in der breiten Masse jenes, das beides aufeinander zu beziehen versteht. Kaum jemand hat das so schön zu reimen gewusst wie Nietzsche:

»Bleib nicht auf ebnem Feld!
Steig nicht zu hoch hinaus!
Am schönsten sieht die Welt
Von halber Höhe aus.«[328]

Eine Ökonomik der halben Höhe ist eine Ökonomik, die das rechte Maß für sich gefunden hat. Mit jener halben Höhe markiere ich von daher mit Nachdruck zugleich den programmatischen Blick für die Zwischenräume, der als *inter-legere = im Dazwischen lesen* Kern jeder intellektuellen Auseinandersetzung mit Ökonomie und dem Ökonomischen ist oder zumindest nach meinem Dafürhalten sein sollte. Von halber Höhe aus Wirtschaftswissenschaft zu betreiben, dokumentiert sich nicht zuletzt auch in der Weigerung, sich Vorurteilen zu unterwerfen. In der Akzentuierung von Kultivierung *und* Bewahrung ist damit schließlich auch die erst noch zu entwickelnde und zu institutionalisierende Fähigkeit thematisiert, Gewisses auf sich beruhen lassen zu können.

Eine Wirtschaftswissenschaft, die zahllose Denkmöglichkeiten bereit- und offenhielte, ohne sie sämtlich als gleichermaßen gültig abzutun, in diesem Sinne eine *plurale Ökonomik* wäre, knüpft ihre eigene Fachlichkeit an den disziplinären Gegenstand, die zahllosen Praktiken des Wirtschaftens, und nicht an einen festgeschriebenen Zugang, eine Form oder Methode. Eine erste – wenngleich noch deutlich zu selbstbezügliche – Möglichkeit, sich in eine solche Richtung auch curricular zu öffnen, ist der gleichnamige Studiengang an der Universität Siegen.[329]

Die Zuwendung zur Welt, von der ich hier schreibe, führt in diesem Sinne über einen pluralistischen Zuschnitt von Ökonomik, welcher der Widersprüchlichkeit kultureller Praktiken des Wirtschaftens dergestalt Rechnung trägt, als er diese mehrdimensional thematisiert. An der Verbesserung der Welt mitzuwirken, also die Arbeit an und Pflege von Natur zu betreiben, führt von den offengehaltenen Zugängen über neue Methodologien auch zu neuen Methoden, die über das reine Quantifizieren von Natur hinausweisen und diese stattdessen in der vorgefundenen Qualität zu bewerten suchen, ohne diese einfach nur hinzunehmen.

Ich meine damit gewiss keine Zuwendung als Charaktermaske blinder Machbarkeit, sondern eine Zuwendung als gesellschaftspolitische Pluralisierung, die nicht Zersplitterung ist. Gerade dann, wenn diese Zuwendung als reflexiver Bezugsrahmen von Sinn und Sinnlichkeit wirksam wird, ist die *reine Machbarkeit von etwas* noch kein hinreichendes Argument dafür, es auch tatsächlich zu tun. Nach dem Sinn zu fragen, beinhaltet, fähig und willens zu bleiben, nicht alles zu tun, was grundsätzlich machbar wäre, aber auch, nicht einfach in Resignation zu verfallen.

Das nur anzudeuten, belädt meine Ausführungen mit der Gefahr, in das Licht gestriger Fortschrittsphobie gestellt zu werden. Dagegen wehre ich mich nicht vehement, aber entschieden. Worum es mir geht, ist radikal fortschrittlich, weil nach dem Sinn von Fortschritt gefragt wird – und dieser Sinn sich daran bemessen soll, inwiefern er dazu beiträgt, diese Welt tatsächlich besser und gerechter zu machen. Neuerung darf nicht länger in völliger Einseitigkeit mit Fortschritt verwechselt werden. Worum es mir geht, ist, fortschrittskritisch voran zu schreiten.

12 Die Liebe zur Welt erfordert eine Zuwendung zu ihr

Um nicht den hegemonialen Kräften der Gegenwart das Wort zu reden, welche mehr denn je in einer stumpfsinnigen und konsumistischen Liebe zum Neuen ihren Gipfelpunkt finden, bedarf das Plädoyer für die *amor mundi* noch einer näheren Bestimmung. Schon eine nur flüchtige historische Perspektivierung führt vor Augen, dass die Akzentuierung von Liebe, Gefühlen allgemein sowie einer Abkehr von Verkopfung nicht nur kein hinreichendes Argument, sondern sogar gefährlich sind. Historische Verbrechen waren zumeist gerade nicht rational, sondern emotional getragen, ob als Liebe zum Vaterland, zur Kameradschaft, zum Korps oder wie auch immer rechtfertigt.

Eine Perspektive zu entwerfen, die ohne positive oder negative Idealisierung der Menschen auskommt und insofern anerkennen kann, dass menschliche Hervorbringungen einerseits stets widerspruchsvoll bleiben werden und andererseits auch schlicht von Tötungslust getrieben sein können, muss die Idee der Aufklärung selbst pluralisieren und erkennen, dass Rationalität nicht als universeller Maßstab taugt, an dem sich alles und jedes bemessen ließe. Daran ändert auch die Tatsache nichts, dass es bislang recht bequem war, diesen Glauben aufrecht zu erhalten.

In Frage steht, worauf sich das jeweilige Denken bezieht und wie die Form und Struktur des Denkens selbst, seine Triebkraft, verfasst ist. Was wir heute brauchen, um die Not noch zu wenden, ist eine Form des kritischen Denkens, das nicht kontemplativ ist, sondern tätig, und insofern eine Form von Achtsamkeit und Fühlen als involviert-sein ist, nicht der Befindlichkeit. Es erscheint mir von daher kein Zufall zu sein, dass Hannah

Arendt ihr monumentales Buch über die *Vita activa* mit einem Satz von Cato schließt:

»Niemals ist man tätiger, als wenn man dem äußeren Anschein nach nichts tut, niemals ist man weniger allein, als wenn man in der Einsamkeit mit sich allein ist.«[330]

Reine Muße ist eine »Kunst des Verweilens«[331] und hat mit dem Ökonomischen als Gesellschaft bewegende Kraft nicht nur dieser Tage in der Tendenz gewiss eher wenig zu tun. In der reinen Abwesenheit von Muße, die nicht einfach Freizeit oder Kurzweil ist, entsteht jedoch ein Verständnis für das Entstehen einer zum Stumpfsinn drängenden Ökonomik:

»Weil Zeit zum Denken und Ruhe im Denken fehlt, so erwägt man abweichende Ansichten nicht mehr: man begnügt sich sie zu hassen.«[332]

Die im deutlichen Sinne des Wortes Be-Sinnung, die damit angezeigt ist, ist reichlich instruktiv und verweist auf eine notwendige Bedingung dafür, Wirtschaft in lebenswerte Perspektiven zu führen: nämlich das Denken und Handeln als einen reflexiven Zusammenhang im Vollzug begreifen zu lernen. Das eine gegen das andere hingegen dogmatisch auszuspielen, ist nur begrenzt hilfreich und reproduziert zudem den Irrtum der insbesondere abendländischen Philosophie, dass das Denken dem Handeln stets vorgängig sei.[333] Alles Denken, das kritisch ist, ist Nachdenken, weil es der Sache, auf die es sich richtet, nach-denkt.

Das Denken selbst als kritisches Denken gerät damit in den Blick, das zugleich Protest ist, weil es praktische Folgen mit sich bringt, statt nur im Lehnstuhl der Kontemplation zu versinken. Philosophie in diesem Sinne ist eine Antwort auf das, was ist, ist eine Zuwendung zur Welt und ein Gespräch mit der Welt als Liebe zum Denken:

»Philosophy already says love, *philia*, in the sense of both a correspondence and a response to the all of being (*to sofón*). A philosophy of love is therefore already entangled with the love of philosophy, and the search for a thinkingword, for a philosophical word about love, is already an act of love.«[334]

Die schon entfaltete kosmologische Selbstbesinnung entlang des Spürens der eigenen Leiblichkeit, Mitweltlichkeit und Endlichkeit ist daher von der

Sache her auch eine Reflexion auf die Folgen der eigenen Daseinsweisen, also darauf, was unser Tun mit anderem, anderen und uns selbst anrichtet. Wenden wir uns diesem Befund zu, wird deutlich, dass die Liebe zur Welt nicht einfach das Gegenteil, sondern der Rücken abtötenden Denkens ist. Sie ist Ausdruck davon, nicht mit Gleichmut dem gegenüberzutreten, was ist, eben weil es im inneren Zweigespräch berührt und betroffen macht und insofern Veranlassung eines Urteils ist und damit eine Stellungnahme notwendig macht.

Das, warum es mir hier geht, ist in diesem Sinne keine Philosophie des Ökonomischen, die mit dem Allgemeinheitsanspruch, für alle Menschen oder Geschöpfe zu reden, auf die Welt blickt, es geht mir ausdrücklich um eine *politische Unternehmenstheorie* – und insofern um ein sehr individuelles Unterfangen, das gleichwohl nicht privat bleibt und auch nicht davon handelt, sich auf die eine oder andere Seite zu schlagen, es handelt davon, die wirklichen und möglichen Parteilichkeiten mit einem spezifischen (zwangsläufig individuellem) Denkstil auf ihre Substanz hin zu problematisieren. In einem Brief von Martin Heidegger an Hannah Arendt findet sich die Zuspitzung dieses Gedankens als Figur *reflexiver Lebendigkeit*:

»Für alles sonst gibt es Wege, Hilfe, Grenzen und Verstehen – hier nur bedeutet alles: in der Liebe sein = in die eigenste Existenz gedrängt sein.«[335]

Es gibt kein universelles Konzept, an dem zu bemessen wäre, was unter Liebe zu verstehen sei. Wer sie nur denkt, verfehlt sie: »Precisely in the task of thinking love, philosophy, the love of thinking, is brought to its limits.«[336] Das ist nur eine andere Art, zu sagen, dass die Subjektivität von Liebe als Erfahrungsgeschehen nicht relativiert werden kann, die Frage jedoch auch so umformuliert werden kann, dass die Praktiken der Subjektivierung von Menschen in den Blick geraten, die sich selbst als Selbst inmitten von anderem und anderen als empathische Wesen hervorbringen und hervorgebracht werden und erkennen: »Ich bin Leben, das leben will, inmitten von Leben, das leben will.«[337]

Die Welt zu lieben, bedeutet insofern, ganz und gar die eigene Existenz in der Welt zu spüren, statt sich von einem Strom des melancholischen Gleichmuts mitziehen zu lassen. Die Nahräume, die dabei wesentlich werden, sind immer auch Produktion von Ferne insofern, als die Nähe zum einen die Ferne zum anderen ist. Die Pluralisierung, die mit der Liebe zur

Welt kommt, ist im Unterschied zu anderen Formen der Liebe keine private, sondern eine *res publica* = *öffentliche Sache*. Die Welt zu lieben, bedeutet, sie politisch zu begreifen, statt nur in Affekten an ihr restaurativ oder gewaltvoll zu basteln. Der Drang, Geschichte machen zu wollen, der sich daraus ergibt, verweist auf die Notwendigkeit, sich selbst in das Noch-nicht-seiende zu entwerfen, das jedoch möglich ist.

Zentral dafür, in diesem Sinne sich wieder als politisches Wesen zu begreifen, ist, die Vielfalt und Widersprüchlichkeit der Welt sowohl bewahren wie kultivieren zu können und zu wollen. Damit ist gemeint, nicht in völliger Einseitigkeit sich den aus subjektiver Partikularität heraus als gut oder schlecht empfundenen Seiten zuzuwenden, sondern die Welt zu lieben, wie sie ist, ohne sie so zu belassen: in den guten, aber auch den schlechten, bösen oder sonst welchen Dimensionen.

Die Hoffnung und Faszination für die Schöpfung, die kraft ihres Geboren-seins ein Neuanfang sein kann, aber auch deren unausweichliche Endlichkeit, die Arendt *Natalität* und *Mortalität* nennt[338], reflektiert sich in der »moralischen Schönheit«[339] von dem, was wir heute noch Natur nennen können. In Anschluss daran ist mit der *amor mundi* also jene kritische Kraft markiert, die dazu beiträgt, inmitten schlimmer Dinge trotzdem guter Dinge zu bleiben.

Das »Prinzip Hoffnung«[340], das damit aufscheint, ist kein Optimismus. Weil optimistisch nur sein kann, wer das Vergangene universalgeschichtlich in die Zukunft verlängert, ist Optimismus stets Lüge. Hoffnung jedoch, die zum Tätig-sein treibt, kann ein Anfang sein, wenn sie es unmöglich erscheinen lässt, kulturelle Verrohung und Verwüstung, die etwa im Namen von Wirtschaft und Wirtschaftswissenschaften kommen, länger zu akzeptieren, sich länger von ihnen dumm machen zu lassen. Etwas zu unternehmen, damit es besser wird, statt alles einfach nur hinzunehmen, ist tiefster Ausdruck jener Liebe zur Welt, um die es hier geht; der Drang, das Gewebe zu weben. Ihr Rücken ist nicht Hass, sondern jener Gleichmut, der den Großteil der zeitgenössischen Wirtschaftswissenschaften fest im Würgegriff hält.

Wenn ich also hier von einer *amor mundi* schreibe, so ist damit genau jene lebensbejahende Zuwendung zur Welt gemeint, die notwendig ist, um Ökonomik zu Beginn des 21. Jahrhunderts noch einen positiven Sinn zu geben. Statt den eigenen Mangel an Eigenschaften durch gesellschaftspolitischen Gleichmut zu kompensieren, geht es darum, die Welt, in der wir leben, in ihrer Widersprüchlichkeit derart lieben zu lernen, dass mehr Menschen als bislang Verantwortung für sie zu übernehmen bereit sind, beziehungsweise willens sind, die eigene Fähigkeit, Verantwortung zu übernehmen, zu üben. In den Worten Baumans:

»Der moralische Aufruf ist von Grund auf persönlich; er wendet sich an meine Verantwortung, und der Drang, sich zu kümmern, der sich dabei ergibt, kann nicht durch das Bewußtsein dessen gemildert oder besänftigt werden, was andere für mich tun […] Regeln würden mir sagen, was wann zu tun ist; sie würden mir sagen, wo meine Pflicht anfängt und wo sie endet.«[341]

Verantwortung zu übernehmen, heißt, mit sich selbst wieder leben zu können. Das muss noch nicht zwingend bedeuten, moralisch relevante Dinge zu tun oder in Angriff zu nehmen. Von daher ist es insbesondere für die Wirtschaftswissenschaften, deren Gegenstand konzentrierter Ausdruck von Angang ist, ausgesprochen instruktiv, zwischen Verantwortung im moralischen und außermoralischen Sinne zu unterscheiden.[342] Im außermoralischen Sinne ist Verantwortung zunächst einmal prinzipiell überall dort gegeben, wo eigene Entscheidungen getroffen werden, deren Konsequenzen zu tragen und zu ertragen sind. Unter Bedingungen struktureller Unfreiheit, repressiven Wirtschaftsformen und entpolitisiertem Lebens im Allgemeinen, also in solchen gesellschaftlichen Verhältnissen, in denen ein eigenes Urteil zu bilden verhindert wird, also zunehmend den unseren, wird gleichsam Verantwortung verhindert.

Moralisch wird Verantwortung in dem Moment, in dem die damit verbundene Praxis kulturell als moralisch reflektiert und ausgedeutet wird. Moralisch sind also nicht die Phänomene selbst, sondern nur die Zuschreibungen. Und schon hier zeigt sich, welche theoretischen Quantensprünge eine stärkere Anerkennung von Natur ermöglicht: Mit Jon Elster gesprochen, lassen sich Gefühle fassen als »Zustände, die wesentlich Nebenprodukt sind.«[343] Das bedeutet: Wir sind vornehmlich Rezipientinnen und Rezipienten unserer eigenen Gefühle; sie widerfahren uns und verwehren sich uns häufig geradezu, sowie wir sie zu erzwingen suchen. Daraus lässt sich die fundamentale Einsicht ableiten, dass, sowie die menschliche Moralfähigkeit als Fähigkeit des Mit- und Einfühlens aufgeklärt ist, eine Theorie der Moral von der Sache her auch Evolutionstheorie sein muss. Wenn Moralfähigkeit etwas mit der Fähigkeit, mitzufühlen, zu tun hat, und die Fähigkeit, mitzufühlen, sich nicht kognitiv oder gar juristisch steuern lässt, dann folgt daraus, dass sich Verantwortung im moralischen Sinne jeder Form von Fremdregierung entzieht und sich so wenig nur intentional machen lässt, wie sie sich durch Pflichten oder Governance erzwingen oder steuern ließe.

Als Dimension kultureller Bildung geraten damit »back-of-the-mind«[344] Phänomene, wie klimapolitische Ziele, welche quer oder kontaktlos zu den praktischen Umständen des gesellschaftlichen Für-, Gegen-, Neben- und Miteinanders stehen, in ihrer performativen, weil in routinisierte Vollzüge eingefalteten Unterwanderung in den Blick. Statt diese nun vom Hinterkopf in den Vordergrund befördern zu wollen, was hinlänglich als gescheitert zu konstatieren ist, gerät eine Perspektive von Bildung, die ein eigenes Urteil notwendig macht, in Anschlag. Statt also Akteure aufklären zu wollen, die mitunter wider besseren Wissens handeln, gilt es, diese problematische Praxis aus ihr selbst heraus als tätiges Verantwortungsgeschehen zu perforieren und umzustürzen, sie zu kultivieren.

Sich um die Welt kümmern zu wollen, geradezu der empfundene Drang, sich kümmern wollen zu müssen, weil das, was ist, von Leid geprägt ist, ist insofern zumindest auf Ebene der sich entwerfenden Impulsgeberinnen und -gebern keine Frage von kognitiv zu erbringender Einsicht, Läuterung oder Vernunftbegabung, sondern jener kritischen Kraft im tätigen Vollzug, die sich der Grausamkeit der Gedankenlosigkeit, mit der Leid und Vernichtung geradezu beiläufig herbeigeführt und rechtfertigt wird, entgegenstellt und aufopferungsbereit und mit Nachdruck einen Entwurf zur Entfaltung drängt.

Für jene Theorien des Werteschaffens, an deren Grundlegung ich hier arbeite, ergibt sich daraus der Anspruch, dass sie die Waffe der Kritik als Kritik der Waffen betreiben müssen, also die Vielfalt möglicher Adressatinnen und Adressaten dieser Theorien zu berühren haben. Solche Ökonomik kann daher nicht anders, als stets Ross und Reiter zu benennen, klar zu machen, um wen es tatsächlich und in welcher Hinsicht geht oder gehen könnte, wie diese Akteure in das Geschehen verwickelt sind und auf welche Weise sie in und durch diese Theorien zu adressieren sind. Doch nah geht auch jenen nur das Konkrete. Je stärker also Ferne durch Abstraktion konstruiert wird, desto schwieriger wird es, ohne zu verführen, diesem Anspruch praktisch wirksamer Kritik Genüge zu tun.

Theorie, die von Weltliebe geboren ist, muss von daher hinreichend abstoßend sein, damit sie nicht umwerbend, süßlich verführend und die Sinne betörend ein Urteil vorwegnimmt, bloß alternativ indoktriniert und unmündig macht. Das Offenhalten der eigenen Theoriegebäude für das gebildete Finden eines eigenen Urteils Dritter braucht Transparenz im Umgang mit den eigenen Argumenten, Annahmen und Positionen.

Dass diese Einsicht abschreckender Theorie nicht so flagrant hervortritt, mag sich im Zeitgeist vulgär-ästhetischer Befindlichkeit reflektieren, dem Anschein und Wohlfühlmomente mehr zählen als solcher Inhalt, der seine Bestimmtheit von einer Vollzugsqualität her dokumentiert. Einerlei. Das innere Zwiegespräch und die Zuwendung zur Welt, die sich in dieser Konstellation zu einer Vielfalt und Widersprüche anerkennenden Form kritischen Denkens verschwistern, werden zum Griff, der hält, dadurch, dass sie nicht länger einen Denkstil befördern, der tötet, sondern *Eros* statt *Thanatos* als »Triebkraft des Denkens«[345] in Anschlag bringen.

Damit ist ein Begriff ins Spiel gebracht, der mindestens so missverständlich ist wie der der *Liebe*. Mit Georges Bataille können wir den Begriff der *Erotik* jedoch aus der alltagssprachlichen Schlüpfrigkeit befreien und als »das Jasagen zum Leben bis in den Tod«[346] bestimmen. Das wird dem Anspruch einer tätigen Selbstbesinnung auf die eigene Leiblichkeit, Mitweltlichkeit und Endlichkeit nicht nur gerecht, sondern trägt gleichsam zu einer programmatischen Zuspitzung in dem lebensbejahenden Zuschnitt von Wirtschaftswissenschaft als *erotische Ökonomik* bei, die statt abzutöten und zu töten, die Schöpfung und Neuschöpfung in ihrer Begrenztheit und Widersprüchlichkeit als Form des Denkens und Fühlens in den Vordergrund rückt.

Gerade dann, wenn Eros zur Triebkraft ökonomischen Denkens und Handeln wird, gerät Wirtschaft selbst zum »Medium der Steigerung des Lebens bis zum Tod«[347]. Die Formulierung, dass das Leben zu steigern sei, ist in diesem Kontext gewiss nicht frei von der Gefahr, als Quantifizierungsdrang missverstanden zu werden. Gewiss findet jede Form von Gestaltung oberflächlich auch Ausdruck als Quantität. Das, worum es mir hier geht, findet hingegen seinen innersten Kern an einer flüchtigen Qualität. Eingedenk der eigenen Endlichkeit zu bleiben, ist eine Form der Selbstbegrenzung als Einsicht, dass es um das Finden, nicht das Suchen geht. Nur um des Findens willen sollte gesucht werden. Worauf es ankommt, ist das Ankommen. In der Betonung von Sinn und Sinnlichkeit gerät damit eine

Perspektive jenseits von Nützlichkeitserwägungen in Anschlag, die betont, dass das immer wieder erneut zu Findende selbst ein fortwährender Suchprozess ist. Das gute Leben, und nur als Suche danach lässt sich menschliches Tätigsein sinnvoll fassen, lässt sich nicht jenseits des Lebens selbst finden, gar planen oder verordnen.

»Beim Dauerlauf Geschichte rechnen ohnehin nur die fortschrittlichsten Fortschrittsphilosophen damit, daß er ad finem stattfindet: für die lohnt es sich, sich zu sputen und möglichst jeden zu überholen, um stets ganz vorn zu sein. Aus abstrakteren Gründen eilig sind auch noch die Transzendentalphilosophen; sie brauchen ihr regulatives Prinzip wie einst Nurmi die Stoppuhr: auch das treibt an. Die anderen aber dürfen bummeln, denn sie können einsehen: die aussichtsreiche Aktualitätsstrategie besteht gar nicht darin, die eigene Aktions- und Lerngeschwindigkeit zu steigern, sondern im Gegenteil darin, gelassen zu warten, bis der Weltlauf – von hinten überrundend – wieder bei einem vorbeikommt: vorübergehend gilt man dann bei denen, die überhaupt mit Avantgarden rechnen, irrtümlich wieder als Spitzengruppe.«[348]

Nur die unreflektierte Überzeugung einer Universalgeschichte hat ein übergeordnetes, je nach Dogmatik festgesetztes Ziel als Fluchtpunkt, auf den jede Entwicklung zuläuft. Doch die Geschichte selbst lehrt uns in ihrer Heterogenität und Widersprüchlichkeit, dass alle menschliche und sonstige Existenz keinen deutlichen Sinn jenseits davon haben kann, dass es diesen fortwährend zu suchen und zu finden gilt. Die lapidare Formulierung, das Leben sei, was wir daraus machen, trägt unbestritten viel Wahres in sich.

Des Lebens Zumutung an die Menschen ist, gerade weil die Idee der Vollkommenheit substanzlos ist, einen Umgang mit der Verschiedenheit zu entwickeln. Das Eigene im Fremden und das Fremde im Eigenen anzuerkennen, ist auch Eingeständnis der Tatsache, dass sich die Welt nicht rational auflösen lässt – und das auch gar nicht zwingend braucht. Lebendigkeit zu fördern, ist Befähigung, mit sich selbst und den eigenen Widersprüchen zu leben. Nur der oberflächlichen Lektüre mag das als Perspektive des reinen Hinnehmens anmuten. Das stimmt so wenig wie der Irrtum, nun erst recht zur Tat zu preschen. Mit den eigenen Widersprüchen zu leben, bedeutet, sich selbst hinreichend offenzuhalten für Möglichkeiten von Kultivierung.

Wenn wir das gute Leben als wirklichen Lebensprozess der Menschen im Wissen um die Unmöglichkeit eines universellen, allgemeingültigen Maßstabs in den Blick nehmen, dann müssen wir ein Dilemma konstatieren: Die Radikalität subjektiver Erfahrung, was es für ein gelingendes Leben braucht, lässt sich nicht relativieren und doch wissen wir, dass dieser Partikularität nicht mit Gleichmut begegnet werden darf.

Im Sinne einer erotischen Ökonomik die Bedingungen analysieren und verbessern helfen, um das Leben bis in den Tod zu steigern, ist nur eine andere Art zu formulieren, dass das Ökonomische »fortan nur noch als Frage nach dem besseren, also dem guten Leben zu verhandeln«[349] ist. Die Verhandlung dessen, was mit Ökonomie und dem Ökonomischen gemeint ist, ist aus mindestens vier Gründen eine hilfreiche Formulierung. Nämlich *erstens*, weil sie hervorhebt, es mit kontingenten Konstruktionsleistungen zu tun zu haben, die *zweitens* auf unterschiedliche gesellschaftspolitische Orientierungen verweisen, welche *drittens* keine auferlegten Gebote oder Pflichten sind, sondern performativ zu verständigen, was *viertens* unmissverständlich vor Augen führt, es mit einer nur praktisch zu beantwortenden Frage zu tun zu haben, an der die Waffe der Kritik – im Zweifel – einfach abprallt.

Eine ökonomische Praxis, die ein Eigenleben entwickelt zu haben scheint, welches, wie wir heute sehen, weniger produktiv als destruktiv ist, gilt es, wieder einzufangen. Eine verselbständigte Idee wieder einzufangen, bedeutet nicht, sie fallenzulassen, zu verspotten oder ausrotten zu wollen, sondern sie an ihren Platz zu stellen, sie aufzuheben.[350] Das gilt für Ökonomie, aber auch für Ökonomik und die sonstigen Wissenschaften. Ich behaupte, dass es neben einer praktischen »Aufhebung der Ökonomie«[351] einstweilen hinreichende Indizien gibt, die es notwendig machen, Wissenschaft selbst wieder an ihren Platz zu stellen. Diese Verortung ist eine Selbstbesinnung und Reflexion auf unser in-der-Welt-sein als Ökonominnen und Ökonomen.

> »Damit unserem Leben überhaupt wieder ein Sinn zufallen kann, muss die Macht der Wissenschaft gebrochen und der Glaube neu gestärkt werden.«[352]

Dass uns gerade die wissenschaftliche Reflexion darüber an den Punkt führt, zu erkennen, dass wissenschaftliche Reflexionen nicht alles sind, ist eine Ironie, mit der wir wohl zu leben lernen müssen. Sie soll gleichwohl nicht missverstanden werden mit Irrelevanz oder Willkür. Im ausgesprochen deutlichen Sinne plädiere ich für eine Aufhebung der Wirtschaftswissenschaften, gerade weil Ökonomik bedeutsam ist und mir daran liegt, sie nicht in Blöd- oder Stumpfsinn weiter verfallen zu lassen.

Eingedenk der Begrenztheit und Endlichkeit von Ökonomie und Ökonomik trotzdem nicht den Mut zu verlieren, an beidem zu arbeiten, ist gewiss nicht leicht, insofern es uns als Ökonominnen und Ökonomen an einen Punkt führt, an dem wir zu erkennen genötigt sind, dass alles, was wir heute über Wirtschaft zu sagen wissen, allmählich seinen Sinn verlieren wird. Damit schmieden wir in der Ökonomik keineswegs die unseren eigenen Tod bringenden Waffen, sondern tragen dazu bei, uns weder zu tief noch zu hoch hängen, sondern reflexiv und reflektiert auf dem Teppich zu bleiben.

Ob und wie uns das gelingt, ist freilich eine offene Frage. Weit weniger offen ist hingegen die Erkenntnis, dass uns das nur dann gelingen kann und wird, wenn wir als Ökonominnen und Ökonomen wieder lernen, über unseren Platz und den unserer Disziplin in der Sache zu streiten.

13 Streitlust braucht Pluralismus ohne Gleichgültigkeit

Es würde keineswegs stets ein volleres und lebenswerteres Leben und Zusammenleben ergeben, wenn die impulsiven, sinnlichen, in der allzu strengen Einzelbetrachtung mitunter gewiss auch zerstörerischen Elemente in ihm entfielen und alle Lebendigkeit einer Politik des Konsenses zum Opfer fiele. Mein Drang, die Liebe zur Welt zu stärken, ist keine Harmonisierung und keine allgemeine Setzung, welche letztlich nur ein neuer Modus der Abtötung wäre, sondern Pluralisierung, die Achtung vor dem Leben ist.

Wenn die Politik des Ökonomischen jedoch auf einer Ontologie des Politischen fußt, welche auf Einfalt statt Vielfalt zielt, und genau das erleben wir dieser Tage verhängnisvoll, schrumpft jeder Drang, sich zu kümmern, auf das adaptive Spektrum des Vergangenen. Konkrete Inhalte werden nicht länger in der Sache ausgetragen, sondern verkommen zur Ware, die man solange untereinander tauschen kann, bis alle beteiligten Akteure zufrieden sind. In der gesellschaftspraktischen Konsequenz dieser Form von Geschichtsvergessenheit als Zukunftsvergessenheit wird auf oberflächlicher Ebene gebastelt, statt darum zu ringen, wesentliche Verbesserungen dieser Welt für mehr Menschen und andere Tiere als bislang auf den Weg zu bringen.

Bezogen auf die Art, Ökonomik zu betreiben, dokumentiert sich diese Einfalt in dem sorgfältig abgesteckten Terrain dessen, was überhaupt gedacht, beforscht und publiziert werden darf. Es zeigt sich auf breiter Front, dass nur dasjenige erfolgreich ist, welches dem wohligen Gefühl des Augenblicks keinen Abbruch tut. Akademisch erfolgreich ist zunehmend nicht, wer in der Sache unbequem ist, sondern nur, wer hinreichend vage den Anschein erhält, anschlussfähig und frei von Zumutung zu sein.

Vom Schönreden zum Jasagen ist es jedoch bloß ein Katzensprung. Der affirmative Hang, zu zelebrieren, statt zu problematisieren, tritt auch in Gestalt der Tendenz auf den Plan, in allem und jedem ein vermeintlich Gutes zu sehen. Die wirtschaftliche wie wirtschaftswissenschaftliche Weigerung, die Missstände der Welt als die Sauerei beim Namen zu nennen, die sie sind, findet ihren Ausdruck in der Haltung, dass der Zustand der Welt als Herausforderung zu begreifen sei. Gewiss sind die Probleme dieser Tage herausfordernd, allen voran die zeitgenössischen gesellschaftlichen Naturverhältnisse. Wieviel Chuzpe bedarf es jedoch, über sie nun eine SWOT-Analyse zu legen?

Die Rastlosigkeit, alle Probleme nur noch als Herausforderung zu begreifen, deren Meisterung mit Ruhm und Ehre verbunden sei, speist sich aus einem naiven Optimierungs- und Steuerungsoptimismus, der gründlich das Denken zu verlernen lehrt. Widerspruchsfreiheit auch nur zu nahezulegen oder die grundsätzliche Auflösbarkeit von Ambivalenzen in Aussicht zu stellen, ist stets Lüge, die in unredlicher Einseitigkeit das Scheitern, die Endlichkeit und den Tod vor die Klammer zieht. Die unterentwickelte Bereitschaft und Fähigkeit unter uns Ökonominnen und Ökonomen, uns auch mit den Schattenseiten, mit den Resultaten der eigenen Performanz zu befassen, das Gute und das Böse gleichermaßen im Spiel zu behalten, um überhaupt den Bedingungen auf der Spur zu sein, die es erlauben, sich ein Urteil zu bilden, ist das Ergebnis einer Politik der Einfalt, nicht der Vielfalt.

Wenn ich und auch zahlreiche andere davon reden und schreiben, die Welt, in der wir leben, besser zu machen, dann ist das nicht unproblematisch, birgt es doch zu große Risiken, missverstanden zu werden. Die *amor mundi* im hier vorgeschlagenen Sinne zu fördern, verliert nämlich jedes kritische Moment in dem Maße, in dem sie sich im Gewand einer Win-Win-Rhetorik zu einem leeren Signifikanten ausschwingt. Im Wissen um die Ambivalenzen, die sich in den Vollzugswirklichkeiten zwangsläufig ergeben, ist solche Vorstellung von Win-Win stets ein Mangel an Informationen im Sinne einer reduktionistischen Unredlichkeit. Diese Welt besser zu machen, bedeutet in der praktischen Konsequenz stets, nicht nur Gewisses *in die Welt zu setzen*, sondern gleichsam Anderes *aus der Welt zu bringen*. Pluralismus ist gerade keine Gleichgültigkeit, sondern selbst tiefe Einsicht in die Unmöglichkeit, einen nicht-übergriffigen universellen Maßstab zu finden, den ausnahmslos jede und jeder als solchen anerkennen würde, und insofern in die Notwendigkeit, darüber zu streiten. Das auch akademisch betriebene Fernhalten von Streit und Konflikt zur Wahrung eines dem äußeren Anschein nach friedliebenden Gemeinwesens reflektiert sich in einer Widersprüche ausblendenden oder lediglich als Vieldeutigkeit gleichmütig abtuenden Eigenschaftslosigkeit, deren Art, zu regieren, entmündigt. Restlos harmonisierte Gruppe von Menschen, unabhängig von der Gruppengröße, weisen »keinen eigentlichen Lebensprozeß«[353] auf, insofern sie vegetieren.

Eine Ökonomie und Ökonomik, die auf inhaltlicher Ebene gleichförmig sind, visieren die Welt mit einer fragwürdigen Ontologie von Gesetzmäßigkeiten an, deren determinierende Kraft sich alles und jedes verfügbar macht und unterwirft. Die Gleichheit vor dem Gesetz ist in juristischen Kontexten unbezweifelbar eine blutig erkämpfte Errungenschaft, die heute wohl niemand ernsthaft missen möchte, die gerade wegen ihrer Bestimmtheit *als* Errungenschaft jedoch überhaupt nur eine Hervorbringung von Verschiedenen sein kann. Als Methodologie ökonomischer Praxis taugt sie insofern wenig. Harmonisierung, Gleichschaltung oder Uniformierung sind nur unterschiedliche Reflexionsebenen für den gleichen Befund einer sich selbst ein Ende bereitenden Politik des Einvernehmens. Solcher Konsens ist die politische Signatur der Gegenwart.

Das konsensuale Weichspülen der Welt, das im Dienste einer universalgeschichtlichen Entwicklung steht, die gewaltvoll sein muss, um überhaupt sein zu können, betreibt unentwegt eine Zerstörung von Leben und Lebendigkeit als Abtötung von Vielfalt. Das Auflösen von Grenzen und Kochen von Einheitsbrei zur Leitmaxime zu erklären, weist in eine Richtung, die jegliches Interesse an der Welt verloren hat. Die Zerstörung von wirtschaftlichen Nahräumen hielt bis zuletzt Schritt mit der Glorifizierung globalisierter Weltbeziehungen, deren abstrakte Ferne häufig technisch vermittelt nur oberflächlich berührt und deren empirische Unwirklichkeit spätestens mit dem Ausruf einer gänzlich entleerten *Weltgesellschaft* ins Reich der Phrasen entlassen wurde.

Eine wirtschaftliche oder wirtschaftswissenschaftliche Orientierung am Konsens ist nur zu dem Preis inhaltlicher Unbestimmtheit zu haben, die theoretisch von Gleichmut und praktisch von Übergriffigkeit getrieben ist. Die Pluralisierung auf beiden Ebenen, ohne die ein lebendiger Austausch über die inhaltliche Gespaltenheit nicht möglich ist, erfordert das Schärfen von Grenzen, nicht deren Auflösung.

Damit plurale Gesellschaften, und nur solche können den Anspruch von Freiheit und Gerechtigkeit als Ensemble von Verwirklichungschancen einlösen, sich nicht kämpferisch, gar kriegerisch verfeinden, braucht es den Streit als Ventil, als Modus inhaltlicher Verständigung, welcher die Luft reinigt und das passiv-aggressive Knistern und Brodeln entlädt, das andernfalls zwischen den Zeilen bis zur gewaltvollen Entladung latent und implizit bleiben würde. Sich zu streiten, ist demnach keine »Krankheit im sozialen Körper«[354], die niederreißt, was andere aufgebaut haben, sondern ist ein durchaus schöpferischer Akt.

> »Unsere Opposition gibt uns das Gefühl, in dem Verhältnis nicht völlig unterdrückt zu sein, sie läßt unsere Kraft sich bewußt bewähren und verleiht so erst eine Lebendigkeit und Wechselwirksamkeit an Verhältnisse, denen wir uns ohne dieses Korrektiv um jeden Preis entzogen hätten.«[355]

Partizipation und Teilhabe sowie der Drang, sich gesellschaftlich zu engagieren, können erst dann aus der inhaltlichen Unbestimmtheit geführt werden, wenn sie in transformativer Absicht Entwurf oder Teil eines Entwurfes sind, der auf den praktischen Umsturz des Gegenwärtigen zielt.

Die Möglichkeit, sich dem Hegemonialen entgegenzustellen, aus Liebe zur Welt in Opposition zu dem zu treten, was anderes, andere oder einen selbst kaputt macht, ist tätige Hoffnung insofern, als sie »vielfach das einzige Mittel ist, durch das uns ein Zusammen mit eigentlich unaushaltbaren Persönlichkeiten noch möglich wird.«[356]

Entgegen einer in der Tendenz Inhalte dethematisierenden *political correctness* behaupte ich nun, dass sich zu wehren Ausdruck von Mündigkeit ist, ohne die das Politische vertrocknet. Gewiss ist der Boden guten Geschmacks dabei schnell verlassen. Worin jedoch dieser gute Geschmack besteht, darüber ist und darüber muss offen gestritten werden können. Die prägnante Formel des indischen Schriftstellers Salman Rushdie – »nobody has the right to not be offended«[357] – soll gleichwohl keineswegs darüber hinwegtäuschen, dass die Bedingungen, sich zu wehren, sehr ungleich verteilt sind. Gesellschaftliche Verhältnisse lassen sich dann als unfrei bezeichnen, wenn die Konsequenzen eines selbstgefällten Urteils nur im

Rahmen der existierenden Herrschaftsverhältnisse ausgetragen werden können, ohne dabei die Herrschaftsverhältnisse selbst strittig zu stellen.

Mit der Schaffung gesellschaftlicher Institutionen, die das Sich-streiten wieder kultivieren, visiere ich keineswegs moderierte Gesprächsgruppen an, sondern auf Ebene ökonomischer Akteure eine Recodierung dessen, was als Ausgangspunkte jenen Raum hervorbringt, von dem aus Gesellschaftliches zum Ökonomischen gemacht wird, zugunsten von Wirtschaftsformen, die mehr demokratische Beteiligung ermöglichen, als das bislang der Fall ist. Es geht insofern auf Ebene wirtschaftlicher Praxis nicht um primär diskursive Konfrontationen in der Verschiedenheit, sondern um performativen Protest, der sich als Vielfalt von unternehmenspolitischen Strategien und Praktiken des Wirtschaftens, also als revolutionäre Entwürfe verwirklicht.

Für jene Wirtschaftswissenschaften, die sich daraus ergeben, bedeutet eine Kultur des inhaltlichen Streits eine dreifache Abkehr (1) von wissenschaftlichen Vorträgen, die wesentlich auf das gute Gefühl einer unterhaltsamen *performance* zielen, (2) von universitären Curricula, die auf *employability* abstellen sowie (3) von Publikationsorten und -formaten, die sich nicht länger darin charakterisieren, im eigenen Saft köchelnd, das Gefühl von Exzellenz durch Uniformierung zur *peer* zu vermitteln.

In pluralen Gesellschaften und lebendigen Ökonomien sowie den auf sie bezogenen Wissenschaften sind Meinungsverschiedenheiten und gegenläufige Orientierungen nicht nur legitim, sondern notwendig. Sie sind notwendig, insofern sich in der Vielfalt an zum Teil unversöhnlichen Orientierungen die Offenheit und Gestaltbarkeit geschichtlicher Entwicklung zeitigt, welche selbst Ausdruck unterschiedlicher Entwürfe dafür ist, wohin die Reise gehen könnte. Ein pluraler Begriff von Geschichte, der die widerspruchsvolle Herstellung von Wirklichkeit thematisiert, ist von daher zu keiner Zeit idealistisch, imperialistisch oder anderweitig überformend, sondern bringt gerade in der Gleichzeitigkeit des Gegenläufigen die Notwendigkeit von Verständigung zum Ausdruck. Statt melancholisch darauf zu setzen, dass, was ist, sich schon von allein verlängern wird, braucht es eine Offenlegung dieser Gegenläufigkeit und eine gleichsam offene Thematisierung der Konfliktlinien und -felder, der Konsequenzen sowie der Art, diese zu verständigen.

Wenn ich an dieser und anderen Stellen von *Verständigung* schreibe oder rede, dann markiere ich damit zugleich meinen Gegenvorschlag zum

Konsens. *Verständigen* bedeutet nicht zwangsläufig, auf einen gemeinsamen Nenner zu kommen, sondern in erster Linie, die Standpunkte im Wissen darum ausgetauscht zu haben, dass sich nicht alles auf einen universellen rationalen Punkt bringen lässt, der als Konsens von allen geteilt werden könnte. Im Gegenteil ist Verständigungsorientierung wesentlich getragen von der Einsicht, dass es der Kern von Widersprüchlichkeit ist, Widersprüche zu produzieren, nicht aufzulösen. Verständigen bedeutet daher, eingedenk der Einsicht, nicht zwingend einer Meinung sein zu müssen, einen gangbaren, nicht gewaltförmigen Umgang miteinander zu entwickeln.

Für dieses Anliegen ist es notwendige Bedingung, den Streit auf Ebene von Inhalten auszutragen, nicht als persönliche Verfeindung. Das Starkmachen von Inhalten und der Verweis, Persönlichkeit und Befindlichkeit davon zu trennen, bedeuten keine erneute Amputation von Sinn und Sinnlichkeit als Verkopfung, sondern die Einsicht, dass das, was getan wurde, gesellschaftspolitisch wichtiger ist als das, was dabei empfunden wurde. Das Streiten und Ringen, auch das leidenschaftliche, involvierte, affizierte, bisweilen gar hitzige, ist im Gegenteil Bestandteil lebendiger Demokratien, in denen tatsächlich noch gesellschaftspolitisch gerungen wird. Zentral dafür ist die Befähigung, Nähte herauszubilden, wie Ernesto Laclau und Chantal Mouffe schon in den 1970er Jahren feststellten:

> »Any democratic struggle emerges within an ensemble of positions, within a relatively sutured political space formed by a multiplicity of practices that do not exhaust the referential and empirical reality of the agents forming part of them.«[358]

Das auf den Psychoanalytiker Jacques-Alain Miller zurückgehende Konzept der *suture* beschreibt den Verbindungszusammenhang zwischen einem Bezeichneten und dem Bezeichnenden, also die Art, mit der spezifische Semantiken im Feld die jeweiligen Phänomene benennen.[359] Die *suture = Naht*, welche Signifikant und Signifikat vernäht, verweist als temporäre und nur mehr oder weniger reißfeste Geschlossenheit auf die Unvollständigkeit von Subjekten, deren Eigentümlichkeit nicht konstant ist, sondern einer fortwährenden politischen Aushandlung bedarf.

Die Unabschließbarkeit des Sozialen, die damit angezeigt ist, ist zugleich ein weiteres Eingeständnis in die Pluralität von Geschichte als Ausdruck menschlicher Entwicklungsmöglichkeit. In der Denkfigur der *suture* wird folglich die Gespaltenheit, die Kluft zwischen unterschiedlichen Orientierungen von Beginn an mitgedacht, ebenso die Performanz des Nähens sowie die Materialität der Naht, die daraus entsteht, und die Löcher, die von der Nadel zwangsläufig gestochen werden: Wir, die wirtschaftlichen wie wirtschaftswissenschaftlichen Akteure unserer Zeit, werden vom Stich der bestehenden Narrationen, was Wirtschaft sei, durchstoßen und vom Faden jener kulturellen Praktiken zusammengehalten, welche heute als Praktiken des Wirtschaftens reflektiert und behandelt werden.

Diese Naht hält – noch, jedoch ist sie nicht unverrückbar. Das wenige Spiel, welches zwischen dem Vernähten bleibt, lässt heute gerade genug Luft zur Einsicht, dass Natur zukünftig auf eine andere Art und Weise als bislang zur Geltung zu bringen ist. Doch reicht es keineswegs, auf diesem vagen Punkt zu verharren.

»Hegemonic practices are suturing insofar as their field of operation is determined by the openness of the social, by the ultimately unfixed character of every signifier. This original lack is precisely what the hegemonic practices try to fill in.«[360]

Treffend ist die Denkfigur der *Naht* also auch deswegen, weil sie Verschiedenes in der jeweiligen Eigentümlichkeit, aus der es hervorging, bewahrt. Etwas zu vernähen, ist keine Inklusion, keine Angleichung, kein Weichspülen, Überlappen oder Ineinanderflechten, sondern das Zusammenfügen von Teilen, die sowohl ein Gemeinsames ergeben, als auch in ihrer inneren Geschlossenheit erhalten bleiben.

Nähte herauszubilden, bedeutet also, das Unterschiedliche zu verständigen mit dem Ziel, plurale Gesellschaften auf den Weg zu bringen, in denen das Andere und Fremde respektiert werden kann. Statt Einheitsbrei bis zur Fremd- und Selbstaufgabe zu betreiben, geht es mithin um die Förderung von Vielfalt und darum, einen empathischen Umgang mit dem Fremden zu üben, auch und gerade dann, wenn man sich dieses nicht zu erklären weiß oder es in deutlichem Widerspruch zum Eigenen zu stehen scheint. Die Befähigungen, die es dafür braucht, lenken den Blick auf eine fühlende und mitfühlende Ökonomik, die Rat gibt, ohne Ratgeber zu sein, an welchen Stellen und wie ein Hebel anzusetzen ist.

Wenn es um einen Typus von Ökonomik geht, der den Bedingungen für Veränderungen in einem speziellen Sinne auf der Spur ist – und um genau solch einen Typus von Ökonomik geht es mir –, dann gilt es, Methoden und ein analytisches Instrumentarium zu entwickeln, zu erproben und zu evaluieren, das dafür taugt, diese Nähte sichtbar zu machen, sie in ihren Widersprüchen zu analysieren und sie letztlich auftrennen zu helfen, um Gewisses aus der und Anderes in die Welt bringen zu können.

Solche Nähte sind, historisch perspektiviert, also nicht nur Einsicht in die grundsätzliche Offenheit des Sozialen und Geschichte allgemein, sondern stets auch *Ausgangspunkt für etwas*. Sie sind die Eingriffsstelle, um das Mögliche im Wirklichen freizulegen und auf den Weg zu bringen. Die Welt zu lieben, bedeutet insofern stets auch, von einem wirklichen Verstehenwollen der wirklichen Verhältnisse getrieben zu sein, etwas unbedingt herausfinden zu wollen, und die Welt, gerade weil an ihr Anteil genommen wird, nicht einfach hinzunehmen, sondern nach Rillen und Rissen zu suchen, die das Mögliche anzeigen und zu einem Bruch geschlagen werden können.

Die Nähte, von hegemonialer Praxis gestochen, haben häufig den hermetischen Anschein von zeitloser Schicksalhaftigkeit, als wäre dies eben die Art, wie die Welt sei – und alles andere nur Hirngespinste, Idiotie oder Nörgelei. Das Gefühl der Ohnmacht, das im Versuch entsteht, die Welt wesentlich anders zu denken, ist nicht einfach nur Einbildung. Die Einsicht, dass Vordenken Nachdenken braucht[361], ist letztlich nur eine andere Formulierung für die Notwendigkeit historischer Rückbindung, die Pfade, Brüche und Versatzstücke erkennen lassen, die als Gemengelage kultureller Orientierungen und Entscheidungen als Entwürfe gewachsen sind. Die Abhängigkeiten, die aus diesen Entwürfen entstanden sind, begünstigen Gewisses, erschweren Anderes oder stellen es gar derart zu, dass es gar nicht erst in den Blick gerät.

Sydow und Kollegen unterscheiden in der Entstehung von *Pfadabhängigkeiten* zwischen einer (1) Präformations-, (2) Formations- und (3) Lock-In-Phase und konkretisieren damit den allzu vagen Befund, dass Geschichtlichkeit wichtig ist. Ihr Argument zielt darauf, dass es in frühen Entwicklungsstadien häufig viele Alternativen gibt, von denen jedoch noch keine hegemonial geworden ist und die mehr oder weniger gleichberechtigt koexistieren. Durch eine Abfolge von Entscheidungen, die auf einigen dieser Alternativen beruhen, engt sich das Spektrum an möglichen Alternativen, die daran anschließen können, zunehmend ein bis die Folgesfolgen einen schlingernden Pfad entstehen lassen, der sich fortwährend selbstverstärkt und schließlich bis zur scheinbaren Alternativlosigkeit ausschwingt.[362] Die Kontingenz, mit der aus den ursprünglichen Alternativen eine gewählt wurde, gerät aus dem Blickfeld. Das, was ist, erstarrt zur scheinbaren Ewigkeit, in der Vergangenheit, Gegenwart und Zukunft in einem Punkt zusammenfallen.

Mit dem Begriff der *Pfadabhängigkeiten* ist also der Blick für die historische Widerständigkeit geschärft, die das re-imprägniert, was ohnehin schon ist. Wenn beispielsweise die überwältigende Mehrheit der Stadtplanungen urbaner Ballungszentren motorisierter Individualmobilität unterworfen ist, diese also wesentlich aus asphaltierten Böden bestehen, dann ist das freilich für eine Mobilität der Zukunft von Belang. Pfadabhängigkeiten drängen die Entwicklung in eine Richtung, zwingen sie jedoch nicht.

Das Einengen der Signifikationsschemata, die den Rahmen dessen abstecken, was überhaupt als relevant wahrgenommen wird, ist aus dieser Perspektive stets auch ein Einengen der Vorstellungskraft möglicher Zukünfte, in denen wir leben könnten.[363] Während in den letzten Dekaden auf ernüchternde Art und Weise eine Vertrocknung dieser Bildungs- und Einbildungskraft bei zu vielen Menschen zu konstatieren ist, eskaliert das Bewältigungsverhalten zur Lösung gegenwärtiger Problemlagen, die sich nicht einfach wegdenken oder gleichsam austrocknen lassen. Das surreale Bild einer zunehmend abgetöteten Welt, deren lebendige Zukünfte von hinreichend radikalen Transformationen menschlicher Praxis abhängen, deren menschliche Bevölkerung sich gleichwohl mehrheitlich außer Stande sieht, eine andere und bessere Welt sich auch nur vorzustellen, und die Waffen der Abtötung stattdessen nur zu intensivieren sucht, treibt zur Resignation. Niemals dürfen wir das einfach hinnehmen!

Ökonomik, die nun im Vokabular von Pfriem als *Möglichkeitswissenschaft* betrieben wird, ist aufständisch in dem Sinne, als sie sich von nichts und niemandem dumm machen lässt. Sie weiß darum, dass jene Ruhe vor dem Sturm stets auch ein Hochmut vor dem Fall sein kann, und sie arbeitet daran, diesen Fall herbeizuführen. Ökonomik kann stets und bestenfalls nur Veranlassung dessen sein, was sich als Sturz des Hegemonialen ins Werk stellt und darauf hinwirkt, eine neue Praxis auf den Weg zu bringen. Vermutlich niemand hat das so klar herausgearbeitet wie Karl Marx:

»Die Waffe der Kritik kann allerdings die Kritik der Waffen nicht ersetzen, die materielle Gewalt muß gestürzt werden durch materielle Gewalt, allein auch die Theorie wird zur materiellen Gewalt, sobald sie die Massen ergreift. Die Theorie ist fähig, die Massen zu ergreifen […], sobald sie radikal wird. Radikal sein ist die Sache an der Wurzel fassen.«[364]

Eine Transformation von Gesellschaft kann nicht *qua* Einsicht beschlossen werden, sondern führt über eine veränderte Praxis. Schon allein von daher insistiere ich mit Nachdruck darauf, dass sich das kritische Potenzial von Wissenschaft nicht in reiner Nörgelei erschöpfen darf. Wissenschaft kann dabei helfen, wenn sie, ohne Menschenführungstechnologie zu sein, begriffliche Mittel dafür bereitstellt, die hegemoniale Praxis radikal, also an der *radix = Wurzel* zu greifen, das Hegemoniale in den Griff zu bekommen und in seiner Widersprüchlichkeit, dem Licht, aber auch den Schattenseiten, zu zerlegen und damit überhaupt erst zur Sprache zu bringen, was historisch konkret inwiefern schiefläuft und wie es unter welchen Bedingungen anders und besser möglich wäre.

Das Hegemoniale an der Wurzel zu greifen, bedeutet, das Verborgene offenzulegen, zur Sprache zu bringen, was bislang nur stillschweigend mitlief, um Eingriffsstellen dafür zu schaffen, die Unantastbarkeit des Gegenwärtigen als nur äußeren Anschein aufzuklären.

»One could say, that is, that every culture has its speculative and religious moment, which coincides with the period of complete hegemony of the social group of which it is the expression and perhaps coincides exactly with the moment in which the real hegemony disintegrates at the base, molecularly: but precisely because of this disintegration, and to react against it, the system of thought perfects itself as dogma and becomes a transcendental ›faith‹.«[365]

Quasi-religiöse Praxis ist gewiss in der Tendenz eine eher bequeme Praxis, insofern sie einfach als Glaubensfrage hingenommen wird (werden kann, werden soll), zumindest solange sie dogmatisch ist und nicht dem eigentlichen Wortsinn nach Achtsamkeit von *relegere = achtgeben*.

Die historische Entstehungsgeschichte solcher Dogmen zu rekonstruieren, damit auf ihre kulturellen Quellen zu stoßen, Kritik an diesen zu üben und auf die nur vorläufige Geschlossenheit dieser Entwicklung hinzuweisen, ist von daher ein stets unbequemes Unterfangen und undankbar insofern, als wir Ökonominnen und Ökonomen damit zwangsläufig, weil von Berufs wegen her, Dinge von uns geben, die anecken, weil sie anecken müssen, um aus den Komfortzonen herauszutreiben, die in gewisser Hinsicht als problematisch aufgeklärt wurden.

Das ist nur auf einen ersten Blick eine theoretische Frage, die an die Substanz geht und von daher abschreckt. Daran ändert auch die Tatsache nichts, dass ich es hier als theoretisches Argument vortrage. In dem Maße, in dem wir beginnen, das kritische Potenzial von Ökonomik jenseits reiner Nörgelei zu entfalten, können wir praktisch relevante Hinweise und Anregungen dafür geben, den korrespondierenden Konformismus auf praktischer Ebene zu pluralisieren. Dessen Umwälzung ist letztlich eine zutiefst praktische Frage der darauf bezogenen Gesellschaftspolitik als *policy*, welche zugleich, um Wirtschaft aus der puren Sinnlosigkeit zu führen, auf einer Ontologie der verständigungsorientierten Vielfalt ruht: »Politik beruht auf der Tatsache der Pluralität der Menschen [... und] handelt von dem Zusammen- und Miteinander-Sein der *Verschiedenen*.«[366]

Ich behaupte, und wie sich gezeigt hat, spricht vieles dafür, dass solche Ökonomik nur dann fruchtbare Impulse geben kann, wenn die wirtschaftswissenschaftliche sowie die korrespondierende wirtschaftliche Praxis zu einem mitweltlichen Umgang kultiviert wird, der von inhaltlichem Streit, nicht jedoch persönlicher Feindschaft geprägt ist. Dafür ist eine Unterscheidung wichtig und richtig, die Chantal Mouffe vorgenommen hat:

> »Während der Antagonismus eine Wir-Sie-Beziehung ist, in der sich Feinde ohne irgendeine gemeinsame Basis gegenüberstehen, ist der Agonismus eine Wir-Sie-Beziehung, bei der die konfligierenden Parteien die Legitimität ihrer Opponenten anerkennen, auch wenn sie einsehen, daß es für den Konflikt keine rationale Lösung gibt. Sie sind ›Gegner‹, keine Feinde [...] Als Hauptaufgabe der Demokratie könnte man die Umwandlung des Antagonismus in Agonismus ansehen.«[367]

Das von Fukuyama beschworene »Ende der Geschichte«[368] ist aus diesem Blickwinkel zu reflektieren als das Verschwinden agonistischen Streits, welches dem Irrglauben Futter gab, zum Kapitalismus gäbe es keine Alternativen, um die es sich zu ringen lohnen würde. Die Verkümmerung des Ökonomischen zu einem immergleichen *Schema-F*, das bloß aus Lehrbüchern auswendiggelernt werden muss, findet letztlich Ausdruck in einer hegemonialen Vorstellung, was Wirtschaft sei, von der aus die wirtschaftliche Entwicklung der letzten Dekaden als ein Prozess der Angleichung und Gleichschaltung dechiffriert werden kann.

Die Pluralität ökonomischer Akteure, also die real existiert habende Vielfalt innerhalb der Unternehmenslandschaft, die sich im Ausgang dynastischer Verhältnisse zunächst gebildet hatte[369], wurde über die Transformationen der letzten Dekaden vom Fabriken- und Manager- zum Anleger- bis zum Finanzkapitalismus der Gegenwart zunehmend ausgedünnt. Zu Beginn des 21. Jahrhunderts stehen wir vor einer Unternehmenslandschaft, die selbst Monokultur geworden ist und als performativer Ausdruck jener Einfalt, die theoretisch nahegelegt wurde, die Irrtümer der Vergangenheit evidenzbasiert zu rechtfertigen scheint. Ökonomik, die nicht kritisch ist, dreht sich deswegen bis zum Erbrechen nur um sich selbst.

In der ökonomischen Nomenklatur könnte ein vorschnelles Argument nun darauf zielen, dass die Betonung der produktiven Kräfte marktlich vermittelter *Konkurrenz* doch Teil des innersten Kerns wirtschaftswissenschaftlicher Ideengebäude und der Anspruch, das Ringen um Herrschaft ernst zu nehmen, insofern doch längst eingelöst sei. Das wäre zwar richtig, verfehlte jedoch den Punkt von daher, als das, was in der Ökonomik als *Konkurrenz* beschworen wird, ein Kräftemessen im Rahmen als hermetisch imaginierter Umstände ist. Die Herrschaftsbedingungen selbst, unter denen sich konkurrierende wirtschaftliche Akteure begegnen, stehen dabei zu keiner Zeit selbst zur Disposition.[370] Um nichts weniger geht es mir jedoch, wenn ich, mit Chantal Mouffe gesprochen, für einen *agonistischen Pluralismus* plädiere.[371]

Das Fehlen einer nennenswert ausdifferenzierten Bandbreite unterschiedlicher Wirtschaftsformen wird nicht dadurch geheilt, dass es gewiss auch Forschungsaktivitäten zu inhaber- oder familiengeführten Unternehmen sowie den Zweig der Mittelstandsforschung gibt. Neben der ohnehin mehrfach beklagten Randständigkeit dieser Zweige zielt die Kritik im Kern auf die intellektuelle Schlichtheit auch dieser Strömungen, mit der das Vorhandensein von wirtschaftlichen Phänomenen im Grunde immer schon vorausgesetzt wird. Der praktischen Vielfalt auch auf theoretischer Ebene einen Resonanzraum zu geben, hieße stattdessen, den Blick auch auf solche Wirtschaftsformen zu richten, die augenscheinlich nicht in das Schema *international, profitorientiert und technologiegetrieben* passen.

Die Recodierung dessen, was mit Wirtschaft gemeint sein könnte, ist sowohl eine Pluralisierung des Bezeichneten wie auch eine versetzte Naht, die dieser Vielfalt Rechnung trägt. Was es daher braucht, um Unternehmensformen und unternehmerischen Initiativen den Raum zu schaffen, keinem verzwecklichten Mittel der Gewinnorientierung manisch nachzueifern, sondern sich eingehend mit Fragen des Sinns ihrer wirtschaftlichen Betätigung zu beschäftigen, ist ebenso das Eröffnen von Möglichkeitsräumen zur Stärkung der Vielfalt auf Ebene von Finanzierungsmöglichkeiten, Vielfalt von Rechtsformen und damit immer auch eine Pluralisierung von Eigentumsverhältnissen.

Die Schaffung einer pluralen Unternehmenslandschaft mit mehr demokratischen Beteiligungsmöglichkeiten als bislang fokussiert zugleich eine Radikalisierung auf Ebene von strategischer Unternehmenspolitik. Statt diese Vielfalt durch die marktfundamentalistische Maxime *the-winner-takes-it-all* kahl zu scheren und in der Konsequenz dem Hang zum sogenannten *empire-building* weiter zu frönen, ist es an uns, Ökonominnen und Ökonomen, schon heute kontra-faktisch den hegemonialen Erzählungen und ihren Institutionen wirkungsvoll etwas entgegenzuhalten und gerade jenen zögerlich sprießenden Pflänzchen, die selbst Kritik der Waffen sind, vermehrt unsere akademische und anderweitig gesellschaftspolitische Aufmerksamkeit zu schenken.

Statt diesen neuen Formen und Weisen des Wirtschaftens, die nicht in den Blick geraten, wenn von Effizienz, Opportunismus und Nützlichkeitskalkülen her auf die Welt geblickt wird, nun in Reproduktion des gewachsenen Spektrums an Management- und Führungstechnologien nahezulegen, sich an das Bestehende anzupassen oder prägende Rationalitäten zu übernehmen, behaupte ich, braucht es eine Radikalisierung in der Sache. Das, was in der Entrepreneurship-Forschung seit Jahrzehnten hochgehalten wird, das Gehen der eigenen Wege, ist in diesem Sinne endlich als radikales Entwerfen anderer Zukünfte ernst zu nehmen.[372] Das betrifft nicht nur das reine Verfolgen einer eigenen Strategie im Rahmen der bestehenden Verhältnisse, sondern die Verausgabung zum Umsturz dieser Verhältnisse selbst.

Radikalisierung in der Sache führt daher zu einer gesellschaftspolitischen Pluralisierung, die nicht Feindschaft auf persönlicher Ebene ist. Das auch ökonomische Zusammensein von Menschen und Gruppen von Menschen, die verschiedenes achten und ächten, thematisiert damit, dass sich die mit einer *radikalen Demokratie*[373] korrespondierende Wirtschaftspraxis in einem lebendigen Unternehmertum charakterisiert, das unentwegt Widersprüche produziert und im Wissen darum, dass sich diese nicht werden auflösen lassen, die praktischen Konflikte, die sich daraus ergeben, inhaltlich verständigt. Das, was mit einer *radikalen Ökonomie* gemeint sein könnte, könnte ihre Bestimmtheit aus der performativen Weigerung beziehen, sich weder von Gelehrtenmeinungen noch anderen Glaubenssätzen dumm = unmündig machen zu lassen. Das Herausbilden einer Kontur mit Schärfe, die in der Sache begründet liegt, arbeitet den Grenzverwischungen entgegen, zu denen die Politik des Konsenses dieser Tage zunehmend mit Gewalt drängt. Von daher macht Mouffe einen weiteren wichtigen Punkt:

»Der Ruf nach Demokratie, der derzeit aus einer Vielzahl von Richtungen erschallt, kann nur dann dauerhafte Veränderungen hervorbringen, wenn die in diesen Bewegungen engagierten Aktivisten der Strategie des Rückzugs abschwören und sich darauf einlassen, als Teil eines progressiven ›kollektiven Willens‹ einen ›Stellungskrieg‹ zu führen, der auf die Radikalisierung demokratischer Institutionen und die Errichtung einer neuen Hegemonie abzielt.«[374]

Die Frage danach, welche Ensembles von Praktiken der Versorgung, Herstellung, Produktion oder Beratung zukünftig *als* Praktiken des Wirtschaftens mehr oder weniger hegemonial in den Blick geraten, ist eine offene Frage.

Wenn die Gedanken dazu ihren Ausgangspunkt in der Problemanalyse gewaltvoller und gefühlloser ökonomischer Naturbeziehungen nehmen, dann habe ich bereits mit den vorangestellten Ausführungen den Beginn eines Versuches unternommen, Klarheit dafür zu schaffen, dass es neuer Formen unternehmerischer Initiativen bedarf. Solche transformativen Unternehmen, die Versorgung etwa verstärkt als Selbstversorgung bewerkstelligen, halten Entwürfe dafür bereit, in welche Richtung die menschlichen Naturverhältnisse zu Beginn des 21. Jahrhunderts zu entwickeln wären, beziehungsweise aus welchen Sackgassen sie so schnell wie irgend möglich zu führen sind.

Es gibt kein stichhaltiges Argument freier Gesellschaften, das mir bekannt ist, warum die Vielfalt von Unternehmensverantwortungen dafür, diese Welt besser zu machen, *par ordre du mufti* auf ein wie auch immer begrenztes Spektrum einzuengen sei. Auch dann nicht, wenn dieser sprichwörtliche Mufti die reflektierteste aller denkbaren Wirtschaftswissenschaften wäre. Der entsinnlichte Umgang einer zur Passivität abgetöteten Natur ist nicht aus Ablehnung einer spezifischen ideologischen Setzung vom Tisch, sondern von einer als problematisch aufgeklärten Praxis her, die ich nicht länger zu akzeptieren bereit bin. Statt also die leblose Hülle jener abgetöteten Natur, die als Variable in ein beliebiges Kennzahlensystem integriert wurde, weiter kosmetisch zu rechtfertigen, geraten solche unternehmerischen Entwürfe in den Blick, welche die aktive Arbeit an und Pflege von Natur als Teil ihrer Unternehmensstrategie, beziehungsweise ihrer strategischen Unternehmenspolitik betreiben. Natur in erster Linie nicht nur zählen, messen, wiegen, sondern in ihrer Eigenschaft sowohl kultivieren wie bewahren zu wollen, ist ein Weg diesseits purer Nutzenkalküle, weil er außerhalb von Zweck-Mittel-Relationen als treibender Rationalität steht.

Die dann bestenfalls kultivierte Vielfalt von normativen Orientierungen ökonomischer Praxis, die sich *agonistisch* verständigen und insofern auf der *Agora* verortet sind, erfordert eine Wirtschaftswissenschaft, die diese Verschiedenheit weder mit Gleichmut hinnimmt, noch mit Arroganz zu überformen sucht, sondern die jeweilige Eigentümlichkeit entlang der kontrahierenden Widersprüche kritisch analysiert. In der Verortung auf der *Agora* tritt in Erinnerung an die griechische *polis* zugleich ein regionaler Fokus des Ökonomischen in Erscheinung als Begrenzung der eigenen Wirkstätte.

Ich gestehe offen, dass das einen Großteil der heute realexistierenden Ökonominnen und Ökonomen gerade in Deutschland ratlos erscheinen lässt insofern, als sie mit Vehemenz darauf insistieren, wertfrei zu sein. Ökonomik, die dem äußeren Anschein nach inhaltlich gereinigt ist und sich eines klaren Standpunktes mit dem Verweis verweigert, Normativität wäre unwissenschaftlich, verfängt sich nur desto tiefer in der subjektiven Willkür instrumenteller Vernunft. Wie könnte jemals etwas optimiert oder maximiert werden, wenn dabei nicht sehr deutlich eine normative Orientierung gesetzt würde, auf die hin diese Optimierung oder Maximierung angegangen werden würde? Wissenschaft, auch Wirtschaftswissenschaft und erst recht jene, die vom Glauben getragen sind, über allen Dingen zu stehen, sind selbst kulturelle Praxis und insofern durchzogen von partikularen Reflexen und historischen Echos. Unabwendbar sind auch wir Ökonominnen und Ökonomen, wie alle Menschen überhaupt, Kinder unserer Zeit und damit eingefaltet in die historischen und materiellen Verhältnisse, denen unser Denken entspringt und auf die sich unser Denken und unser gesamter Lebensprozess richtet und an denen er sich abarbeitet.

»Insofern, als es kein voraussetzungsloses Denken gibt, ist unser gesamtes Denken als ideologisch zu bezeichnen […] Die Engstirnigkeit des einen ist die Aufgeschlossenheit des anderen. Seine Ansichten sind bigott, deine sind doktrinär und meine sind ausgesprochen flexibel.«[375]

Kritik ohne Haltung ist haltlos. Wenn wir als Wissenschaftlerinnen und Wissenschaftler unsere Würde nicht verlieren wollen, behaupte ich, brauchen wir eine Haltung, die uns und anderen Orientierung gibt. Statt Normativität – oder Ideologie oder welcher Kampfbegriff zur Absprache von Wissenschaftlichkeit auch immer Verwendung findet – weit von sich zu weisen, sind wir gut beraten, einzusehen, dass jedes Denken normativ und ideologisch, letztlich subjektiv ist. Doch Subjektivität ist nicht zwingend Beliebigkeit. Unsere Moral des Denkens besteht insofern darin, uns unserer Werthaltungen offen zu bekennen und sie fortwährend reflexiv einzuholen, sie offenzuhalten für die Möglichkeit, von anderem oder eigenem Denken zur Besinnung zu kommen.

Bildung, auf allen Ebenen unserer Institutionen dafür, ist dem gegenwärtigen Trend zu entheben, Indoktrination zu sein, und hat stattdessen im deutlichen Sinne des Wortes wieder Befähigung dafür zu werden, sich ein eigenes Urteil zu bilden. Stabilität zu erzeugen, indem neue Generationen durch Erziehung an das Alte gebunden werden, ist nur in dem Maße erstrebenswert, in dem das Alte von der Sache her auf Dauer gestellt werden sollte. Die Bereitstellung von begrifflichen Mitteln, welche die ökonomischen Verhältnisse ihrer Zeit an den Wurzeln zu greifen bekommen, könnte einen Griff entwickeln, der hält. Das bedeutet für die Akteure in Ökonomie, Ökonomik und ökonomischer Bildung, die Verantwortung für die Welt übernehmen, nichts weniger als eine Form politischer Radikalisierung bei gleichzeitiger Selbstbegrenzung dergestalt, dass die Verteidigung des Eigenen nicht notgedrungen zur Überformung des Anderen führen muss. Respekt davor zu haben, dass andere Menschen, oder Gruppen von Menschen, anderes achten und ächten, ist demokratische Voraussetzung dafür, ich selbst sein zu dürfen.

In einem Brief reagierte Martin Heidegger seinerzeit auf Schwierigkeiten seiner Schülerin, Hannah Arendt, einen Zugang zu der Theologie zu finden:

»Vielleicht mußt Du noch viel mehr nur in Begeisterung kennen lernen wollen – das braucht weder ›Neugier‹ zu sein noch ein äußerliches Rezipieren, sondern ein Sichoffenhalten für Möglichkeiten des Verstehens.«[376]

Damit ist recht deutlich markiert, welche Haltung es seitens der Dozierenden, aber auch der Studierenden (wieder) vermehrt an Hochschulen braucht: sich selbst hinreichend offenzuhalten für Möglichkeiten, in Erstaunen versetzt zu werden.

Von daher ist Bildung stets eine Form der Befähigung, die ich als Einladungen auf den Weg bringen kann. Die Argumente, die ich dabei anführe, dürfen überzeugen, nicht aber überreden, damit als Minimalbedingung gelingender Bildung die Urteilskraft selbst trainiert wird. Daraus ergibt sich das unauflösbare Spannungsfeld als Handlungsfeld gelingender ökonomischer Bildung: nämlich, dass Vorverurteilung eine Form von Unfreiheit ist, doch Mündigkeit, sich zu wehren, nicht einfach vom Himmel fällt.

Die Aufhebung der Ökonomie und des Ökonomischen ist möglich

Ein nun erst recht hoffnungsvoller Blick zurück nach vorn

14 Fügsamkeit wird schwierig, wenn die Welt aus den Fugen gerät

Ich behaupte, es ist nicht nur konzeptionell falsch, sondern auch mit einer restlosen Abtötung der Welt verbunden, wenn das Ziel wirtschaftlicher und wirtschaftswissenschaftlicher Betätigung ausschließlich in Begriffen wie *Gewinn*, *Effizienz* oder *Nutzenkalkül* anvisiert wird.

Die erdgeschichtliche Signatur solcher Ökonomik findet ihren innersten Kern daran, verfügbar zu machen, was besser rar bliebe, und rar zu machen, was verfügbar sein sollte. Es verändert die darin verwickelten Menschen nicht nur äußerlich, sondern drängt die Gattungsgeschichte zur Verkümmerung empathischen Miteinanders, zur Unfähigkeit, mit anderem, anderen und sich selbst zu fühlen. Das ökonomische Penetrieren und Durchdringen von auch nichtmenschlicher Natur als unbedingter Beherrschungswille, der seinen Nachdruck aus der brachialen Gewalt (bio-)technischer Möglichkeiten schöpft, findet einstweilen nicht mal mehr seine Schranken an den Grenzen des Planten, sondern beginnt, die unendlichen Weiten des Weltraums zu erobern. So findet letztlich zusammen, was von der Sache her zusammengehört: unendliche Weltferne.

Die hegemoniale Setzung, mit der diese Weltferne in die Welt kam und sich seitdem erfolgreich verfestigt, dass, was machbar ist, nur deswegen auch gemacht werden sollte, stellt sich als allzu schlichte Philosophie des *because-I-can* ins Werk, welche damit eine ideologische Konstruktionsleistung des 18. Jahrhunderts zeitigt, die drei Jahrhunderte später in nahezu allen gesellschaftlichen Bereichen westlich-industrialisierter Gesellschaften zu einem das Denken verklebenden monotonen Rauschen angeschwollen ist, das, wenn sonst kein inhaltliches Argument angeführt werden kann, als heilige Lüge vom Sein auf ein Sollen schließt und mit Gleichmut proklamiert, dass nicht nur idealistische Flausen zum Besten zu geben, sondern Realpolitik zu betreiben sei.

Von *Realpolitik* zu reden, ist selbst schon Ausdruck einer tiefen Gedankenlosigkeit, die gerade dieser Tage und hierzulande viel zu erfolgreich von der eigenen Melancholie und damit der Weigerung ablenkt, um wesentliche Änderungen noch ringen zu wollen. Das oberflächliche Basteln am Unwesentlichen, das sich daraus ergibt, tritt nicht selten als Praxis der eigenen Eitelkeitsbefriedigung auf, welche das eigene Wirken, gerade weil es sich auf die eigene Befindlichkeit richtet, als umso wichtiger erachtet, desto irrelevanter es *de facto* ist. In der vornehmlichen Fixierung darauf, *wie* etwas ist, nicht *was* es ist, verwirklicht sich eine inhaltliche Entleerung und politische Weichspülung von Ökonomie und Ökonomik, die Hand in Hand geht mit der Tendenz, einander entweder abzufeiern oder erst ungefähr gar nicht zur Kenntnis zu nehmen.

Es mögen vielleicht alle Wege nach Rom führen, nicht aber alle in lebenswerte Zukünfte. Über das Für und Wider praktischer Parteilichkeiten und normativer Orientierungen sowie der jeweiligen Praxis, in der sie zur Wirkung gelangen, zu streiten, ist notwendige Voraussetzung dafür, nicht nur irgendwie in eine offene Zukunft zu schlittern. Gerade im Prozess des Schlitterns kann Zukunft (eine von vielen möglichen) kaum mehr sein als eine passive Anpassungsoptimierung an eine Schubkraft der Vergangenheit, die allenfalls als reaktive Schadensbegrenzung gestaltbar wird. Das pointiert recht präzise jenes Zerrbild von Unternehmen als Anpasser statt Angänger, das insbesondere durch die sogenannte Volkswirtschaftslehre noch heute mehrheitlich gezeichnet wird. Gerade jene, die einem allzu naiven Steuerungsoptimismus aufsitzen, finden sich somit schnell in einer Situation wieder, in der die eigene Ohnmacht die Oberhand zu gewinnen beginnt.

Ökonomik, wie wir sie bis zu diesem Tage mehrheitlich betreiben, ist von daher bisweilen schlau, nicht aber sonderlich klug. Sie ist schlau, weil es ihr auf raffinierte Weise gelungen ist, eine beachtlich effiziente materielle Versorgung für viele Menschen zu organisieren. Sie ist im gleichen Augenblick nicht sonderlich klug, da diese Freisetzung von Lust- und Freiheitsgewinn einstweilen zur Produktion von Überfluss und unfrei machender Selbstausbeutung umgeschlagen ist, sich ihre Raffinesse heute auf breiter Front zunehmend als Tötung und Abtötung lebendiger Zusammenhänge verwirklicht. Universalgeschichte schreiben zu wollen, setzt Gewaltbereitschaft, letztlich Tötungslust voraus. Die große Rationalisierungs- und Fortschrittsoffensive, als welche die Anrufung des Ökonomischen seinerzeit auf den Weg kam, scheint nicht klüger und fortschrittlicher, sondern dümmer und roher zu machen.

In der historischen Zusammenkunft kultureller Praktiken institutionalisierter Naturvergewaltigung können wir die Missstände der Gegenwart nur noch durch ein hinreichend fundamentales *Trotzdem* theoretisch eingefangen, welches sich nicht deduktiv testen lässt, sondern als Verantwortung von uns Ökonominnen und Ökonomen den wirklichen Problemen der wirklichen Welt folgt und in dieser Hinsicht einerseits Gegengift zur Evidenzbasierung ist und andererseits der gesellschaftspolitischen Kontroverse bedarf. Daran ändert auch die Tatsache nichts, dass heute mehr denn je nur *ankommt*, was behaglich und frei von Zumutung zu sein vorgibt. Es könnte zu einer der größten Herausforderungen unserer Bildungsinstitutionen im 21. Jahrhundert werden, diese morbide Melancholie zu sprengen, die sich zulange im Licht falscher Aufklärung gesonnt hat.

Diese Kunst, sich nicht dumm machen zu lassen, verweist auf einen Typus von Ökonomik, der sich selbst nicht ernster nimmt, als das von der Sache her angebracht wäre, weil er sich selbst, und die eigenen performativen Echos seiner Einsatzstellen, reflexiv einholt und dabei stets eingedenk der tiefen Einsicht bleibt, dass das, was man als menschliche Gattungsgeschichte bezeichnen könnte, offen ist und offen bleibt, also zu jeder Zeit auch grandios scheitern kann.

Statt angesichts zunehmender Verwüstungen der Welt weiterhin jener Melancholie der Gegenwart zu frönen, deren toter Blick ins Nirgendwo zur größten *Verdummung der größten Zahl* drängt, muss es dieser Tage verstärkt darum gehen, emanzipatorische Nahräume politischen Streits zu schaffen. Auch und gerade durch unternehmerische Initiativen, beziehungsweise ihre unternehmenspolitischen Strategien.

15 Eingriffspunkte einer erotischen Wirtschaftswissenschaft

Die Frage danach, welchen Beitrag Ökonomik zum Lebensprozess des Menschen leistet, kann nicht sinnvoll beantwortet werden. Selbst dann, wenn die Frage dahingehend entsingularisiert wird, dass es um die Lebensprozesse der Menschen ginge, verharrt die Antwort in gefährlicher Menschzentrierung. Ich bleibe dabei, es geht um nichts weniger als das Leben in seiner Begrenztheit, aber auch seiner Schöpfungskraft. Das Leben selbst – und das schließt neben den Menschen auch andere Tiere, Natur im Allgemeinen mit ein – öffnet den auch ökonomischen Blick für die Widersprüche der Welt, und von allem in ihr. Jeder Versuch zur endgültigen Harmonisierung menschlicher Naturverhältnisse ist von daher gut beraten, seinen Ursprung bei der Einsicht zu nehmen, dass das nicht geht. In Frage stehen letztlich die Bedingungen dafür, mehr oder weniger dauerhaft übertragbare Arten und Weisen guter Lebensführung auf diesem Planeten zu kultivieren. Was das gute Leben konkret bedeutet, ist *in abstracto* eine unabschließbare Frage, auf die jede Zeit ihre Antworten *in praxi* zu finden hat. Ökonomik kann dabei *findenhelfen*, wenn sie Analyse, nicht Abstraktion von Ökonomie ist.

Analyse ist Ökonomik von der Sache her erst dann, wenn die Rede von *der gesamtwirtschaftlichen Entwicklung* eines Landes jeden deutlichen Sinn noch mehr verloren hat, als das bislang ohnehin schon der Fall ist. Der Versuch, Wirtschaft mit einem einheitlichen Maß, aus wie vielen Indikatoren es auch immer bestehen mag, zu messen, weil es nur dann vergleichbar und vielleicht optimierbar wird, beruht auf der bedenklichen Annahme einer Eindeutigkeit suggerierenden Universalgeschichte. Solche Form der

Selbstdiagnostifizierung, die in ihrer Reduzierung auf Quantitäten sich selbst auch nur in Bezug auf Quantitäten problematisieren kann und in der Konsequenz in ein krudes Steigerungsspiel dieser Quantitäten verfällt, ist nicht Teil der Lösung, sondern Kern des Problems. Der Quantifizierungsfetisch des sogenannten modernen wirtschaftswissenschaftlichen Hauptstroms ist eine Form jener Gegenwartsdeutungen, die mehr über die Verhältnisse verraten, denen sie entspringen, als über die Phänomene, auf die sie bezogen sind.

Ökonomische Praxis nur von Evidenzen her zu denken, bedeutet, das Mögliche zu keiner Zeit auch nur zu streifen. Wenn das Mögliche unverwirklichtes Potenzial ist, existiert es nicht, beziehungsweise nur als imaginäre Gedankenspur des menschlichen Ideenreichtums. Das sich-Entwerfen in etwas, das es noch gar nicht gibt, aber mit hinreichend guten Gründen geben kann und geben sollte, verweist von daher auf eine Ontologie, die empirisch nicht, beziehungsweise *noch nicht* zugänglich ist und von daher gefeit ist vor empiristischen und naturalistischen Zugriffen. Das sich daraus ergebende Verhältnis von Theorie und Praxis findet seine Bestimmtheit weder in der einen noch der anderen Einseitigkeit, sondern in einem reflexiven Bezug einer praxistheoretischen Konzeption. Diese bringt ihr kritisches Potenzial unter dem Blickwinkel der Reproduktion von Repräsentation im Auftuen, Analysieren und Verbessern von Bedingungen dafür in Anschlag, diese Entwürfe zu sondieren und von diesen jene zu verwirklichen helfen, die dazu beitragen, diese Welt besser zu machen.

In das Noch-Nicht die akademischen Sonden tauchen zu wollen, es auf seine Substanz hin untersuchen und gebildet, nicht wohlfeil problematisieren zu wollen, zielt nicht nur auf einen noch unwirklichen Entwurf von Ökonomie, sondern ebenso auf einen Entwurf von Ökonomik, der erst noch verwirklicht werden will. Ein solcher Entwurf einer von der Wesentlichkeit her zukunftsfähigeren und zukunftswilligeren Wirtschaftswissenschaft entspringt analog der Verantwortung jener Ökonominnen und Ökonomen, welche die gegenwärtige Art und Weise, Ökonomik zu betreiben, nicht länger zu akzeptieren bereit sind.

Damit sage ich nicht, dass es solche Entwürfe gegenwärtig nicht gibt. Im Gegenteil: Es gibt sie, und es gibt folglich auch die mit ihnen verbundenen Akteure, die sie zu verwirklichen suchen. Tatsächlich gibt es sogar schon einige spannende und in gewisser Hinsicht hoffnungsvolle Eingriffspunkte einer solchen Ökonomik, die wir zu Beginn des 21. Jahrhunderts brauchen und geradezu wollen müssen. Das hier nur exemplarisch anzudeutende Spektrum reicht von der Wirtschaftsgeschichte über die feministische, die ökologische oder die evolutorische Ökonomik bis hin zu kulturalistischen Ansätzen, die eine Vielzahl der vorangestellten Einsichten als praxistheoretisches Geschehen integrieren und damit einen hinreichend offenen Blick für die existierende Vielfalt an praktischen Entwürfen anderer Ökonomien und Unternehmensformen haben wie etwa Commons, Genossenschaften oder Ökonomien des Genug.

Damit sind gewiss nicht jene Teile der Wirtschaftswissenschaften angeführt, die heute das wesentliche Feld in Forschung und Lehre dominieren. Im Sinne der demokratischen Förderung des Politischen als *agonistischem Pluralismus* müssen wir diese also erstens aus ihrer Randständigkeit führen und zweitens stärker aufeinander beziehen, als das bislang der Fall ist. Dabei geht es nicht um einen Prozess der Angleichung, sondern nahezu im Gegenteil um eine Radikalisierung der Positionen. Selbst an den Stellen, an denen dem äußeren Anschein nach Burgfrieden zu herrschen hätte, muss eine Pluralisierung als Konfrontation in der Heterogenität zum Normalfall werden. Das inhaltliche Streiten und Ringe darum, wohin es für wen wie warum gehen könnte, macht schließlich erst die widerspruchsvolle Offenheit dessen, was ist, sowie dessen, was sein könnte, sagbar.

Das Eröffnen von Räumen inhaltlicher Radikalisierung als Verständigungsgeschehen ist stets nur Veranlassung dessen, was in ihnen passiert. Ein institutionelles Gefüge, das sich selbst hinreichend offenhält für die Möglichkeiten von Selbsttransformationen, ist zugleich in seiner Bestimmtheit von der Annahme her zu konzipieren, dass streitbare Positionen und Anschlussfähigkeit nicht zu versöhnen sind. Wir brauchen keine Wirtschaftswissenschaft, deren Inhalt, Form und Prozess sich mit *seinesgleichen* beschreiben ließe. Die inhaltliche Substanz der Figur der *Anschlussfähigkeit* reflektiert sich in einem universalgeschichtlichen Reduktionismus akkumulierter Wissensbestände, der nicht ohne Eindeutigkeit auskommt. Das gemeinsame Denken und Nachdenken ist als Verständigungsgeschehen unweigerlich eine beiderseitige Zumutung, die auch darauf beruht, sich selbst hinreichend offen zu zeigen, also Klartext zu reden und Farbe zu bekennen, sich zugleich jedoch auch selbst offenzuhalten, also den Mut für das innere wie äußere Zwiegespräch aufzubringen, sich auf andere Gedankenwelten einzulassen, welche die eigenen berühren, gar ändern könnten.

Das bedeutet nicht, diese einfach hinzunehmen, sondern sich im deutlichen Sinne des Wortes mit ihnen auseinanderzusetzen und sich ein Urteil zu bilden. Inhaltlicher Streit ist weder Destruktion noch zwingend schlichtbar. Er ist der performative Beweis dafür, dass die wirkliche Welt widerspruchsvoll ist und widerspruchsvoll bleibt. Daran ändert auch noch so viel wissenschaftliches Räsonieren nichts. Gerade deswegen ist es jedoch zwingend erforderlich, diesen Widersprüchen nicht mit Gleichmut zu begegnen, sondern sie als Möglichkeiten anzeigende Offenheit begreifen zu lernen, auf die eine Problematisierung zu folgen hat.

Das Anliegen, das ich hier verfolge, stellt also auf eine doppelte Bewegung ab. Nämlich einerseits einem institutionellen Gefüge das Wort zu reden, das einer stärkeren Pluralisierung Raum gibt, die ich andererseits dialektisch einholen möchte. Statt diese Vielfalt nur *qua* ihrer Vielfalt hinzunehmen, war und ist es mein Anliegen, analytische Begriffe zu entwickeln, die als Waffe der Kritik die existierende Vielfalt von Zugängen, die sich auf die existierende Vielfalt ökonomischer Sachverhalte richten lässt, gegen den Strich zu bürsten. Insofern geht es mir nicht darum, eine neue Schule oder ein wie auch immer geartetes anderen Programm zu verkünden, das der weiteren Zerfaserung von Ökonomik letztlich nur Vorschub leisten würde. Ich möchte dem Bestehenden nichts an die Seite stellen, sondern ein Neues im Bestehenden kraft spezifischer Kritik auf den Weg bringen, welche selbst Kritik der Waffen ökonomischen Denkens und Nachdenken ist. Das, worum es mir geht, ist die Bereitstellung von begrifflichen Mitteln, die in der bestehenden Vielfalt von Strömungen, Konzepten und Theorien Schärfung dergestalt ermöglicht, als Eros statt Thanatos zur wesentlichen Triebkraft wird.

Wirtschaftswissenschaft, die Wirtschaft lebenswert gestalten möchte, muss explizit dafür einstehen, an die Stelle abtötender Denkstile die Lebendigkeit befördernde Befähigung zu einem besseren, also guten Leben treten zu lassen, das gleichwohl von seiner Bestimmtheit her keine planetare Bedrohung darstellt. In diesem Sinne geht es mir um eine Aufhebung abtötender Denkstile überall dort, wo sie heute zur Selbstverständlichkeit geworden sind und sich einstweilen derart institutionell eingeschrieben und verfestigt haben, dass deren Aufhebung selbst einer gesellschaftlichen Anstrengung bedarf, deren Aufbringung zumindest gegenwärtig eher erstaunen würde.

Das theoretische Pendant zu dem, was sich praktisch als Aufhebung der Ökonomie beschreiben ließe, muss auch dort ansetzen, wo es um den Sinn wissenschaftlicher Betätigung geht. Das beginnt auch dabei, uns Ökonominnen und Ökonomen den Hang zu Theorie-Referaten auszutreiben, der jenen scholastischen Dünkel begünstigt, der uns heute lähmt. Gewiss bedeutet das nicht, Theorie abzuschaffen. Im Gegenteil geht es gerade darum, theoretischer als eine naive Managementlehre zu sein, gleichwohl praktischer als ein Modellplatonismus. Das nur äußerliche Referieren von Theorie, als ginge es nur darum, bekommt erst dann Biss, wenn das Bestehende lesend zur Kenntnis genommen, dann aber nicht einfach als Erkenntnisschutt reproduziert wird, sondern im kritischen Sinne dem eigenen Denken dafür Futter gibt, etwas höchst Eigenständiges daraus entstehen zu lassen.

Solche Waffen der Kritik können jedoch in gesellschaftlichen Verhältnissen, in denen sich imaginäre Bedeutungen institutionell derart verfestigt haben, wie wir das heute erleben, weniger denn je die Kritik der Waffen ersetzen. Statt Theorie also einfach zu referieren, braucht es die wissenschaftliche Bereitschaft, sie auf die wirklichen Probleme der wirklichen Menschen in der wirklichen Welt zu beziehen, die Waffen der Kritik also ausdrücklich und radikal als Kritik der Waffen zu betreiben.

Das macht es zu Beginn des 21. Jahrhunderts notwendig, sich auch als Ökonomin oder als Ökonom die Hände schmutzig zu machen und sich selbst inmitten der eigenen Gegenstände zu begeben, in den Entwürfen einer von der Wesentlichkeit her anderen Ökonomie selbst abzutauchen. In diesem Sinne selbst Teil des praktischen Geschehens zu werden, sich zu involvieren und das Erfahrungswissen der jeweiligen Akteure als »Citizen science«[377] einzuholen, beziehungsweise es als Inspirationsquell fruchtbar zu machen, verweist eben darauf, sich *als* Wissenschaftlerin oder Wissenschaftler selbst fühlend *und* denkend betroffen zu machen, statt die Welt von einem quasi-außerirdischen Standpunkt aus nur denkend beforschen zu wollen, dabei jedoch letztlich an die Grenzen der jeweilig verkopften Methodik zu stoßen.

Im Umkehrschluss die eigenen Einsichten und hoffnungsvollen Entwürfe nicht nur zu proklamieren, sondern diese in »Reallaboren«[378] selbst reflexiv werden zu lassen, verweist auf einen Typus von Theorie, der mehr als wir in den Wissenschaften häufig zuzugeben bereit sind, anerkennt, dass Theorie eine Metaphorik der Begriffe ist, die gebildet problematisiert, was ist. Sich der eigenen performativen Echos zu vergewissern, welche *in praxi* resonieren, und Narrative bereitstellen und unterfüttern zu helfen, die dazu beitragen, diese Welt besser zu machen, ist keine Verzwecklichung von Wissenschaft als partikularer Veranstaltung bloß instrumenteller Vernunft, sondern Reflexion auf das eigene in-der-Welt-sein als Wissenschaftlerin oder Wissenschaftler.

Nach dem »Nutzen der Wissenschaft«[379] zu fragen, verfehlt insofern das, worum es hier geht, meilenweit. Davon zeugt auch die jüngst entflammte Debatte, in der in Reaktion auf den Vorschlag von Uwe Schneidewind, dass es historisch-konkret dieser Tage nicht nur, aber eben auch einen neuen Typus von Wissenschaft brauche, den er als *transformative Wissenschaft* umreißt[380], der DFG-Präsident Peter Strohschneider das Ende wissenschaftlicher Freiheit als verzwecklichte Erkenntnissuche kommen sah.[381] Wie dieser ebenda mit funktionaler Differenzierung zu argumentieren, aus der das Ideal einer entpolitisierten Wissenschaft abgeleitet wird, braucht einen ahistorischen, letztlich positivistischen Begriff davon, was Wissenschaft überhaupt kann und soll. Erneut zeigt sich, dass schlechte Abstraktion eher blind macht, als den Blick zu öffnen. Vor der empirischen Kulisse zunehmend von gewaltvoller Marktförmigkeit geprägter Verhältnisse, die sich im Kern mehr und mehr angleichen, nur um des bloßen Erhalts von Theorie willen kontrafaktisch weiter von *funktionaler Differenzierung* zu reden, das jedoch gerade nicht normativ meinen zu wollen, setzt gewiss einen nicht unerheblichen Grad an Weltfremdheit voraus.

Die Sorge, disziplinäre Grenzen würden mehr und mehr bis zur Unkenntlichkeit aufgelöst, speist sich aus eben dieser Vorstellung, dass Wissenschaft selbst über alle gesellschaftlichen Verhältnisse, denen sie historisch entspringt, erhaben sei. Gewiss wäre diese Sorge berechtigt, wenn sie auf der falschen Ontologie des Politischen beruht, die von der Annahme einer Singularität her konzipiert ist, wie es gerade in solchen Kreisen, die *in abstracto* von funktionaler Differenzierung unwirklicher Systeme zu reden pflegen, der Fall ist. Es entbehrt gleichwohl nicht einer gewissen Ironie, dass gerade jene, die eine Politisierung der eigenen Disziplin befürchten, als Fluchtbewegung jedwede inhaltliche Kontur fallenlassen und sich selbst nur desto tiefer in die bloß oberflächliche Verteidigung der eigenen Inhaltsleere verstricken.

Die Position, Wissenschaft als von jeder politischen Normativität gereinigt zu erachten, ist nicht nur naiv, sie düngt gerade dieser Tage auch jenen Boden, auf dem es sich so leicht in Stumpfsinn verfallen lässt. Tatsächlich gab und gibt es diese Trennung nicht. Daran ändert auch nichts, dass ihre Beschwörung oft und laut genug wiederholt und eingeredet wird. Im Sinne einer Pluralität von Akteuren und Orientierungen, die in der Sache friedvoll kontrahieren, sollten wir uns im Gegenteil zu jeder Zeit schwer damit tun, die immer gleiche Antwort auf die Frage zu geben, wo das legitime Spektrum an Sinnbezügen wissenschaftlicher Betätigung beginnt und wo es endet. Jeder Versuch, den Sinn von Wissenschaft ahistorisch aus einer Idee zu begründen, ist vulgäre Willkür. Das Elend unserer gegenwärtigen akademischen Register ist, dass ihre wissenschaftlichen Institutionen keine Brüche oder Versatzstücke kennen, sondern auf universalgeschichtliche Fortführung angelegt und angewiesen sind.

Das Gegen-den-Strich-bürsten, welches ich hier für den Moment als *erotische Wirtschaftswissenschaft* anzeigen möchte, also eine lebensbejahende Ökonomik bis in den Tod, führt gerade in der gleichzeitigen Akzentuierung von Lebendigkeit und Endlichkeit vor Augen, dass es nicht um eine *Verzwecklichung* von Wissenschaft geht, sondern um deren *Versinnlichung*, die als *Besinnung* auf den Weg kommt. Gerade weil Wissenschaft institutionalisierte Verkopfung ist, ist eine sinnliche und sinnvolle Grundierung von ihr ein sowohl notwendiges wie mögliches Gegengift für das 21. Jahrhundert. Die strikte Weigerung zu vieler Wissenschaftlerinnen und Wissenschaftler, Individuum, letztlich Mensch zu sein, hat im selben Atemzug die Fähigkeit verkümmern lassen, selbst zu denken – und damit Entscheidungen zu treffen, die auf ein moralisches Urteil abheben, statt das Leid und die Not des eigenen Gegenstands methodisch auf Distanz zu bringen und zu verharmlosen. Das Ziel wissenschaftlichen Denkens selbst, da folge ich erneut Hannah Arendt, ist nicht Erkenntnisgewinn oder das Stopfen abstrakter Forschungslücken, sondern die Kultivierung der Fähigkeit, zu unterscheiden – und damit praktisch einen Unterschied zu machen.

Insofern geht es auch mir zu keiner Zeit um den Nutzen von Ökonomik für irgendetwas *im* Leben, sondern *für* das Leben selbst. Der Nutzen für das Leben ruft die Frage nach dem Sinn wirtschaftlichen und wirtschaftswissenschaftlichen Angangs auf. *Lebensklugheit*[382] und *Weltklugheit*[383] bei mehr Menschen als bislang zu befördern und entwickeln zu helfen, ist eine Bildungsaufgabe in der umfassenden Bedeutung des Wortes. Die Räume, die wir dafür wieder vermehrt benötigen, sind Orte offener Austragung und öffentlicher Verständigung und des Ausprobierens, das bedeutet, konkrete

Orte, deren Undurchdringbarkeit und Unverfügbarkeit als Notwendigkeit zurückschlagen, sich mit ihnen auseinanderzusetzen.

Sich auf die Welt, und ihre Widersprüche, einzulassen, ist kein kognitivistisches Reinheitsgebot. Für das Anliegen, welches ich mit diesem Buch verfolge, behaupte ich nichts weniger, als dass Vordenken immer auch eine Form des Mitfühlens ist. Dieser Zusammenhang von *Denken* und *Fühlen* ergibt sich schon allein aus der konsequenten Überwindung des cartesianischen Duals. Das Affizieren und Affiziert-werden vom eigenen Gegenstand, das nicht durch methodische Brutalität abgetötet wird, räumt den Weg frei für eine Wirtschaftswissenschaft, die das Interesse an der Welt zurückgewinnt, ohne beliebig zu werden, weil sie ihr mit *Achtsamkeit* begegnet, ohne sie romantisiert zu verklären.

»Mit Achtsamkeit meinen wir das Zusammenspiel verschiedener Momente: Die bestehenden Erwartungen werden laufend überprüft, überarbeitet und von Erwartungen unterschieden, die auf neueren Erfahrungen beruhen; es besteht die Bereitschaft und die Fähigkeit, neue Erwartungen zu entwickeln, durch die noch nie dagewesene Ereignisse erst verständlicher werden; ferner gehört dazu eine besonders nuancierte Würdigung des Kontexts und der darin enthaltenen Möglichkeiten zur Problembewältigung sowie das Ausloten neuer Kontextdimensionen, die zu einer Verbesserung des Weitblicks und der laufenden Arbeitsvorgänge führen.«[384]

Das Denken selbst zu kritisieren, mag gewiss in den Ohren der wohl entschiedensten Vertreterinnen und Vertreter einer denkenden Wissenschaft schräg klingen. Doch Verkopfung verkopft zu kritisieren, bleibt letztlich selbst verkopft. Wenn wir als Wissenschaftlerinnen und Wissenschaftler unsere Würde nicht verlieren wollen, darf es uns nicht länger genügen, nur zu schreiben, dass das geschriebene Wort nicht alles ist. Solange die tatsächlichen Einsichten akademischen Denkens darauf angewiesen bleiben, dass der Erkenntnisgegenstand rational auflösbar ist oder als solcher dar- und vorgestellt wird, solange bleibt viel Wesentliches letztlich ungesagt. Wenn das, was verdeckt ist, fühlt, ist das, was denkend entdeckt wird, nicht alles.

Was wir heute so dringend brauchen, ist eine Wissenschaft, die sich selbst theoretisch hinreichend ernst nimmt und die sich nicht länger im Glauben wähnt, die eigenen Einsichten würden nur für die anderen gelten. Wissenschaft selbst ist eine kulturelle und damit historische und widerspruchsvolle Praxis, was nicht heißt, das Kind mit dem Bade auszuschütten und ins hektische Basteln zu verfallen. Der systematische Ort von Erkenntnis bleibt die Wissenschaft. Wir müssen gleichwohl vermehrt über Epistemologisches, Ontologisches und Methodologisches streiten lernen sowie über die praktischen Parteilichkeiten, auf die diese bezogen sind.

Damit ist eine Perspektive freigelegt, die Natur als Relationsgeschehen kultureller Praxis wesentlich werden lässt, also die Frage nach der Vielfalt und Verschiedenheit gesellschaftlicher Naturverhältnisse aufkommen lässt. Den noch halbwegs Vernunftbegabten unter uns sollte es letztlich reichlich absurd vorkommen, die wissenschaftlich vorbereiteten, begleiteten und rechtfertigten Praktiken institutionalisierter Naturzerstörungen als wissenschaftliche Exzellenz zu feiern und alle Versuche, dem eine Perspektive lebenswerter Zukünfte über eine empathische Kultivierung gesellschaftlicher Naturverhältnisse entgegenzuhalten, als unwissenschaftlichen Mangel an Rigorosität abzustrafen.

Das, worum es mir hier geht, ist also der Entwurf oder der Beginn eines Entwurfs einer transformationsbezogenen (und damit unweigerlich politischen) Theorie des Unternehmerischen, welche insbesondere solchen Formen neuer unternehmerischer Initiativen nachspürt, die das Potenzial und den unbedingten Willen in sich tragen, an den gesellschaftlichen Verhältnissen zu arbeiten, sie bestenfalls umzuwälzen. Zur näheren Bestimmung jenes Typs von Unternehmen, die das leisten könnten, lassen sich für den Moment zehn Qualitätsmerkmale[385] anführen:

- Selbstermächtigung
- Gegenseitige Befähigung
- Gemeinschaftsbildung
- Materielle Teilhabe
- Gestärkte Selbstversorgung
- Engagement zur Gestaltung von Gesellschaft
- Finanzielle Selbstbegrenzung
- Entschleunigung
- Regionalisierung
- Stärkung der natürlichen Vielfalt

Solche *transformativen Unternehmen* arbeiten sich nicht oberflächlich, sondern radikal, also an der Wurzel der gesellschaftlichen Institutionen ab, in und durch die sich jenes Imaginäre hält, von dem aus heute mehrheitlich Gesellschaftliches als Wirtschaftliches reflektiert und behandelt wird. Sie resultieren aus einer Gesellschaft und der Ablehnung dieser Gesellschaft sowie dem Drang, sie zu perforieren, an einer anderen, einer neuen Gesellschaft zu arbeiten. Im sehr deutlichen Sinne entwerfen sich transformative Unternehmen: Denn sie verändern anderes, andere und sich selbst, transformieren die existierende Art des Wirtschaftens.[386] Das, was ich hier als lebendige Ökonomik zu skizzieren begonnen habe, eröffnet damit zugleich einen breiteren Blick auf die wirkliche und mögliche Vielfalt dessen, was sich als Unternehmenslandschaft beschreiben ließe.

Der Entwurf einer Ökonomik, die reflexiv wird und just daraus ihr kritisches Potenzial zur Geschichte bewegenden Kraft gewinnt, wirft Fragen nach Sinn und Güte wirtschaftswissenschaftlicher Erkenntnis auf, die so neu nicht sind. Immanuel Kant beauftragte seinerzeit einen Schüler damit, seine Vorlesung zur *Logik* aufzuschreiben.[387] In ihr formulierte Kant seine vielzitierten vier Fragen: (1) *Was kann ich wissen?*, (2) *Was soll ich tun?*, (3) *Was darf ich hoffen?* und (4) *Was ist der Mensch?*

Wirtschaftswissenschaftlerinnen und Wirtschaftswissenschaftler neigen bislang noch dazu, auf bestenfalls eine dieser vier Fragen eine Antwort geben zu können. Während Immanuel Kant die Beantwortung der Fragen (ad 1) der Metaphysik, (ad 2) der Ethik, (ad 3) der Religion und (ad 4) der Anthropologie zuwies, lassen sie sich gleichwohl auch als Reflexionsangebote für die Güte wirtschaftswissenschaftlichen Denkens und Nachdenkens über die Welt fassen.

Die mit transformativen Unternehmen verbundenen transformativen Unternehmenstheorien haben genau das zu leisten, damit sie nicht einfach Träumerei sind, sondern analytisch in dem Sinne werden, als sie dekonstruieren und rekonstruieren, wie an den gegebenen Bedingungen gearbeitet werden kann und sollte. Transformativ zu sein, bedeutet, das Neue im Alten zu entwerfen. Wir müssen zu einem Begriff des Ökonomischen gelangen, der dem entspricht.

Angesichts verrohender Neigungen industriell-technokratischer Praktiken des Wirtschaftens von Natur und deren Lebendigkeit her auf die wirkliche und mögliche Vielfalt kultureller Praktiken des Werteschaffens zu blicken, erfordert auch eine gesellschaftspolitisch wirksame Vielfalt an Narrativen dafür. An dem Ensemble wünschenswerter Erzählungen reflexiv zu arbeiten und zu helfen, sie ins Werk zu stellen, setzt eine Ökonomik voraus, deren Verfechterinnen und Verfechtern es gelingt, sich selbst als Selbst inmitten von anderem und anderen wahrzunehmen, zu reflektieren und zu handeln.

Entwürfen auf der Spur zu sein, die das Leben in seiner Endlichkeit bejahen und gerade deswegen die eigene kosmologische Stellung weder asketisch ins Bodenlose noch überheblich ins Maßlose treiben, ist ein nur praktisch zu leistender Anspruch. Wir können uns den akademischen Dünkel mutmaßlich intellektueller Reinheit zu Beginn des 21. Jahrhunderts nicht länger erlauben. Die Substanz praktischer Parteilichkeiten entlang der Widersprüche und materiellen Ausdrucksweisen in den Blick nehmen zu wollen, führt im Gegenteil unübersehbar vor Augen, dass Wissenschaft kein Rationalisierungsprojekt ist, beziehungsweise als solches betrieben werden sollte. Die erkenntniskritische Perspektive, die unvermittelt aufscheint, verweist gerade auf die Begrenztheit rationalen Denkens und die aus ihr abzuleitende Unmöglichkeit von Wahrheit jenseits tätiger Praxis. Wirtschaft lebenswert zu gestalten, führt über die Einsicht, dass Wirtschaftswissenschaft kritisch oder nichts ist.

Eros – nicht ausschließlich, aber auch – als Triebkraft ökonomischen Denkens in den akademischen Institutionen zu etablieren, ist kein leichtes Unterfangen. Vielleicht handelt es sich dabei auch um ein Anliegen, das im Rahmen bestehender Bildungsinstitutionen und deren Modi der Selbstauswahl nicht einzulösen sein wird und von daher der Gründung und Etablierung gänzlich neuer Institutionen bedarf, die das nun noch Bestehende verdrängen. Hand in Hand mit der Ontologie des *noch nicht* geht also stets auch eine Ontologie des *nun noch*.

In den unmittelbar zurückliegenden Jahren lässt sich in Deutschland beides beobachten, mit der akademischen Gründung der Cusanus Hochschule in Bernkastel-Kues, die auf fundamentale Art und Weise Ökonomik und Philosophie zusammenbringt (www.cusanus-hochschule.de) sowie der Einrichtung des Masterstudiengangs *Plurale Ökonomik* an der Universität Siegen (www.master-plurale-oekonomik.de).

Nicht nur über den Sinn, sondern mindestens auch über die Sinnlichkeit von Wissenschaft nachzudenken, ist der Einsicht zuzuschreiben, dass das institutionalisierte Abspalten von Gefühlen, das in der *Academia* seinen festen Platz gefunden zu haben scheint, mehr Teil des Problems als der Lösung ist. Der Mangel an Bereitschaft und Fähigkeit, sich hitzigen Debatten in der Sache und nicht bloß um des Streites willen auszusetzen, hat auch auf inhaltlicher Ebene zu Prozessen des Weichspülens und Schönredens geführt, die als Suche nach Anschlussfähigkeit alles, was nicht ins eigene Schema passt oder deutliche Worte dafür findet, was kritisiert wird, als Essayismus oder anderweitig als unwissenschaftlich abtut. Wo Sinn und Sinnlichkeit zusammenkommen, entsteht Reibung, an der auch die Tatsache nichts ändert, dass diese Reibung keineswegs immer rational entstanden, begründbar oder auflösbar ist.

Wenn es uns überhaupt noch ein Anliegen sein sollte, lebenswerte Zukünfte auf den Weg zu bringen, dann, so behaupte ich, müssen wir hinreichend Kraft dafür aufbringen, Ökonomie und Ökonomik an ihren jeweiligen Platz zu stellen, auch dann, wenn das bedeutet, uns selbst und unsere wirtschaftliche oder wirtschaftswissenschaftliche Tätigkeit weniger wichtig zu nehmen. Die schlichte Wahrheit ist, dass jeder Versuch, einen solchen Platz im Rahmen einer universellen Dialektik endgültig festzustellen, zwangsläufig in Stumpfsinn mündet. Jeder Verführung, einen festen Platz zu verkünden, müssen wir widerstehen lernen und uns stattdessen ein eigenes Urteil bilden. Gerade weil der Platz des Ökonomischen nicht feststeht, müssen wir darüber streiten und brauchen wir Institutionen, in denen wir darüber streiten können, ohne mit Sanktionen rechnen zu müssen, die gar existentielle Bedrohungen sein können.

Ökonomik, die in ihrer Bestimmtheit Eitelkeitsbefriedigung derer ist, die sie betreiben, und die fortwährend von der gleichmütigen Weigerung getragen ist, gesellschaftspolitisch Farbe zu bekennen, ist eine Katastrophen heraufbeschwörende Sauerei, die wir auf keiner Ebene unserer Institutionen länger zu akzeptieren bereit sein dürfen.

*

Denn wenn uns das nicht gelingt,
wieder für etwas zu stehn,
dann wird schon bald
auch nach uns – –

kein Hahn mehr krähn.

Register

Achtsamkeit | 141, 160, 182
Adorno, Theodor W. | 56
Agonismus | 104, 137, 161, 165, 177
Ambivalenz *Siehe* Widerspruch
Amor Mundi | 34–38, 130 f., 141–144, 151–154, 158
Anders, Günther | 70
Arendt, Hannah | 34, 42, 108, 131, 142–144, 166, 215
Aristoteles | 126
Aufhebung | 36, 89, 109, 119, 134–136, 149, 150, 178 f.

Bataille, Georges | 147
Bauman, Zygmunt | 57, 145
Becker, Gary | 48, 52, 84
Benjamin, Walter | 63
Bentham, Jeremy | 97
Böhme, Gernot | 75

Castoriadis, Cornelius | 94, 103, 106 ff.
Cato | 142
Ceteris Paribus | 60, 65 f.
Crutzen, Paul J. | 76

Darwin, Charles | 63, 76, 135
de Condorcet, Marquis | 97
de Waal, Frans | 76
Derrida, Jacques | 37
Descartes, René | 62, 76, 134
Devereux, Georges | 15, 20 f.
Dorst, Tankred | 127

Elias, Norbert | 20
Elster, Jon | 145
Engels, Friedrich | 23, 44, 81
Entsinnlichung | 71–74, 82, 118, 120, 129
Eros | 52, 95, 147, 178, 185
Evidenzbasierung | 29 f., 41, 60, 119, 162, 173, 176

Fortschritt
-euphorie | 54, 73, 125
-kritik | 25, 103, 109, 125, 128, 132, 140
-versprechen | 15 ff., 117, 122, 173
Foucault, Michel | 61
Friedman, Milton | 43
Fukuyama, Francis | 55, 161

Gelingendes Leben *Siehe* Gutes Leben
Gray, John | 78
Gruen, Arno | 22
Gutenberg, Erich | 29, 49

Gutes Leben | 23, 25, 125–128, 137 f., 149

Haben und Sein | 79
Heidegger, Martin | 143, 166
Heinemann, Gustav | 131
Hobbes, Thomas | 45, 97
Hoffnung | 38, 73, 111, 128, 132, 144, 154
Hutcheson, Francis | 28

Imaginäre Bedeutung | 94 f., 103, 106, 109, 176, 184
Innovation | 36, 129

Jevons, William Stanley | 47

Kant, Immanuel | 25, 97, 184
Keynes, John Maynard | 65 f.
Kontingenz | 36, 51, 58, 61, 112, 158
Kritische Ökonomik | 20, 70, 126
Kuhn, Thomas | 54

Laclau, Ernesto | 156
Lebendigkeit | 22 f., 42, 50 f., 71, 78, 87 f., 104, 113, 123, 143, 148, 151–154, 178, 181, 184
Liebe zur Welt *Siehe* Amor Mundi
Liessmann, Konrad Paul | 84, 89
Locke, John | 97
Luhmann, Niklas | 134

Markt
-förmigkeit | 44, 131, 180
-fundamentalismus | 44, 88, 111, 119, 124, 163
Marx, Karl | 23, 41, 44, 46, 62 f., 81, 97, 159
Mill, John S. | 97
Miller, Jacques-Alain | 156
Mills, Charles Wright | 31
Mitweltlichkeit | 121, 124 f., 142, 147, 161
Möglichkeitswissenschaft | 34 ff., 113, 159
Monokultur | 16, 27, 93, 162
Moretti, Franco | 56
Mouffe, Chantal | 156, 161–164
Musil, Robert | 19, 36

Neoliberalismus | 42, 52
Nietzsche, Friedrich | 20, 23, 61, 89, 117, 122, 126, 136, 139
Nobel, Alfred | 30

Peers | 90
Pestre, Dominique | 56
Pfriem, Reinhard | 35 f., 104, 124, 159
Picht, Georg | 21
Plessner, Helmuth | 90
Priddat, Birger | 43

Rawls, John | 97
Redlichkeit | 65, 101, 152
Rousseau, Jean-Jacques | 97

Schanz, Günther | 52
Schelsky, Helmut | 56
Schiller, Friedrich | 81
Schneidewind, Uwe | 180
Schumpeter, Joseph A. | 58, 129
Sen, Amartya | 97
Sennett, Richard | 57
Simmel, Georg | 43
Smith, Adam | 44, 46, 63, 97
Sokrates | 90
Sombart, Werner | 18
Stigler, George | 48, 84
Stoermer, Eugene F. | 76
Strohschneider, Peter | 180

Stumpfsinn | 24, 33, 57 ff., 69, 81–95, 101 ff., 110, 118–125, 142, 150, 180, 186
Sydow, Jörg | 158

Thaler, Richard | 30
Theorie-Praxis-Verhältnis | 24
Thomä, Dieter | 102
Transformation
  durch Unternehmen | 111, 129, 184
  von Gesellschaft | 38, 64, 109, 129, 133, 160
Trotzdem, theoretisches | 110, 122 ff., 133 f., 144, 150, 173

Universalgeschichte | 23 f., 60 ff., 83, 125, 148, 173 ff.

Utilitarismus | 43, 104, 123

Verantwortung | 23, 31, 44, 91, 126, 136 ff., 145 f., 166, 173, 176
Verzwecklichung | 36, 82 f., 126, 163, 180 f.
von Schirach, Gottlob B. | 122

Weber, Max | 81
Widerspruch | 24, 47 f., 61, 88, 104, 122, 128, 137, 152
Win-Win | 152
Wirklichkeitssinn | 36
Wöhe, Günter | 28
Wollstonecraft, Mary | 97

Zweck-Mittel-Relation | 43, 66, 103, 123, 134, 165

Literatur

Academy of Management (2017): Annual Report 2016. Online verfügbar unter https://tinyurl.com/y7rc7ajl (Original: https://aom.org/About-AOM/2016-Annual-Report.aspx), zuletzt geprüft am 14.01.2018.

Adorno, Theodor W. (1951): Minima Moralia. Reflexionen aus dem beschädigten Leben. Berlin, Frankfurt/Main: Suhrkamp.

Adorno, Theodor W. (1966): Negative Dialektik. Frankfurt/Main: Suhrkamp.

Adorno, Theodor W. (1979): Der Positivismusstreit in der deutschen Soziologie. 7. Aufl. Darmstadt, Neuwied: Luchterhand.

Adorno, Theodor W. (1990): Zur Metakritik der Erkenntnistheorie. Drei Studien zu Hegel. 3. Aufl. Frankfurt/Main: Suhrkamp.

Adorno, Theodor W. (2008): Philosophische Elemente einer Theorie der Gesellschaft. (1964). Hg. v. Tobias ten Brink und Marc Phillip Nogueira. Frankfurt/Main: Suhrkamp.

AFP (2001): Alfred Nobels familie tar avstand fra økonomiprisen. Online verfügbar unter https://tinyurl.com/yayetdhj (Original: https://www.aftenposten.no/norge/i/vVpm/Alfred-Nobels-familie-tar-avstand-fra-okonomiprisen), zuletzt geprüft am 23.12.2017.

Albach, Horst (2017): Wirtschaftswissenschaft. Gabler Wirtschaftslexikon. Online verfügbar unter http://tinyurl.com/hccm2lv (Original: http://wirtschaftslexikon.gabler.de/Archiv/11076/wirtschaftswissenschaften-v12.html), zuletzt geprüft am 21.08.2017.

Alexander, Jeffrey C. (1987): Twenty Lectures. Sociological Theory since World War II. New York: Columbia University Press.

Anders, Günther (1961): Die Antiquiertheit des Menschen. Über die Seele im Zeitalter der zweiten industriellen Revolution. München: C. H. Beck.

Anders, Günther (2012): Die molussische Katakombe. 2. Aufl. München: C. H. Beck.

Appiah, Kwame Anthony (2011): Eine Frage der Ehre. Oder: Wie es zu moralischen Revolutionen kommt. München: C. H. Beck.

Appleby, Robert C. (1994): Modern Business Administration. 6. Aufl. London: Pitman.

Arendt, Hannah (2016): Über die Revolution. 6. Aufl. München: Piper.

Arendt, Hannah (2016): Vita activa oder Vom tätigen Leben. 18. Aufl. München, Berlin, Zürich: Piper.

Arendt, Hannah (2017): Das Urteilen. Texte zu Kants polit. Philosophie. 4. Aufl. München, Zürich: Piper.

Arendt, Hannah (2017): Eichmann in Jerusalem. Ein Bericht von der Banalität des Bösen. 14. Aufl. München, Berlin, Zürich: Piper.

Arendt, Hannah (2017): Was ist Politik? Fragmente aus dem Nachlaß. 6. Aufl. München: Piper.

Arendt, Hannah; Heidegger, Martin (1998): Briefe 1925 bis 1975. Und andere Zeugnisse. Hg. v. Ursula Ludz. Frankfurt am Main: Klostermann.

Ashcroft, Bill; Griffiths, Gareth; Tiffin, Helen (2010): The empire writes back. Theory and practice in post-colonial literatures. 2. Aufl. London: Routledge.

Attanasio, Orazio; Bandiera, Oriana; Blundell, Richard; Machin, Steve; Griffith, Rachel; Rasul, Imran (2017): Dismal ignorance of the ›dismal science‹. A response to Larry Elliot. Online verfügbar unter https://tinyurl.com/yafxcrof (Original: https://www.prospectmagazine.co.uk/economics-and-finance/dismal-ignorance-of-the-dismal-science-a-response-to-larry-elliot), zuletzt geprüft am 03.01.2018.

Banerji, Robin (2012): Sir Salman Rushdie: Pakistan on the road to tyranny. BBC. Online verfügbar unter https://tinyurl.com/yb6n8tj7 (Original: http://www.bbc.com/news/world-asia-india-19624100, zuletzt geprüft am 10.01.2018.

Barde, Martin (2017): Re-Naturierung als Unternehmensstrategie. Mit Streuobst zu mehr Nachhaltigkeit. Marburg: metropolis.

Bastani, Aaron (2018): Fully Automated Luxury Communism. A Manifesto. London: Verso (im Erscheinen).

Bataille, Georges (1985): Die Aufhebung der Ökonomie. 2. Aufl. Berlin: Matthes & Seitz.

Bataille, Georges (1994): Die Erotik. München: Matthes & Seitz.

Bauman, Zygmunt (1992): Mortality, Immortality and Other Life Strategies. Cambridge: Polity.

Bauman, Zygmunt (1995): Postmoderne Ethik. Hamburg: Hamburger Edition.

Beckenbach, Frank (2017): Die (Re-)Produktion der modernen Standardökonomik als Problem für eine transformative Umorientierung. In: Reinhard Pfriem, Uwe Schneidewind, Jonathan Barth, Silja Graupe und Thomas Korbun (Hg.): Transformative Wirtschaftswissenschaften im Kontext nachhaltiger Entwicklung. Marburg: metropolis, S. 165–212.

Beckenbach, Frank; Daskalakis, Maria; Hofmann, David (2016): Zur Pluralität der volkswirtschaftlichen Lehre in Deutschland. Eine empirische Untersuchung des Lehrangebotes in den Grundlagenfächern und der Einstellung der Lehrenden. Marburg: metropolis.

Becker, Gary S. (1974): A Theory of Social Interactions. In: Journal of Political Economy 82 (6), S. 1063–1093.

Becker, Gary S. (1976): The Economic Approach to Human Behavior. Chicago: University of Chicago Press.

Beech, Martin (2009): Terraforming. The Creating of Habitable Worlds. New York: Springer.

Benjamin, Walter (1980): Über den Begriff der Geschichte. In: Walter Benjamin (Hg.): Gesammelte Schriften. Frankfurt/Main: Suhrkamp, S. 691–704.

Bentham, Jeremy (1776): A Fragment of Government. London: T. Payne.

Benton, Tim G.; Bryant, David M.; Cole, Lorna; Crick, Humphrey Q. P. (2002): Linking agricultural practice to insect and bird populations. A historical study over three decades. In: Journal of Applied Ecology 39 (4), S. 673–687.

Betz, Gregor; Hitzler, Ronald; Pfadenhauer, Michaela (Hg.) (2011): Urbane Events. Wiesbaden: VS.

Binswanger, Hans Christoph (1991): Geld und Natur. Das wirtschaftliche Wachstum im Spannungsfeld zwischen Ökonomie und Ökologie. Stuttgart, Wien: Ed. Weitbrecht.

Bloch, Ernst (1973): Das Prinzip Hoffnung. Frankfurt/Main: Suhrkamp.

Blome-Drees, Johannes; Flieger, Burghard (2017): Impulsgeber für eine transformative Wirtschaftswissenschaft. Grundsätzliche Überlegungen zu einer Betriebswirtschaftslehre der Genossenschaften. In: Reinhard Pfriem, Uwe Schneidewind, Jonathan Barth, Silja Graupe und Thomas Korbun (Hg.): Transformative Wirtschaftswissenschaften im Kontext nachhaltiger Entwicklung. Marburg: metropolis, S. 285–319.

Böhme, Gernot (1992): Natürlich Natur. Über Natur im Zeitalter ihrer technischen Reproduzierbarkeit. Frankfurt/Main: Suhrkamp.

Böhme, Gernot (2007): Atmosphäre als Grundbegriff einer neuen Ästhetik. In: Thomas Friedrich und Jörg H. Gleiter (Hg.): Einfühlung und phänomenologische Reduktion. Grundlagentexte zu Architektur, Design und Kunst. Berlin: LIT, S. 287–310.

Boldyrev, Ivan (2016): Enacting Dismal Science. New Perspectives on the Performativity of Economics. New York: Palgrave Macmillan.

Boltanski, Luc; Chiapello, Ève (2007): The new spirit of capitalism. London: Verso.

Bornmann, Lutz; Mutz, Rüdiger (2015): Growth rates of modern science. A bibliometric analysis based on the number of publications and cited references. In: Journal of the Association for Information Science and Technology 66 (11), S. 2215–2222.

Bourdieu, Pierre (1976): Entwurf einer Theorie der Praxis auf der ethnologischen Grundlage der kabylischen Gesellschaft. Frankfurt/Main: Suhrkamp.

Bourdieu, Pierre (1987): Die feinen Unterschiede. Kritik der gesellschaftlichen Urteilskraft. Frankfurt/Main: Suhrkamp.

Bower, Tom (2014): Branson. Behind the Mask. London: Faber & Faber.

Brand, Ulrich; Wissen, Markus (2017): Imperiale Lebensweise. Zur Ausbeutung von Mensch und Natur in Zeiten des globalen Kapitalismus. München: oekom.

Branson, Richard (2012): Geht nicht, gibt's nicht! So wurde Richard Branson zum Überflieger. Seine Erfolgstipps für Ihr (Berufs-)Leben. 3. Aufl. Kulmbach: Börsenmedien.

Bröckling, Ulrich (2007): Das unternehmerische Selbst. Soziologie einer Subjektivierungsform. Frankfurt/Main: Suhrkamp.

Buchanan, James M.; Stubblebine, Craig W. (1962): Externality. In: Economica 29 (116), S. 371–384.

Butler, Judith (1987): Subjects of desire. Hegelian reflections in twentieth-century France. New York: Columbia University Press.

Camerer, Colin F.; Loewenstein, George; Rabin, Matthew (2011): Advances in behavioral economics. New Jersey: Princeton University Press.

Carson, Rachel (1962): Silent spring. Boston, Cambridge: Riverside Press.

Cassirer, Ernst; Berben, Tobias (2005): Descartes. Lehre – Persönlichkeit – Wirkung. Hamburg: Meiner.

Castoriadis, Cornelius (1960): Le mouvement révolutionnaire sous le capitalisme moderne. In: Socialisme ou Barbarie décembre (31), S. 69–81.

Castoriadis, Cornelius (1990): Gesellschaft als imaginäre Institution. Entwurf einer politischen Philosophie. Frankfurt/Main: Suhrkamp.

Castro Varela, María do Mar; Dhawan, Nikita (2015): Postkoloniale Theorie. Eine kritische Einführung. 2. Aufl. Bielefeld: transcript.

Cato, Molly Scott (2009): Green Economics. An Introduction to Theory Policy and Practice. London: Earthscan.

Cavalcante Schuback, Marcia Sá (2012): Heideggerian Love. In: Jonna Bornemark und Marcia Sá Cavalcante Schuback (Hg.): Phenomenology of Eros. Huddinge: Södertörn University, S. 129–152.

Coser, Lewis A. (1972): Theorie sozialer Konflikte. Neuwied, Berlin: Luchterhand.

Crutzen, Paul J. (2002): Geology of Mankind. In: nature 415 (6867), S. 23.

Crutzen, Paul J.; Mastrandrea, Michael D.; Schneider, Stephan H.; Sloterdijk, Peter (Hg.) (2011): Das Raumschiff Erde hat keinen Notausgang. Energie und Politik im Anthropozän. Berlin: Suhrkamp.

Crutzen, Paul J.; Stoermer, Eugene F. (2000): The Anthropocene. In: Global Change Newsletter 41, S. 17–18.

Dahms, Hans J. (1994): Positivismusstreit. Die Auseinandersetzungen der Frankfurter Schule mit dem logischen Positivismus, dem amerikanischen Pragmatismus und dem kritischen Rationalismus. Frankfurt/Main: Suhrkamp.

Darwin, Charles (1859): On the Origin of Species. London: John Murray.

Darwin, Charles (1871): The Descent of Man, and Selection in Relation to Sex. New York: D. Appleton.

de Waal, Frans (1997): The Chimpanzee's Service Economy. Food for Grooming. In: Evolution and Human Behavior 18 (6), S. 375–386.

de Waal, Frans (1999): The end of nature versus nurture. In: Scientific American 281 (Dezember), S. 94–99.

de Waal, Frans (2015): Der Mensch, der Bonobo und die Zehn Gebote. Moral ist älter als Religion. 2. Aufl. Stuttgart: Klett-Cotta.

Derrida, Jacques (1996): Gesetzeskraft. Der ›mystische Grund der Autorität‹. Frankfurt/Main: Suhrkamp.

Descartes, René (1641): Meditationes de Prima Philosophia in qua Dei Existentia et Animae Immortalitas Demonstratur. Paris: Michael Soly.

Descola, Philippe (2011): Jenseits von Natur und Kultur. Berlin: Suhrkamp.

Devereux, Georges (1998): Angst und Methode in den Verhaltenswissenschaften. 4. Aufl. Frankfurt/Main: Suhrkamp.

Diderot, Denis (1961): Enzyklopädie. In: Denis Diderot (Hg.): Philosophische Schriften. Berlin: Aufbau-Verlag, S. 149–234.

Dirzo, Rodolfo; Young, Hillary S.; Galetti, Mauro; Ceballos, Gerardo; Isaac, Nick J. B.; Collen, Ben (2014): Defaunation in the Anthropocene. In: Science 345 (6195), S. 401–406.

Donaldson, Gordon (1984): Managing Corporate Wealth. The Operation of a Comprehensive Financial Goals System. New York: Praeger.

Dorst, Tankred (1985): Deutsche Stücke. Werkausgabe. Frankfurt/Main: Suhrkamp.

Duchhardt, Heinz (Hg.) (1998): Der Westfälische Friede. Diplomatie – politische Zäsur – kulturelles Umfeld – Rezeptionsgeschichte. München: de Gruyter.

Eagleton, Terry (2000): Ideologie. Eine Einführung. Stuttgart, Weimar: Metzler.

Eagleton, Terry (2008): Der Sinn des Lebens. Berlin: Ullstein.

Egerer, Elsa; Peukert, Helge; Keppeler, Jonas; Bergmann, Gustav (2017): Das Siegener Modell eines pluralen Masterstudiengangs. In: Reinhard Pfriem, Uwe Schneidewind, Jonathan Barth, Silja Graupe und Thomas Korbun (Hg.): Transformative Wirtschaftswissenschaften im Kontext nachhaltiger Entwicklung. Marburg: metropolis, S. 543–560.

Ehrenberg, Alain (2011): Das erschöpfte Selbst. Depression und Gesellschaft in der Gegenwart. Frankfurt/Main: Suhrkamp.

Elias, Norbert (1980): Über den Prozess der Zivilisation. Soziogenetische und psychogenetische Untersuchungen. 7. Aufl. Frankfurt/Main: Suhrkamp.

Elias, Norbert (1988): Die Gesellschaft der Individuen. 3. Aufl. Frankfurt/Main: Suhrkamp.

Elias, Norbert (2003): Engagement und Distanzierung. Hg. v. Michael Schröter. Frankfurt/Main: Suhrkamp.

Elster, Jon (1987): Subversion der Rationalität. Frankfurt/Main: Campus.

Engels, Eve-Marie (2009): Charles Darwins evolutionäre Theorie der Erkenntnis- und Moralfähigkeit. In: Eve-Marie Engels (Hg.): Charles Darwin und seine Wirkung. Frankfurt/Main: Suhrkamp, S. 303–339.

Faltin, Günther (2011): Kopf schlägt Kapital. Die ganz andere Art, ein Unternehmen zu gründen. Von der Lust, ein Entrepreneur zu sein. 9. Aufl. München: Hanser.

Fatheuer, Thomas; Fuhr, Lili; Unmüßig, Barbara (2015): Kritik der Grünen Ökonomie. München: oekom.

Fayed, Nicolás; Modrego, Pedro J.; Morales, Humberto (2006): Evidence of brain damage after high-altitude climbing by means of magnetic resonance imaging. In: The American journal of medicine 119 (2), 168.e1-168.e6.

Feyerabend, Paul (1986): Wider den Methodenzwang. Frankfurt/Main: Suhrkamp.

Finke, Peter (2014): Citizen science. Das unterschätzte Wissen der Laien. München: oekom.

Flieger, Burghard (2016): Prosumentenkooperation. Geschichte, Struktur und Entwicklungschancen gemeinschaftsorientierten Wirtschaftens in der Ernährungswirtschaft am Beispiel der Erzeuger-Verbraucher-Genossenschaften. Marburg: metropolis.

Flotow, Paschen von (1995): Geld, Wirtschaft und Gesellschaft. Georg Simmels Philosophie des Geldes. Frankfurt/Main: Suhrkamp.

Fogg, Maryn J. (1993): Terraforming. A Review for Environmentalists. In: The Environmentalist 13 (1), S. 7–17.

Foucault, Michel (1969): L'archéologie du savoir. Paris: Gallimard.

Foucault, Michel (2009): Nietzsche, die Genealogie, die Historie. In: Michel Foucault: Geometrie des Verfahrens. Schriften zur Methode. Hg. v. Daniel Defert, Petra Gehring und Michael Bischoff. Frankfurt/Main: Suhrkamp, S. 181–205.

Friedman, Milton (1970): The Social Responsibility of Business is to Increase its Profits. In: New York Times Magazine 13. September 1970.

Fromm, Erich (1980): Haben oder Sein. Die seelischen Grundlagen einer neuen Gesellschaft. 6. Aufl. Stuttgart: Deutsche Verlags-Anstalt.

Fukuyama, Francis (1992): Das Ende der Geschichte. Wo stehen wir? München: Kindler.

Galeano, Eduardo (1991): Die offenen Adern Lateinamerikas. Die Geschichte eines Kontinents von der Entdeckung bis zur Gegenwart. 14. Aufl. Wuppertal: Hammer.

Gebhard, Ulrich (2014): Wie viel ›Natur‹ braucht der Mensch? ›Natur‹ als Erfahrungsraum und Sinninstanz. In: Gerald Hartung und Thomas Kirchhoff (Hg.): Welche Natur brauchen wir? Analyse einer anthropologischen Grundproblematik des 21. Jahrhunderts. Freiburg im Breisgau: Karl Alber, S. 249–274.

Gelhard, Andreas (2011): Kritik der Kompetenz. Zürich: Diaphanes.

Giddens, Anthony (1984): The Constitution of Society. Outline of the Theory of Structuration. Berkeley: University of California Press.

Giddens, Anthony (2009): The politics of climate change. Cambridge: Polity.

Gigold, Sven (2009): Der Green New Deal. Der grüne Pakt mit dem Monster. In: Politische Ökologie 27 (118), S. 42–44.

Goffman, Erving (1986): Frame Analysis. An Essay on the Organization of Experience. Boston: Northeastern University Press.

Gramsci, Antonio (1999): Selections from the Prision Notebooks. London: ElecBook.

Granovetter, Mark S. (1985): Economic Action and Social Structure. The Problem of Embeddedness. In: American Journal of Sociology 91 (3), S. 481–510.

Graupe, Silja (2013): Ökonomische Bildung. Die geistige Monokultur der Wirtschaftswissenschaften und ihre Alternativen. In: Coincidentia (Beiheft 2), S. 139–165.

Graupe, Silja (2017): Beeinflussung und Manipulation in der ökonomischen Bildung. Hintergründe und Beispiele. Düsseldorf: FGW (Neues ökonomisches Denken, 5).

Graupe, Silja; Schwaetzer, Harald (2017): Bildungsorte transformativ-reflexiver Ökonomie. In: Reinhard Pfriem, Uwe Schneidewind, Jonathan Barth, Silja Graupe und Thomas Korbun (Hg.): Transformative Wirtschaftswissenschaften im Kontext nachhaltiger Entwicklung. Marburg: metropolis, S. 511–542.

Gray, John (2010): Von Menschen und anderen Tieren. Abschied vom Humanismus. 3. Aufl. Stuttgart: Klett-Cotta.

Gray, John (2012): Wir werden sein wie Gott. Die Wissenschaft und die bizarre Suche nach Unsterblichkeit. Stuttgart: Klett-Cotta.

Gray, John (2015): Raubtier Mensch. Die Illusion des Fortschritts. Stuttgart: Klett-Cotta.

Graziano, Paolo R.; Forno, Francesca (2012): Political Consumerism and New Forms of Political Participation. In: The ANNALS of the American Academy of Political and Social Science 644 (1), S. 121–133.

Groys, Boris (1992): Über das Neue. Versuch einer Kulturökonomie. München: Hanser.

Gruen, Arno (2003): Verratene Liebe – falsche Götter. 2. Aufl. Stuttgart: Klett-Cotta.

Gutenberg, Erich (1929): Die Unternehmung als Gegenstand betriebswirtschaftlicher Theorie. Berlin: Industrieverlag Spaeth & Linde.

Gutenberg, Erich (1958): Einführung in die Betriebswirtschaftslehre. Wiesbaden: Gabler.

Habermas, Jürgen (1973): Erkenntnis und Interesse. Frankfurt/Main: Suhrkamp.

Hampe, Michael (2011): Tunguska oder das Ende der Natur. München: Hanser.

Hampicke, Ulrich (1977): Landwirtschaft und Umwelt. Ökologische und ökonomische Aspekte einer rationalen Umweltstrategie, dargestellt am Beispiel der Landwirtschaft der BRD. Kassel: Gesamthochschul-Bibliothek.

Han, Byung-Chul (2010): Müdigkeitsgesellschaft. Berlin: Matthes & Seitz.

Han, Byung-Chul (2014): Duft der Zeit. Ein philosophischer Essay zur Kunst des Verweilens. 9. Aufl. Bielefeld: transcript.

Han, Byung-Chul (2017): Agonie des Eros. Erweiterte Neuauflage. Berlin: Matthes & Seitz Berlin.

Hartung, Gerald; Kirchhoff, Thomas (Hg.) (2014): Welche Natur brauchen wir? Analyse einer anthropologischen Grundproblematik des 21. Jahrhunderts. Freiburg im Breisgau: Karl Alber.

Hawken, Paul; Lovins, Amory; Lovins, Hunter (2000): Öko-Kapitalismus. Die industrielle Revolution des 21. Jahrhunderts. Wohlstand im Einklang mit der Natur. München: Riemann.

Hegel, Georg Wilhelm Friedrich (1833): Wissenschaft der Logik. Erster Theil: Die objektive Logik. Berlin: Duncker & Humblot.

Hegenbart, Rainer (1984): Wörterbuch der Philosophie. München: ht.

Heidegger, Martin (1996): Einleitung in die Philosophie. (Wintersemester 1928/29). Frankfurt/Main: Vittorio Klostermann (Gesamtausgabe, 27).

Heidegger, Martin (2000): Das Ding (1950). In: Martin Heidegger (Hg.): Vorträge und Aufsätze. Frankfurt/Main: Vittorio Klostermann (Gesamtausgabe, 7), S. 165–188.

Heise, Arne; Sander, Henrike; Thieme, Sebastian (2017): Das Ende der Heterodoxie? Die Entwicklung der Wirtschaftswissenschaften in Deutschland. Wiesbaden: VS.

Henkel, Anna; Lüdtke, Nico; Buschmann, Nikolaus; Hochmann, Lars (Hg.) (2018): Reflexive Responsibilisierung. Verantwortung für nachhaltige Entwicklung. Bielefeld: transcript.

Hirte, Katrin (2014): Performative Wissenschaft. Ökonomiekritik, Ökonomietheorien und die Verantwortung von ÖkonomInnen. In: Katrin Hirte, Sebastian Thieme und Walter Otto Ötsch (Hg.): Wissen! Welches Wissen? Zu Wahrheit, Theorien und Glauben sowie ökonomischen Theorien. Marburg: metropolis, S. 267–302.

Hirte, Katrin (2017): Zur Performativität in den Wirtschaftswissenschaften. Kernaussagen, Anwendungspotenziale und Grenzen eines Konzepts. In: Reinhard Pfriem, Uwe Schneidewind, Jonathan Barth, Silja Graupe und Thomas Korbun (Hg.): Transformative Wirtschaftswissenschaften im Kontext nachhaltiger Entwicklung. Marburg: metropolis, S. 139–164.

Hobbes, Thomas (1651): Leviathan. Or the Matter, Forme and Power of a Commonwealth Ecclesiastical and Civil. London: Andrew Crooke.

Hochmann, Lars (2015): Natürlich Kultur. Kulturelle Praxis als möglicher Zugang des Verstehens der Mensch-Natur-Beziehung. Einige Überlegungen anlässlich des Geburtstages von Irene Antoni-Komar. In: Reinhard Pfriem, Lars Hochmann, Nina Gmeiner, Karsten Hurrelmann, André Karczmarzyk, Christian Lautermann und Christine Lenz (Hg.): Die Kultivierung des Ökonomischen. Kulturelle Prozesse, kulturelle Praktiken, kulturelle Kompetenzen. Festschrift für Irene Antoni-Komar zum 60. Geburtstag. Marburg: metropolis, S. 99–118.

Hochmann, Lars (2016): Die Aufhebung der Leblosigkeit. Eine praxis- und naturtheoretische Dekonstruktion des Unternehmerischen. Marburg: metropolis.

Hochmann, Lars (2017): Abschied vom Restaurativen. Transformative Wirtschaftswissenschaften als kritische Wissenschaften. In: Reinhard Pfriem, Uwe Schneidewind, Jonathan Barth, Silja Graupe und Thomas

Korbun (Hg.): Transformative Wirtschaftswissenschaften im Kontext nachhaltiger Entwicklung. Marburg: metropolis, S. 215–236.

Hochmann, Lars (2018): Vordenken braucht Nachdenken. Ökonomik ist Analyse, nicht Abstraktion von Ökonomie. In: Rainer Lucas, Reinhard Pfriem und Claus Thomasberger (Hg.): Auf der Suche nach dem Ökonomischen. Karl Marx zum 200. Geburtstag. Marburg: metropolis, S. 223–252.

Hochmann, Lars; Pfriem, Reinhard (2017): Jenseits von Ressourcen. Natur als wesentlicher Terminus für Unternehmenstheorie. In: FUGO (Hg.): Unternehmen der Gesellschaft. Interdisziplinäre Beiträge zu einer kritischen Theorie des Unternehmens. Marburg: metropolis, S. 161–186.

Hochmann, Lars; Pfriem, Reinhard (2018): Verantwortung kommt mit Nähe. Vorspiel einer Unternehmenstheorie der Zukunft. In: Anna Henkel, Nico Lüdtke, Nikolaus Buschmann und Lars Hochmann (Hg.): Reflexive Responsibilisierung. Verantwortung für nachhaltige Entwicklung. Bielefeld: transcript, S. 123–140.

Höffe, Otfried (Hg.) (1995): Aristoteles. Die Nikomachische Ethik. Berlin: Akademie Verlag.

Homann, Karl (1994): Homo Oeconomicus und Dilemmastrukturen. In: Hermann Sautter und Helmut Hesse (Hg.): Wirtschaftspolitik in offenen Volkswirtschaften. Festschrift für Helmut Hesse zum 60. Geburtstag. Göttingen: Vandenhoeck & Ruprecht, S. 387–409.

Honneth, Axel (1992): Kampf um Anerkennung. Zur moralischen Grammatik sozialer Konflikte. Frankfurt/Main: Suhrkamp.

Honneth, Axel (2011): Verwilderungen des sozialen Konflikts. Anerkennungskämpfe zu Beginn des 21. Jahrhunderts. In: Max-Planck-Institut für Gesellschaftsforschung Working Paper 11 (4).

Horkheimer, Max (1937): Traditionelle und kritische Theorie. In: Zeitschrift für Sozialforschung 6 (2), S. 245–294.

Horkheimer, Max; Adorno, Theodor W. (2000): Dialektik der Aufklärung. Philosophische Fragmente. Neuausgabe. Frankfurt/Main: Fischer.

Hutcheson, Francis (1726): An Inquiry into the Original of our Ideas of Beauty and Virtue. 2. Aufl. London: J. Darby.

Hutchison, Clyde A.; Chuang, Ray-Yuan; Noskov, Vladimir N.; Assad-Garcia, Nacyra; Deerinck, Thomas J.; Ellisman, Mark H. et al. (2016): Design and Synthesis of a Minimal Bacterial Genome. In: Science 351 (6280), aad6253.

Illouz, Eva (Hg.) (2018): Wa(h)re Gefühle. Authentizität im Konsumkapitalismus. Berlin: Suhrkamp.

Jaeggi, Rahel; Wesche, Tilo (Hg.) (2009): Was ist Kritik? Frankfurt/Main: Suhrkamp.

Jahn, Thomas; Keil, Florian (2016): Reallabore im Kontext transdisziplinärer Forschung. In: GAIA 25 (4), S. 247–252.

Jänicke, Martin (1984): Umweltpolitische Prävention als ökologische Modernisierung und Strukturpolitik. Berlin: IIUG (Internationales Institut für Umwelt und Gesellschaft: Discussion papers, 84).

Jäsche, Gottlob Benjamin (1876): Immanuel Kant's Logik. Ein Handbuch zu Vorlesungen. 2. Aufl. Leipzig: L. Heimann's.

Jensen, Michael C. (1986): Agency Costs of Free Cash Flow, Corporate Finance, and Takeovers. In: The American Economic Review 76 (2), S. 323–329.

Jevons, William Stanley (1871): The Theory of Political Economy. London, New York: Macmillan and Co.

Joas, Hans (1992): Die Kreativität des Handelns. Frankfurt/Main: Suhrkamp.

Joas, Hans; Knöbl, Wolfgang (2011): Sozialtheorie. Zwanzig einführende Vorlesungen. 3. Aufl. Frankfurt/Main, Berlin: Suhrkamp.

Kant, Immanuel (1784): Beantwortung der Frage: Was ist Aufklärung? In: Berlinische Monatsschrift 4 (12), S. 481–494.

Kant, Immanuel (1868): Kritik der reinen Vernunft. Hg. v. Gustav Hartenstein. Leipzig: Leopold Voss.

Kant, Immanuel (1965): Ob das menschliche Geschlecht im beständigen Fortschreiten zum Besseren sei? In: Otto Heinrich von der Gablentz (Hg.): Immanuel Kant. Wiesbaden: VS, S. 151–166.

Keith, David W. (2000): Geoengineering the Climate: History and Prospect. In: Annual Review of Energy and the Environment 25 (1), S. 245–284.

Keynes, John Maynard (2007): Wirtschaftliche Möglichkeiten für unsere Enkelkinder. In: Norbert Reuter (Hg.): Wachstumseuphorie und Verteilungsrealität. Wirtschaftspolitische Leitbilder zwischen Gestern und Morgen. Mit Texten zum Thema von John Maynard Keynes und Wassily W. Leontief. 2. Aufl. Marburg: metropolis, S. 135–147.

Kieser, Alfred (2012): JOURQUAL – der Gebrauch, nicht der Missbrauch ist das Problem. Oder: Warum Wirtschaftsinformatik die beste deutschsprachige betriebswirtschaftliche Zeitschrift ist. In: Die Betriebswirtschaft 72 (1), S. 93–110.

Kirchhoff, Thomas; Trepl, Ludwig (Hg.) (2008): Vieldeutige Natur. Landschaft, Wildnis und Ökosystem als kulturgeschichtliche Phänomene. Bielefeld: transcript.

Klein, Naomi (2015): Die Entscheidung. Kapitalismus vs. Klima. 2. Aufl. Frankfurt/Main: Fischer.

Kluge, Friedrich (1899): Etymologisches Wörterbuch der deutschen Sprache. 6. Aufl. Berlin: de Gruyter.

Köchy, Kristian (2008): Biophilosophie zur Einführung. Hamburg: Junius.

Kolbert, Elizabeth (2014): The sixth extinction. An unnatural history. New York: Henry Holt and Company.

Krebs, Angelika (1997): Naturethik im Überblick. In: Angelika Krebs (Hg.): Naturethik. Grundtexte der gegenwärtigen tier- und ökoethischen Diskussion. Frankfurt/Main: Suhrkamp, S. 337–379.

Kuhn, Thomas S. (1970): The Structure of Scientific Revolutions. 2. Aufl. Chicago: Chicago University Press.

Kunzig, Robert (2010): Making Mars the New Earth. What Would it Take to Green the Red Planet? For Starters, a Massive Amount of Global Warming. In: National Geographic 217 (2), S. 30.

Laclau, Ernesto; Mouffe, Chantal (1985): Hegemony & socialist strategy. Towards a radical democratic politics. 3. Aufl. London: Verso.

Landes, David S. (2006): Die Macht der Familie. Wirtschaftsdynastien in der Weltgeschichte. München: Siedler.

Latour, Bruno (1993): We Have Never Been Modern. Cambridge: Harvard University Press.

Lautermann, Christian (2012): Verantwortung unternehmen! Die Realisierung kultureller Visionen durch gesellschaftsorientiertes Unternehmertum: eine konstruktive Kritik der ›Social Entrepreneurship‹-Debatte. Marburg: metropolis.

Leed, Eric J. (1993): Die Erfahrung der Ferne. Reisen von Gilgamesch bis zum Tourismus unserer Tage. Frankfurt/Main: Campus.

Lemke, Thomas (2000): Neoliberalismus, Staat und Selbsttechnologien. Ein kritischer Überblick über die governmentality studies. In: Politische Vierteljahresschrift 41 (1), S. 31–47.

Lewicki, Chris; Diamandis, Peter; Anderson, Eric; Voorhees, Chris; Mycroft, Frank (2013): Planetary Resources. The Asteroid Mining Company. In: New Space 1 (2), S. 105–108.

Liessmann, Konrad Paul (2006): Theorie der Unbildung. Die Irrtümer der Wissensgesellschaft. Wien: Paul Zsolnay.

Liessmann, Konrad Paul (2017): Nicht nur Trump stellt die Freiheit der Wissenschaft infrage. Neue Zürcher Zeitung. Online verfügbar unter https://tinyurl.com/kooqf5d (Original: https://www.nzz.ch/meinung/kolumnen/march-for-science-wandernde-wissenschaft-ld.1288812), zuletzt geprüft am 12.03.2018.

Lindemann, Gesa (2014): Kultur versus Natur. Was ist der Gegenstand der Soziologie? In: Jörn Lamla, Henning Laux, Hartmut Rosa und David Strecker (Hg.): Handbuch der Soziologie. Konstanz: UVK, S. 83–98.

Lindemann, Gesa (2014): Weltzugänge. Die mehrdimensionale Ordnung des Sozialen. Weilerswist: Velbrück.

Losse, Bert (2017): ›Die Blackbox der VWL wird jetzt aufgebohrt‹. Interview mit Achim Wambach. Wirtschaftswoche. Online verfügbar unter https://tinyurl.com/yca2rby8 (Original: http://www.wiwo.de/erfolg/campus-mba/achim-wambach-die-blackbox-der-vwl-wird-jetzt-aufgebohrt/20263130-all.html), zuletzt geprüft am 06.01.2018.

Lovelock, James (1988): The Ages of Gaia. A Biography of our Living Earth. New York: Norton.

Lucas, Rainer; Pfriem, Reinhard; Thomasberger, Claus (Hg.) (2018): Auf der Suche nach dem Ökonomischen – Karl Marx zum 200. Geburtstag. Marburg: metropolis.

Luhmann, Niklas (1976): The Future Cannot Begin. Temporal Structures in Modern Society. In: Social Research 43 (1), S. 130–152.

Manemann, Jürgen (2014): Kritik des Anthropozäns. Plädoyer für eine neue Humanökologie. Bielefeld: transcript.

Mankiw, Nicholas Gregory; Taylor, Mark P. (2016): Grundzüge der Volkswirtschaftslehre. 6. Aufl. Stuttgart: Schäffer-Poeschel.

Mannoor, Manu S.; Jiang, Ziwen; James, Teena; Kong, Yong Lin; Malatesta, Karen A.; Soboyejo, Winston O. et al. (2013): 3D Printed Bionic Ears. In: Nano letters 13 (6), S. 2634–2639.

Marcuse, Herbert (1966): Kritik der reinen Toleranz. Frankfurt/Main: Suhrkamp.

Marcuse, Herbert (2002): One-Dimensional Man. Studies in the ideology of advanced industrial society. 2. Aufl. New York: Routledge.

Marinova, Margarita M.; McKay, Christopher P.; Hashimoto, Hirofumi (2005): Radiative-Convective Model of Warming Mars with Artificial Greenhouse Gases. In: Journal of Geophysical Research 110 (E03002), S. 1–15.

Markham, Jerry W. (2006): A Financial History of Modern U.S. Corporate Scandals. From Enron to Reform. Armonk, London: M.E. Sharpe.

Marquard, Odo (1978): Skeptische Betrachtungen zur Lage der Philosophie. In: Rüdiger Bubner, Friedrich Kambartel, Hans Lenk, Odo Marquard, Robert Spaemann und Hermann Lübbe (Hg.): Wozu Philosophie? Berlin, New York: de Gruyter, S. 70–90.

Marx, Karl (1956): Zur Kritik der Hegelschen Rechtsphilosophie. Berlin: Dietz (MEW, 1).

Marx, Karl (1959): Das Elend der Philosophie. Antwort auf Proudhons ›Philosophie des Elends‹. Berlin: Dietz (MEW, 4).

Marx, Karl (1962): Das Kapital. Kritik der politischen Ökonomie. Berlin: Dietz (MEW, 23).

Marx, Karl (1972): Aus dem handschriftlichen Nachlaß. Einleitung zur Kritik der Politischen Ökonomie. Berlin: Dietz (MEW, 13).

Marx, Karl; Engels, Friedrich (1848): Manifest der kommunistischen Partei. London: I. E. Burghard.

Marx, Karl; Engels, Friedrich (1958): Die deutsche Ideologie. Kritik der neuesten deutschen Philosophie in ihren Repräsentaten Feuerbach, B. Bauer und Stirner, und des deutsches Sozialismus in seinen verschiedenen Propheten. Berlin: Dietz (MEW, 3).

Marx, Karl; Engels, Friedrich (1969): Die heilige Familie oder Kritik der kritischen Kritik. Gegen Bruno Bauer und Konsorten. Berlin: Dietz (MEW, 2).

Mayer, Amelie-Theres (2016): Nachhaltige Quartiersentwicklung. Im Fokus flexibler Strukturen. Zürich: Vdf.

Meadows, Dennis L.; Meadows, Donella H.; Zahn, Erich; Milling, Peter (1972): Die Grenzen des Wachstums. Bericht des Club of Rome zur Lage der Menschheit. Stuttgart: Deutsche Verlags-Anstalt.

Miller, Jacques-Alain (1977/78): Suture. Elements of the Logic of the Signifier. In: Screen 18 (4), S. 24–34.

Mills, Charles Wright (2016): Soziologische Phantasie. Wiesbaden: VS.

Moretti, Franco; Pestre, Dominique (2015): Bankspeak. The Language of World Bank Reports. In: New Left Review 92 (March-April), S. 75–99.

Mouffe, Chantal (2014): Agonistik. Die Welt politisch denken. Berlin: Suhrkamp.

Mouffe, Chantal (2016): Über das Politische. Wider die kosmopolitische Illusion. 6. Aufl. Frankfurt/Main: Suhrkamp.

Musil, Robert (1957): Der Mann ohne Eigenschaften. Reinbek/Hamburg: Rowohlt.

Nagel, Thomas (2012): Der Blick von nirgendwo. Berlin: Suhrkamp.

Neergaard, Helle (2014): The landscape of qualitative methods in entrepreneurship. A European perspective. In: Alain Fayolle (Hg.): Handbook of research on entrepreneurship. What we know and what we need to know. Cheltenham: Elgar, S. 86–105.

Neumann, John von; Morgenstern, Oskar (1953): Theory of Games and Economic Behavior. 3. Aufl. Princeton: Princeton University Press.

Nietzsche, Friedrich (1874): Schopenhauer als Erzieher. Schloss-Chemnitz: Ernst Schmeitzner.

Nietzsche, Friedrich (1886): Jenseits von Gut und Böse. Vorspiel einer Philosophie der Zukunft. Leipzig: C. G. Naumann.

Nietzsche, Friedrich (1887): Die fröhliche Wissenschaft. Leipzig: E. W. Fritzsch.

Nietzsche, Friedrich (1887): Morgenröthe. Gedanken über die moralischen Vorurtheile. Leipzig: E. W. Fritzsch.

Nietzsche, Friedrich (1892): Zur Genealogie der Moral. Eine Streitschrift. 2. Aufl. Leipzig: C. G. Naumann.

Nietzsche, Friedrich (1899): Der Wille zur Macht. I. Buch: Der Antichrist. In: ders. (Hg.): Nietzsches Werke. Erste Abteilung. Band VIII. Leipzig: C. G. Naumann, S. 211–314.

Nietzsche, Friedrich (1900): Menschliches, Allzumenschliches. Ein Buch für freie Geister. 2. Aufl. Leipzig: C. G. Naumann (1).

Nietzsche, Friedrich (1901): Nachgelassene Werke. Unveröffentlichtes aus der Zeit der Fröhlichen Wissenschaft und des Zarathustra. (1881-1886). 2. Aufl. Leipzig: C. G. Naumann.

Nietzsche, Friedrich (1977): Nachgelassene Fragmente. Juli 1882 bis Winter 1883-1884. Berlin: de Gruyter (Werke, 7).

Nietzsche, Friedrich (1982): Vom Nutzen und Nachteil der Historie für das Leben. Nachdruck. Stuttgart: Reclam.

Nussbaum, Martha C.; Sen, Amartya (1993): The quality of life. Oxford: Clarendon Press.

Oldfield, Frank; Barnosky, Anthony D.; Dearing, John; Fischer-Kowalski, Marina; McNeill, John; Steffen, Will; Zalasiewicz, Jan (2014): The Anthropocene Review. Its Significance, Implications and the Rationale for a New Transdisciplinary Journal. In: The Anthropocene Review 1 (1), S. 3–7.

Osborn, Fairfield (1948): Our plundered planet. Boston: Little, Brown.

Ötsch, Walter (2009): Mythos Markt. Marktradikale Propaganda und ökonomische Theorie. Marburg: metropolis.

Ötsch, Walter (2018): Mythos Markt. Mythos Neoklassik. Das Elend des Marktfundamentalismus. Marburg: metropolis.

Ötsch, Walter; Horaczek, Nina (2017): Populismus für Anfänger. Anleitung zur Volksverführung. Frankfurt/Main: Westend.

Paech, Niko (2011): Nachhaltiges Wirtschaften jenseits von Innovationsorientierung und Wachstum. Eine unternehmensbezogene Transformationstheorie. 2. Aufl. Marburg: metropolis.

Pauly, Daniel (1995): Anecdotes and the Shifting Baseline Syndrome of Fisheries. In: Trends in Ecology and Evolution 10 (10), S. 430.

Pawson, Ray (2006): Evidence-based policy. A realist perspective. London: Sage.

Peirce, Charles S.; Weiss, Paul; Hartshorne, Charles (1935): Collected papers of Charles Sanders Peirce. Pragmatism and Pragmaticism and Scientific Metaphysics. London: Belknap Press of Harvard U.P.

Peukert, Helge (2015): Das Moneyfest. Ursachen und Lösungen der Finanzmarkt- und Staatsschuldenkrise. 2. Aufl. Marburg: metropolis.

Pfriem, Reinhard (1995): Unternehmenspolitik in sozialökologischen Perspektiven. Marburg: metropolis.

Pfriem, Reinhard (2004): Unternehmensstrategien sind kulturelle Angebote an die Gesellschaft. In: FUGO (Hg.): Perspektiven einer kulturwissenschaftlichen Theorie der Unternehmung. Marburg: metropolis, S. 375–404.

Pfriem, Reinhard (2007): Unsere mögliche Moral heißt kulturelle Bildung. Unternehmensethik für das 21. Jahrhundert. Marburg: metropolis.

Pfriem, Reinhard (2007): Unternehmenspolitische Verantwortung im außermoralischen und im moralischen Sinn. In: Thomas Beschorner, Patrick Linnebach, Reinhard Pfriem und Günter Ulrich (Hg.): Unternehmensverantwortung aus kulturalistischer Sicht. Marburg: metropolis, S. 163–184.

Pfriem, Reinhard (2011): Eine neue Theorie der Unternehmung für eine neue Gesellschaft. In: Reinhard Pfriem (Hg.): Eine neue Theorie der Unternehmung für eine neue Gesellschaft. Marburg: metropolis, S. 133–153.

Pfriem, Reinhard (2015): Armut, Konsum und menschliche Zufriedenheit. In: Ökologisches Wirtschaften 30 (4), S. 13.

Pfriem, Reinhard (2015): Ökonomie ist kulturelle Praxis. Zur Feier des Geburtstags von Irene Antoni-Komar. In: Reinhard Pfriem, Lars Hochmann, Nina Gmeiner, Karsten Hurrelmann, André Karczmarzyk, Christian Lautermann und Christine Lenz (Hg.): Die Kultivierung des Ökonomischen. Kulturelle Prozesse, kulturelle Praktiken, kulturelle Kompetenzen. Festschrift für Irene Antoni-Komar zum 60. Geburtstag. Marburg: metropolis, S. 83–98.

Pfriem, Reinhard (2015): Weltklugheit statt ökonomischer Rationalität. Ein theoretischer Bezugsrahmen für Unternehmen als Akteure gesellschaftlicher Transformation, zugleich ein Beitrag zur Aktualisierung des aristotelischen Phronesis-Konzeptes. In: Albert Löhr (Hg.): Resozialisierung der ökonomischen Rationalität. Marburg: metropolis, S. 237–262.

Pfriem, Reinhard (2017): Lebensklugheit auf den Weg bringen. Ökonomik als Möglichkeitswissenschaft. In: Reinhard Pfriem, Uwe Schneidewind, Jonathan Barth, Silja Graupe und Thomas Korbun (Hg.): Transformative Wirtschaftswissenschaften im Kontext nachhaltiger Entwicklung. Marburg: metropolis, S. 237–260.

Pfriem, Reinhard (2017): Ökonomik als Möglichkeitswissenschaft. In: Ökologisches Wirtschaften 32 (2), S. 16–18.

Pfriem, Reinhard (2018): Die nachökonomische Gesellschaft als reale Utopie. Überlegungen zur Aufhebung des Ökonomischen. In: Rainer Lucas, Reinhard Pfriem und Claus Thomasberger (Hg.): Auf der Suche nach dem Ökonomischen. Karl Marx zum 200. Geburtstag. Marburg: metropolis, S. 253–287.

Pfriem, Reinhard; Antoni-Komar, Irene; Lautermann, Christian (2015): Transformative Unternehmen. In: Ökologisches Wirtschaften 30 (3), S. 18–20.

Pfriem, Reinhard; Schneidewind, Uwe; Barth, Jonathan; Graupe, Silja; Korbun, Thomas (Hg.) (2017): Transformative Wirtschaftswissenschaften im Kontext nachhaltiger Entwicklung. Marburg: metropolis.

Picht, Georg (1998): Der Begriff der Natur und seine Geschichte. 4. Aufl. Stuttgart: Klett-Cotta.

Plessner, Helmuth (1975): Die Stufen des Organischen und der Mensch. Einleitung in die philosophische Anthropologie. 3. Aufl. Berlin: de Gruyter.

Plessner, Helmuth (2002): Grenzen der Gemeinschaft. Eine Kritik des sozialen Radikalismus. Frankfurt/Main: Suhrkamp.

Price, Derek J. de Solla (1974): Little Science, Big Science. Von der Studierstube zur Großforschung. Frankfurt/Main: Suhrkamp.

Priddat, Birger P. (2013): Bevor wir über ›Ökonomisierung‹ reden. Was ist ›ökonomisch‹? In: Soziale Welt 64 (4), S. 417–434.

Radkau, Joachim (2011): Die Ära der Ökologie. Eine Weltgeschichte. München: C. H. Beck.

Radnitzky, Gerard; Bernholz, Peter (Hg.) (1987): Economic Imperialism. The Economic Approach Applied Outside the Field of Economics. New York: Paragon House.

Radtke, Jörg (2016): Bürgerenergie in Deutschland. Partizipation zwischen Gemeinwohl und Rendite. Wiesbaden: VS.

Reckwitz, Andreas (2000): Die Transformation der Kulturtheorien. Zur Entwicklung eines Theorieprogramms. Weilerswist: Velbrück.

Reckwitz, Andreas (2003): Grundelemente einer Theorie sozialer Praktiken. In: Zeitschrift für Soziologie 32 (4), S. 282–301.

Robbins, Lionel (1932): An Essay on the Nature and Significance of Economic Science. London: Macmillan and Co.

Robertson, Morgan M. (2006): The Nature That Capital Can See. Science, State, and Market in the Commodification of Ecosystem Services. In: Environment and Planning D: Society and Space 24 (3), S. 367–387.

Rockström, Johan; Steffen, Will; Noone, Kevin; Persson, Åsa; Chapin, F. Stuart; Lambin, Eric F. et al. (2009): A Safe Operating Space for Humanity. In: nature 461 (September), S. 472–475.

Rohe, Wolfgang (2015): Vom Nutzen der Wissenschaft für die Gesellschaft. Eine Kritik zum Anspruch der transformativen Wissenschaft. In: GAIA 24 (3), S. 156–159.

Rosa, Hartmut (2011): Über die Verwechslung von Kauf und Konsum. Paradoxien der spätmodernen Konsumkultur. In: Ludger Heidbrink, Imke Schmidt und Bjön Ahaus (Hg.): Die Verantwortung des Konsumenten. Über das Verhältnis von Markt, Moral und Konsum. Frankfurt/Main: Campus, S. 115–132.

Rosa, Hartmut (2013): Beschleunigung und Entfremdung. Frankfurt/Main, Berlin: Suhrkamp.

Rosenberg, William; Donald, Anna (1995): Evidence based medicine. An approach to clinical problem-solving. In: British Medical Journal 310 (6987), S. 1122–1126.

Rothschild, Emma (1994): Adam Smith and the Invisible Hand. In: The American Economic Review 84 (2), S. 319–322.

Royal Society (2009): Geoengineering the Climate. Science, Governance and Uncertainty. London: Royal Society.

Sáenz-Arroyo, Andrea; Roberts, Callum M.; Torre, Jorge; Cariño-Olvera, Micheline; Enriquez-Andrade, Roberto R. (2005): Rapidly shifting environmental baselines among fishers of the Gulf of California. In: Proceedings of the Royal Society Biological Sciences 272 (1575), S. 1957–1962.

Salanti, Andrea (2014): Rigor versus Relevance in Economic Theory. A Plea for a Different Methodological Perspective. In: History of Political Economy 46 (1), S. 149–166.

Sandel, Michael J. (2012): Was man für Geld nicht kaufen kann. Die moralischen Grenzen des Marktes. 3. Aufl. Berlin: Ullstein.

Schanz, Günther (1979): Ökonomische Theorie als sozialwissenschaftliches Paradigma? In: Soziale Welt 30 (3), S. 257–274.

Schatzki, Theodore R.; Knorr-Cetina, Karin; Savigny, Eike von (Hg.) (2001): The Practice Turn in Contemporary Theory. London, New York: Routledge.

Schelsky, Helmut (1957): Die skeptische Generation. Eine Soziologie der deutschen Jugend. Düsseldorf, Köln: Diederichs.

Schiller, Friedrich (1789): Was heißt und zu welchem Ende studiert man Universalgeschichte? Eine Akademische Antrittsrede bey Eröfnung seiner Vorlesungen. Jena: Akademische Buchhandlung.

Schimank, Uwe; Volkmann, Ute (2017): Ökonomisierung der Gesellschaft. In: Andrea Maurer (Hg.): Handbuch der Wirtschaftssoziologie. 2. Aufl. Wiesbaden: VS, S. 593–609.

Schirach, Gottlob Benedikt von (1772): Über die moralische Schönheit und Philosophie des Lebens. Altenburg: Richter.

Schneider, Dieter (2002): Die ersten Handelshochschulen. In: Eduard Gaugler und Richard Köhler (Hg.): Entwicklungen der Betriebswirtschaftslehre. 100 Jahre Fachdisziplin – zugleich eine Verlagsgeschichte. Stuttgart: Schäffer-Poeschel, S. 39–59.

Schneidewind, Uwe; Pfriem, Reinhard; Barth, Jonathan; Beschorner, Thomas; Binswanger, Mathias; Diefenbacher, Hans et al. (2016): Transformative Wirtschaftswissenschaft im Kontext nachhaltiger Entwicklung. Für einen neuen Vertrag zwischen Wirtschaftswissenschaft und Gesellschaft. In: Ökologisches Wirtschaften 31 (1), S. 30–34.

Schneidewind, Uwe; Singer-Brodowski, Mandy (2014): Transformative Wissenschaft. Klimawandel im deutschen Wissenschafts- und Hochschulsystem. 2. Aufl. Marburg: metropolis.

Schneidewind, Uwe; Singer-Brodowski, Mandy (2015): Vom experimentellen Lernen zum transformativen Experimentieren. Reallabore als Katalysator für eine lernende Gesellschaft auf dem Weg zu einer Nachhaltigen Entwicklung. In: Zeitschrift für Wirtschafts- und Unternehmensethik 16 (1), S. 10.

Schön, Donald A. (1983): The Reflective Practitioner. How Professionals Think in Action. New York: Basic Books.

Schulze, Gerhard (2004): Die beste aller Welten. Wohin bewegt sich die Gesellschaft im 21. Jahrhundert? Frankfurt/Main: Fischer.

Schulze, Gerhard (2006): Die Sünde. Das schöne Leben und seine Feinde. München: Carl Hanser.

Schumpeter, Joseph Alois (1908): Das Wesen und der Hauptinhalt der theoretischen Nationalökonomie. Leipzig: Duncker & Humblot.

Schumpeter, Joseph Alois (1911): Theorie der wirtschaftlichen Entwicklung. Leipzig: Duncker & Humblot.

Schumpeter, Joseph Alois (1942): Capitalism, Socialism and Democracy. New York, London: Harper.

Schumpeter, Joseph Alois (1993): Kapitalismus, Sozialismus und Demokratie. 7. Aufl. München: Francke.

Schweitzer, Albert (2003): Die Ehrfurcht vor dem Leben. Grundtexte aus fünf Jahrzehnten. 8. Aufl. München: C. H. Beck.

Schweppenhäuser, Gerhard (2007): Ästhetik. Philosophische Grundlagen und Schlüsselbegriffe. Frankfurt/Main, New York: Campus.

Sen, Amartya (1985): Commodities and Capabilities. Amsterdam, New York: Elsevier.

Sen, Amartya (2001): Development as Freedom. New York: Oxford University Press.

Sen, Amartya (2010): Die Idee der Gerechtigkeit. München: C. H. Beck.

Sennett, Richard (1977): The Fall of Public Man. Cambridge: Cambridge University Press.

Silber, William L. (2007): When Washington Shut Down Wall Street. The Great Financial Crisis of 1914 and the Origins of America's Monetary Supremacy. Princeton: Princeton University Press.

Simmel, Georg (1908): Der Streit. In: Georg Simmel: Soziologie. Untersuchungen über die Formen der Vergesellschaftung. Leipzig: Duncker & Humblot, S. 247–336.

Simmel, Georg (1989): Philosophie des Geldes. Nachdruck. Frankfurt/Main: Suhrkamp.

Sloterdijk, Peter (1989): Eurotaoismus. Zur Kritik der politischen Kinetik. Frankfurt/Main: Suhrkamp.

Smith, Adam (1759): The Theory of Moral Sentiments. Edinburgh: Millar, Kincaid, Bell.

Smith, Adam (1776): An Inquiry into the Nature and Causes of the Wealth of Nations. London: W. Strahan und T. Cadel.

Snow, Charles Percy (1956): The Two Cultures. In: New Statesman and Nation 52 (1334), S. 413–414.

Snow, Charles Percy (1959): The Two Cultures and the Scientific Revolution. New York: Cambridge University Press.

Sombart, Werner (1919): Der moderne Kapitalismus. Das europäische Wirtschaftsleben im Zeitalter des Frühkapitalismus vornehmlich im 16., 17. und 18. Jahrhundert. 2. Aufl. München, Leipzig: Duncker & Humblot (2. Band).

Stigler, George J.; Becker, Gary S. (1977): De Gustibus Non Est Disputandum. In: The American Economic Review 67 (2), S. 76–90.

Strohschneider, Peter (2014): Zur Politik der Transformativen Wissenschaft. In: André Brodocz, Dietrich Herrmann, Rainer Schmidt, Daniel Schulz und Julia Schulze Wessel (Hg.): Die Verfassung des Politischen. Festschrift für Hans Vorländer. Wiesbaden: VS, S. 175–192.

Sydow, Jörg; Schreyögg, Georg; Koch, Jochen (2009): Organizational Path Dependence. Opening the Black Box. In: Academy of Management Review 34 (4), S. 689–709.

Thaler, Richard H.; Sunstein, Cass R. (2003): Libertarian Paternalism. In: The American Economic Review 93 (2), S. 175–179.

Thaler, Richard H.; Sunstein, Cass R. (2008): Nudge. Improving decisions about health, wealth, and happiness. New Haven: Yale University Press.

The Local (2005): Nobel descendant slams Economics prize. Online verfügbar unter https://tinyurl.com/y8hw47cn (Original: https://www.thelocal.se/20120102/2173), zuletzt geprüft am 27.12.2017.

Thomä, Dieter (2016): Puer robustus. Eine Philosophie des Störenfrieds. Berlin: Suhrkamp.

Varian, Hal R. (2016): Grundzüge der Mikroökonomik. 9. Aufl. Berlin: de Gruyter.

Venter, J. Craig (2013): Life at the speed of light. From the double helix to the dawn of digital life. New York, New York: Viking.

Virilio, Paul (1992): Rasender Stillstand. Essay. München: Hanser.

Waldenfels, Bernhard (Hg.) (1998): Der Stachel des Fremden. 3. Aufl. Frankfurt/Main: Suhrkamp.

Waldhoff, Hans-Peter (2017): Eros und Thanatos als Triebkräfte des Denkens. Psychoanalytische und erkenntniskritische Perspektiven. Weilerswist: Velbrück.

Walzer, Michael (1987): Interpretation and Social Criticism. Cambridge: Harvard University Press.

WBGU (Hg.) (2011): Welt im Wandel. Gesellschaftsvertrag für eine Große Transformation. Berlin.

Weber, Max (1967): Wissenschaft als Beruf. 5. Aufl. Berlin: Duncker & Humblot.

Wegner, Gerhard (1995): Innovation, Komplexität und Erfolg. Zu einer ökonomischen Handlungstheorie des Neuen. In: Eberhard K. Seifert und Birger P. Priddat (Hg.): Neuorientierungen in der ökonomischen Theorie. Marburg: metropolis, S. 181–205.

Weick, Karl E.; Sutcliffe, Kathleen M. (2003): Das Unerwartete managen. Wie Unternehmen aus Extremsituationen lernen. Stuttgart: Klett-Cotta.

Weingart, Peter (2005): Die Stunde der Wahrheit? Zum Verhältnis der Wissenschaft zu Politik, Wirtschaft und Medien in der Wissensgesellschaft. Weilerswist: Velbrück.

Welzer, Harald (2008): Klimakriege. Wofür im 21. Jahrhundert getötet wird. Frankfurt/Main: S. Fischer.

Welzer, Harald; Leggewie, Claus (2009): Das Ende der Welt, wie wir sie kannten. Klima, Zukunft und die Chancen der Demokratie. Frankfurt/Main: S. Fischer.

Williamson, Oliver E. (1979): Transaction-Cost Economics. The Governance of Contractual Relations. In: Journal of Law and Economics 22 (2), S. 233–261.

Wilson, Edward O. (Hg.) (1992): Ende der biologischen Vielfalt? Der Verlust an Arten, Genen und Lebensräumen und die Chancen für eine Umkehr. Heidelberg: Spektrum.

Wöhe, Günter; Döring, Ulrich (2013): Einführung in die allgemeine Betriebswirtschaftslehre. 25. Aufl. München: Vahlen.

Anmerkungen

1 Siehe dazu ausführlich Devereux (1998: Angst und Methode in den Verhaltenswissenschaften).

2 Auf die schlichte Sophisterei, dass *Eigenschaftslosigkeit* auch eine Eigenschaft ist, möchte ich an dieser Stelle nicht weiter eingehen. Gewiss liegt die Anklage eher über als im Ziel. Das, was ich mit ihr beabsichtige, scheint mir jedoch auch trotz des sprachlichen Widerspruchs deutlich zu werden, den ich nicht als dogmatisch fasse. Die kritische Position, die ich nachfolgend näher ausarbeiten werde, empfiehlt sich gerade durch ihre Bescheidenheit. Ihr geht es darum, zu analysieren und zu bewerten, *welche* Eigenschaften sich wo und inwiefern warum zeitlichen. Die Anklage der *Eigenschaftslosigkeit* möchte ich von daher als Vorgriff dergestalt verstanden wissen, dass sie den Gleichmut anzeigt, der sich empirisch im Feld der Wirtschaftswissenschaften auf Ebene der Akteure und der Inhalte zeigt.

3 So der Titel von Schulze (2004: Die beste aller Welten).

4 So lautet der Untertitel von Hannah Arendt (2017: Eichmann in Jerusalem), die in den 1960er Jahren von dem Prozess in Jerusalem gegen den ehemaligen SS-Offizier Eichmann berichtete und dabei für viel Aufsehen mit dem Hinweis sorgte, dass das Böse sich einstweilen gerade nicht (mehr) als *Mephisto* zeigt, sondern als *Nobody*, als mutmaßlich bürokratisches Ausführungsorgan eines mörderischen Staatsapparats.

5 Siehe dazu etwa die Lehrbücher von Appleby (1994: Modern Business Administration), Wöhe und Döring (2013: Einführung in die allgemeine Betriebswirtschaftslehre) oder Mankiw und Taylor (2016: Grundzüge der Volkswirtschaftslehre) sowie Varian (2016: Grundzüge der Mikroökonomik).

6 Sombart (1919: Der moderne Kapitalismus, S. 119).

7 Zur Geschichte der Handelshochschulen siehe insbesondere Schneider (2002: Die ersten Handelshochschulen).

8 Musil (1957: Der Mann ohne Eigenschaften, S. 66).

9 Siehe dazu etwa Markham (2006: A Financial History of Modern U.S. Corporate Scandals).

10 Siehe dazu etwa Peukert (2015: Das Moneyfest).

11 Siehe dazu etwa Ehrenberg (2011: Das erschöpfte Selbst).

12 Siehe dazu etwa Osborn (1948: Our plundered planet).

13 Siehe dazu etwa Hochmann und Pfriem (2017: Jenseits von Ressourcen).

14 Siehe dazu etwa Hochmann und Pfriem (2018: Verantwortung kommt mit Nähe).

15 Siehe dazu analog die Überlegungen von Nietzsche (1982: Vom Nutzen und Nachteil der Historie für das Leben) zum »Nutzen und Nachteil der Historie für das Leben«.

16 Siehe dazu Feyerabend (1986: Wider den Methodenzwang) und Adorno (1979: Der Positivismusstreit in der deutschen Soziologie) sowie überblicksartig Dahms (1994: Positivismusstreit).

17 Zur Idee der *Performativität* siehe Boldyrev (2016: Enacting Dismal Science) sowie Hirte (2014: Performative Wissenschaft) und Hirte (2017: Zur Performativität in den Wirtschaftswissenschaften).

18 Vgl. Devereux (1998: Angst und Methode in den Verhaltenswissenschaften).

19 Siehe dazu insbesondere die Überlegungen von Elias (2003: Engagement und Distanzierung) zum Spannungsfeld von *Engagement* und *Distanzierung*.

20 Elias (2003: Engagement und Distanzierung, S. 176).

21 Elias (1988: Die Gesellschaft der Individuen, S. 73).

22 Vgl. Kluge (1899: Etymologisches Wörterbuch der deutschen Sprache, S. 15).

23 Waldhoff (2017: Eros und Thanatos als Triebkräfte des Denkens, S. 43).

24 Siehe dazu ausführlich Hampe (2011: Tunguska oder das Ende der Natur).

25 Picht (1998: Der Begriff der Natur und seine Geschichte, S. 440 f.).

26 Vgl. Waldhoff (2017: Eros und Thanatos als Triebkräfte des Denkens, S. 17).

27 Gruen (2003: Verratene Liebe - falsche Götter, S. 147).

28 Waldhoff (2017: Eros und Thanatos als Triebkräfte des Denkens, S. 116 f.).

29 Marx und Engels (1969: Die heilige Familie oder Kritik der kritischen Kritik, S. 98).

30 Die Idee der *exzentrischen Positionalität* hat Plessner (1975: Die Stufen des Organischen und der Mensch) ausführlicher ausgearbeitet.

31 Nietzsche (1901: Nachgelassene Werke, S. 261).

32 Walzer (1987: Interpretation and Social Criticism, S. 65).

33 Vgl. Adorno (1951: Minima Moralia, S. 130).

34 Den Begriff der *Dummheit* verwende ich hier und nachfolgend in Anlehnung an Kant (1868: Kritik der reinen Vernunft, S. 139). Er fasst Dummheit als »Mangel an Urtheilskraft« und verweist damit nicht auf Fragen von Intelligenz, Klugheit oder Bildung, beziehungsweise gar formaler Qualifikation, sondern zielt mit dem Begriff auf die Abwehr von Gedankenlosigkeit. Sich nicht dumm machen zu lassen, bedeutet demnach, die Mündigkeit zu entwickeln, sich ein eigenes Urteil zu bilden.

35 Anders (1961: Die Antiquiertheit des Menschen).

36 Siehe zu dieser Euphorie ausführlich die Darstellungen von Kant (1965: Ob das menschliche Geschlecht im beständigen Fortschreiten zum Besseren sei?), der diesen ewigen Fortschritt im Kommen sah.

37 Dass Kant seine großen Werke als *Kritiken* entworfen hat, gibt hier einen Hinweis darauf, dass dieser schon viel zu klug gewesen ist, sich in der Dichotomie von *Dogmatismus* und *Skeptizismus* zu verwickeln. Insofern ist *Kritik* eine Form und Methode der Überwindung von Schwarz-Weiß-Malerei, ein dritter Weg als Pfad durch die Widersprüche der Welt. Siehe zu diesem Gedanken auch Arendt (2017: Das Urteilen, S. 53 f.).

38 Vgl. Schneider (2002: Die ersten Handelshochschulen, S. 49).

39 Graupe (2013: Ökonomische Bildung).

40 Siehe zu diesem Zusammenhang die ausführliche Studie von Beckenbach, Daskalakis et al. (2016: Zur Pluralität der volkswirtschaftlichen Lehre in Deutschland).

41 Siehe zu diesem Zusammenhang die ausführliche Studie von Graupe (2017: Beeinflussung und Manipulation in der ökonomischen Bildung).

42 Wöhe und Döring (2013: Einführung in die allgemeine Betriebswirtschaftslehre, S. 7).

43 Noch vor Bentham (1776: A Fragment of Government) hat Hutcheson (1726: An Inquiry into the Original of our Ideas of Beauty and Virtue, S. 177) vom *größten Glück der größten Zahl* geschrieben.

44 Siehe dazu die Argumentation von Pfriem (2015: Weltklugheit statt ökonomischer Rationalität).

45 Vgl. Gutenberg (1958: Einführung in die Betriebswirtschaftslehre).

46 Zum Vorschlag der *Abduktion* als mögliche reflexive Klammer siehe Peirce, Weiss et al. (1935: Collected papers of Charles Sanders Peirce).

47 Vgl. Rosenberg und Donald (1995: Evidence based medicine, S. 1122).

48 Pawson (2006: Evidence-based policy, S. 20).

49 Thaler und Sunstein (2003: Libertarian Paternalism).

50 Thaler und Sunstein (2008: Nudge).

51 Siehe einführend dazu Camerer, Loewenstein et al. (2011: Advances in behavioral economics).

52 Siehe dazu die Pressemitteilung von AFP (2001: Alfred Nobels familie tar avstand fra økonomiprisen).

53 Siehe dazu auch schon Pfriem (2015: Armut, Konsum und menschliche Zufriedenheit).

54 Vgl. The Local (2005: Nobel descendant slams Economics prize).

55 Pawson (2006: Evidence-based policy).

56 Robbins (1932: An Essay on the Nature and Significance of Economic Science, S. 141).

57 Siehe überblicksartig zur Denkfigur der *Performativität* Hirte (2017: Zur Performativität in den Wirtschaftswissenschaften).

58 Mills (2016: Soziologische Phantasie, S. 163 f.).

59 Das einleitende *Leider* gibt bereits einen Hinweis darauf, dass der gegenwärtige Hauptstrom der Wirtschaftswissenschaften in der praktischen Konsequenz nicht unproblematisch ist. In dieser Hinsicht darf nicht aus dem Blick geraten, dass das Argument eines pluralistischen Zuschnitts liefe selbst leer, würde es jegliche theoretischen Strömungen scheinbar gleichberechtigt nebeneinanderstellen. Solche falsche Toleranz verdeckt die wirklichen Herrschaftsverhältnisse und wird selbst zu einem Instrument der Repression. Siehe zu dieser Denkfigur Marcuse (1966: Kritik der reinen Toleranz).

60 Aus Briefen an Karl Jaspers ist gut dokumentiert, dass Hannah Arendt (2016: Vita activa oder Vom tätigen Leben) ihr Buch zur *vita activa* ursprünglich *amor mundi* nennen wollte.

61 Siehe dazu etwa die Analysen von Heise, Sander et al. (2017: Das Ende der Heterodoxie?).

62 Beckenbach (2017: Die (Re-)Produktion der modernen Standardökonomik als Problem für eine transformative Umorientierung) rekonstruiert diesen Zusammenhang sehr eindrucksvoll.

63 Eine frühe Nennung findet sich bei Pfriem (2011: Eine neue Theorie der Unternehmung für eine neue Gesellschaft), deutlichere Kontur bekommt der Begriff der *Möglichkeitswissenschaften* durch die Aufsätze von Pfriem (2017: Lebensklugheit auf den Weg bringen) und Pfriem (2017: Ökonomik als Möglichkeitswissenschaft).

64 Pfriem (2017: Ökonomik als Möglichkeitswissenschaft, S. 17).

65 Zur Frage einer kritischen Ökonomik habe ich mich an anderer Stelle schon deutlich geäußert. Siehe dazu Hochmann (2017: Abschied vom Restaurativen).

66 Adorno (1966: Negative Dialektik, S. 389).

67 Musil (1957: Der Mann ohne Eigenschaften, S. 16).

68 Siehe dazu Salanti (2014: Rigor versus Relevance in Economic Theory).

69 Derrida (1996: Gesetzeskraft, S. 40).

70 Der Band von Lucas, Pfriem et al. (2018: Auf der Suche nach dem Ökonomischen) problematisiert diese Einsicht in konstruktiver Absicht als Suche nach zeitgemäßen Lesarten der Marxschen Theorie.

71 Vgl. Bornmann und Mutz (2015: Growth rates of modern science).

72 Marx (1959: Das Elend der Philosophie, S. 126).

73 Arendt (2016: Vita activa oder Vom tätigen Leben, S. 329 ff.) argumentiert, dass die Mathematik gerade wegen ihrer Weltferne als *archimedischer Punkt* moderner Wissenschaften den Glauben einer reinen Methode schürt, die nicht durch Weltlichkeit getrübt ist.

74 So der Titel von Nagel (2012: Der Blick von nirgendwo).

75 So formuliert es Albach (2017: Wirtschaftswissenschaft) stellvertretend für das Fach.

76 Siehe dazu auch die vielbeachtete Studie von Boltanski und Chiapello (2007: The new spirit of capitalism).

77 Schimank und Volkmann (2017: Ökonomisierung der Gesellschaft).

78 Lemke (2000: Neoliberalismus, Staat und Selbsttechnologien) bietet einen guten Überblick über die sogenannten *governmentality studies*.

79 Vgl. Priddat (2013: Bevor wir über ›Ökonomisierung‹ reden).

80 Siehe Simmel (1989: Philosophie des Geldes) und ergänzend auch die prägnanten Darstellungen von Flotow (1995: Geld, Wirtschaft und Gesellschaft).

81 Schimank und Volkmann (2017: Ökonomisierung der Gesellschaft, S. 593).

82 Arendt (2016: Vita activa oder Vom tätigen Leben, S. 183).

83 Die Denkfigur der doppelten Entsinnlichung habe ich gemeinsam mit Reinhard Pfriem an anderer Stelle entwickelt. Siehe dazu Hochmann und Pfriem (2018: Verantwortung kommt mit Nähe, S. 132 f.).

84 Vgl. das schlichte Statement von Friedman (1970: The Social Responsibility of Business is to Increase its Profits).

85 Zur Idee der Voraussetzungslosigkeit siehe insbesondere Marx und Engels (1958: Die deutsche Ideologie).

86 Zur Kritik an Prozessen der *Kommodifizierung* siehe insbesondere Ötsch (2009: Mythos Markt).

87 Zur Kritik an Prozessen der *Kommerzialisierung* siehe insbesondere Sandel (2012: Was man für Geld nicht kaufen kann).

88 Bei Blome-Drees und Flieger (2017: Impulsgeber für eine transformative Wirtschaftswissenschaft) sind instruktive Impulse zu einer Ökonomik der Genossenschaften zu finden.

89 Horkheimer und Adorno (2000: Dialektik der Aufklärung, S. 15).

90 Vgl. Rothschild (1994: Adam Smith and the Invisible Hand).

91 Neben Hutcheson (1726: An Inquiry into the Original of our Ideas of Beauty and Virtue) und Bentham (1776: A Fragment of Government) sind natürlich auch die beiden Hauptwerke von Smith (1759: The Theory of Moral Sentiments); Smith (1776: An Inquiry into the Nature and Causes of the Wealth of Nations) gemeint.

92 Vgl. Hobbes (1651: Leviathan).

93 Zur Förderung von Freiheitlichkeit siehe insbesondere Sen (2001: Development as Freedom).

94 Galeano (1991: Die offenen Adern Lateinamerikas, S. 23).

95 Schulze (2006: Die Sünde) zeichnet den Prozess der *Pazifizierung* treffend nach.

96 Der zwischenstaatliche Frieden, der mit Handelsabkommen in der Tat als juristischer Frieden zahlreich geschaffen wurde, war und ist gleichwohl nur eine räumliche Verlagerung, beziehungsweise eine Verschiebung der Gewalt in subtilere kulturelle Muster und Praktiken. Jener Frieden, der beispielsweise im heutigen Nordeuropa zu Lande durch Zusammenschluss von Kaufleuten ab dem 12. Jahrhundert zur *Hanse* herbeigeführt wurde, führte stattdessen zu See- und Handelskriegen (beispielsweise mit England) und verschob lediglich den Raum gewaltförmiger Austragung von Konflikten. Siehe zu diesem und weiteren Lehrstücken etwa den Band von Duchhardt (1998: Der Westfälische Friede).

97 Marx (1962: Das Kapital, S. 741 f.).

98 Siehe dazu schon früh und auf dem Punkt Sennett (1977: The Fall of Public Man) sowie aktuell zur Verdrängung von Empathie Han (2017: Agonie des Eros).

99 Arendt (2016: Vita activa oder Vom tätigen Leben, S. 361).

100 Jevons (1871: The Theory of Political Economy, S. 3 f.).

101 Habermas (1973: Erkenntnis und Interesse, S. 9).

102 Stigler und Becker (1977: De Gustibus Non Est Disputandum).

103 Wenn Schumpeter (1908: Das Wesen und der Hauptinhalt der theoretischen Nationalökonomie, S. 96), der schon früh einen deutlichen Blick auf die Vorläufigkeit des methodologischen Individualismus' hatte, wüsste, was heute in seinem Namen für Unfug damit getrieben wird, würde er sich wohl im Grabe umdrehen.

104 So lautet der programmatische Titel von Becker (1976: The Economic Approach to Human Behavior).

105 Homann (1994: Homo Oeconomicus und Dilemmastrukturen, S. 395).

106 Gutenberg (1929: Die Unternehmung als Gegenstand betriebswirtschaftlicher Theorie, S. 40).

107 Fayed, Modrego et al. (2006: Evidence of brain damage after high-altitude climbing by means of magnetic resonance imaging) kommen zu diesem Schluss in Beschäftigung mit der umgangssprachlichen *Höhenkrankheit*.

108 Siehe dazu etwa jüngst den kläglichen Versuch von Attanasio, Bandiera et al. (2017: Dismal ignorance of the ›dismal science‹).

109 Adorno (1990: Zur Metakritik der Erkenntnistheorie, S. 185).

110 Vgl. zum Größenwahn empirisch Donaldson (1984: Managing Corporate Wealth) und konzeptionell Jensen (1986: Agency Costs of Free Cash Flow, Corporate Finance, and Takeovers).

111 Vgl. historisch Silber (2007: When Washington Shut Down Wall Street, S. 124).

112 Bröckling (2007: Das unternehmerische Selbst).

113 Lemke (2000: Neoliberalismus, Staat und Selbsttechnologien).

114 Radnitzky und Bernholz (1987: Economic Imperialism).

115 Vgl. insbesondere Becker (1974: A Theory of Social Interactions).

116 Vgl. Schanz (1979: Ökonomische Theorie als sozialwissenschaftliches Paradigma?).

117 Siehe dazu ausführlich die empirische Studie von Barde (2017: Re-Naturierung als Unternehmensstrategie) zur Möglichkeit von Streuobstbau als Unternehmensstrategie.

118 Bei Waldenfels (1998: Der Stachel des Fremden) sind wichtige und richtige Impulse zur weiteren Vertiefung des *Fremden* zu finden.

119 Zur Idee des *wissenschaftlichen Paradigmas* siehe Kuhn (1970: The Structure of Scientific Revolutions).

120 So der programmatische Titel von Fukuyama (1992: Das Ende der Geschichte).

121 Zitiert aus dem Interview mit Losse (2017: ›Die Blackbox der VWL wird jetzt aufgebohrt‹).

122 Siehe Schelsky (1957: Die skeptische Generation) zum Zusammenhang sowie ursprünglich zum Begriff des *Konkretismus* Adorno (2008: Philosophische Elemente einer Theorie der Gesellschaft).

123 Moretti und Pestre (2015: Bankspeak).

124 Vgl. Moretti und Pestre (2015: Bankspeak, S. 99).

125 Bauman (1992: Mortality, Immortality and Other Life Strategies, S. 22).

126 Sennett (1977: The Fall of Public Man, S. 261).

127 Zum Innovationsfetisch und dessen Alternativen siehe Paech (2011: Nachhaltiges Wirtschaften jenseits von Innovationsorientierung und Wachstum).

128 Schumpeter (1993: Kapitalismus, Sozialismus und Demokratie, S. 137).

129 Zum Verschwinden des Unternehmertums siehe Schumpeter (1942: Capitalism, Socialism and Democracy).

130 Bei Betz, Hitzler et al. (2011: Urbane Events) sind exemplarische Studien zur *Eventisierung* zu finden.

131 So der programmatische Titel von Virilio (1992: Rasender Stillstand).

132 Vgl. Sloterdijk (1989: Eurotaoismus, S. 269).

133 Waldhoff (2017: Eros und Thanatos als Triebkräfte des Denkens, S. 21).

134 Weg-, beziehungsweise holzwegweisend war das Buch zur Spieltheorie von Neumann und Morgenstern (1953: Theory of Games and Economic Behavior).

135 Zur Genealogie siehe Foucault (2009: Nietzsche, die Genealogie, die Historie) sowie ursprünglich Nietzsche (1892: Zur Genealogie der Moral).

136 Foucault (2009: Nietzsche, die Genealogie, die Historie, S. 195) mit Bezug zu Nietzsche (1887: Morgenröthe, S. 125).

137 Marx (1959: Das Elend der Philosophie, S. 130).

138 Benjamin (1980: Über den Begriff der Geschichte, S. 695).

139 Siehe dazu Darwin (1871: The Descent of Man, and Selection in Relation to Sex) sowie rekonstruierend insbesondere Engels (2009: Charles Darwins evolutionäre Theorie der Erkenntnis- und Moralfähigkeit, S. 308 ff.).

140 Benjamin (1980: Über den Begriff der Geschichte, S. 696 f.).

141 Siehe dazu kritisch Brand und Wissen (2017: Imperiale Lebensweise).

142 Ashcroft, Griffiths et al. (2010: The empire writes back) und Castro Varela und Dhawan (2015: Postkoloniale Theorie) führen gelungen in das Forschungsfeld der *postcolonial studies* ein.

143 Arendt (2016: Über die Revolution, S. 39).

144 Arendt (2016: Über die Revolution, S. 41).

145 Siehe dazu die Rekonstruktionen bei Arendt (2016: Über die Revolution, S. 50 ff.).

146 Arendt (2016: Über die Revolution, S. 59)

147 Keynes (2007: Wirtschaftliche Möglichkeiten für unsere Enkelkinder, S. 141).

148 Keynes (2007: Wirtschaftliche Möglichkeiten für unsere Enkelkinder, S. 146).

149 Siehe dazu erstmalig Pauly (1995: Anecdotes and the Shifting Baseline Syndrome of Fisheries) sowie empirischer Sáenz-Arroyo, Roberts et al. (2005: Rapidly shifting environmental baselines among fishers of the Gulf of California).

150 Siehe dazu den lesenswerten Band von Crutzen, Mastrandrea et al. (2011: Das Raumschiff Erde hat keinen Notausgang).

151 So lautet der programmatische Titel von Branson (2012: Geht nicht, gibt's nicht!). Siehe zur Kritik an der Selbstinszenierung von Richard Branson auch Bower (2014: Branson).

152 Anders (1961: Die Antiquiertheit des Menschen, S. 45).

153 Anders (1961: Die Antiquiertheit des Menschen, S. 23 ff.).

154 Siehe dazu Keith (2000: Geoengineering the Climate: History and Prospect) und Royal Society (2009: Geoengineering the Climate).

155 Siehe dazu Beech (2009: Terraforming), Kunzig (2010: Making Mars the New Earth) sowie schon früh Fogg (1993: Terraforming).

156 Marinova, McKay et al. (2005: Radiative-Convective Model of Warming Mars with Artificial Greenhouse Gases) argumentieren in der Tat dafür, die zerstörerische Praxis auf Erden, die den Treibhauseffekt katalysiert, nun als Blaupause zur Erwärmung des deutlich zu kalten Mars' zu nehmen.

157 Sie dazu Lewicki, Diamandis et al. (2013: Planetary Resources).

158 Dazu habe ich an anderer Stelle schon ausführlich argumentiert. Siehe etwa Hochmann (2016: Die Aufhebung der Leblosigkeit, S. 283 ff.) sowie Hochmann (2015: Natürlich Kultur).

159 Adorno (1951: Minima Moralia, S. 80).

160 Siehe Lovelock (1988: The Ages of Gaia) zur Gaia-Hypothese.

161 Auf diese prägnante Formel hat Ulrich Hampicke (1977: Landwirtschaft und Umwelt, S. 622) in kritischer Absicht den Stellenwert von Natur in ökonomischer Theorie gebracht. Das mutet gewiss grobschlächtig an, traf und trifft den Kern der Sache jedoch ausgesprochen präzise.

162 Arendt (2016: Über die Revolution, S. 20).

163 Die ausführlichere Herleitung habe ich an anderer Stelle vorgenommen. Siehe dazu Hochmann (2016: Die Aufhebung der Leblosigkeit, S. 296).

164 Vgl. Pfriem (1995: Unternehmenspolitik in sozialökologischen Perspektiven, S. 23 ff.).

165 Vgl. Cato (2009: Green Economics, S. 5).

166 In historischer Perspektive wirft Appiah (2011: Eine Frage der Ehre) unter diesem Titel prägnant Licht auf die Vorläufigkeit moralischer Interpretationen und der Triebkräfte, welche bislang historisch zu moralischen Revolutionen geführt haben.

167 Bei Radkau (2011: Die Ära der Ökologie) finden sich spannende historische Rekonstruktionen dazu.

168 Terminologisch kommt Jänicke (1984: Umweltpolitische Prävention als ökologische Modernisierung und Strukturpolitik) das Erstgeburtsrecht dieses Begriffes zu. Nennenswert ausgearbeitet hat er ihn jedoch bis zu diesem Tage nicht.

169 Siehe dazu Binswanger (1991: Geld und Natur).

170 Siehe dazu Hawken, Lovins et al. (2000: Öko-Kapitalismus).

171 Siehe dazu Gigold (2009: Der Green New Deal).

172 Fatheuer, Fuhr et al. (2015: Kritik der Grünen Ökonomie) haben eine gelungene Übersicht in kritischer Absicht zur Vision einer sogenannten *grünen Ökonomie* vorgelegt.

173 Siehe dazu Williamson (1979: Transaction-Cost Economics).

174 Buchanan und Stubblebine (1962: Externality).

175 Robertson (2006: The Nature That Capital Can See).

176 Heidegger (2000: Das Ding (1950), S. 167).

177 So lautet der Titel von Leed (1993: Die Erfahrung der Ferne). Zur Nachstehenden Einsicht siehe ebenda.

178 Natur von Technik abzugrenzen, wurde in der Naturphilosophie insbesondere von Böhme (1992: Natürlich Natur) vorangetrieben. An ihn schließe ich mit diesem Gedanken an.

179 Köchy (2008: Biophilosophie zur Einführung, S. 12).

180 Böhme (1992: Natürlich Natur, S. 118).

181 Die anthropologische Studie von Descola (2011: Jenseits von Natur und Kultur) ist in dieser Hinsicht augenöffnend.

182 Siehe dazu Descartes (1641: Meditationes de Prima Philosophia in qua Dei Existentia et Animae Immortalitas Demonstratur) sowie in Rekonstruktion sehr erhellend auch Cassirer und Berben (2005: Descartes).

183 Vgl. Darwin (1859: On the Origin of Species).

184 Siehe zu diesem Gedanken die prägnanten Erläuterungen bei Engels (2009: Charles Darwins evolutionäre Theorie der Erkenntnis- und Moralfähigkeit).

185 So lautet der Untertitel von de Waal (2015: Der Mensch, der Bonobo und die Zehn Gebote).

186 Siehe dazu den lehrreichen Aufsatz von de Waal (1997: The Chimpanzee's Service Economy).

187 Weiterführend Hartung und Kirchhoff (2014: Welche Natur brauchen wir?) sowie Kirchhoff und Trepl (2008: Vieldeutige Natur).

188 Crutzen und Stoermer (2000: The Anthropocene).

189 Vgl. Crutzen (2002: Geology of Mankind).

190 Oldfield, Barnosky et al. (2014: The Anthropocene Review) liefern eine gelungene Zusammenschau der Rezeptionen.

191 Die sprunghafte Bereitschaft zur Naturvergewaltigung habe ich gemeinsam mit Reinhard Pfriem an anderer Stelle ausgearbeitet. Siehe dazu die ausführlichen Argumentationen bei Hochmann und Pfriem (2017: Jenseits von Ressourcen).

192 Siehe exemplarisch Rockström, Steffen et al. (2009: A Safe Operating Space for Humanity).

193 Siehe exemplarisch Venter (2013: Life at the speed of light).

194 Siehe exemplarisch Manemann (2014: Kritik des Anthropozäns).

195 Siehe exemplarisch Mannoor, Jiang et al. (2013: 3D Printed Bionic Ears).

196 Siehe exemplarisch Hutchison, Chuang et al. (2016: Design and Synthesis of a Minimal Bacterial Genome).

197 Gray (2010: Von Menschen und anderen Tieren, S. 18 f.).

198 So lautet der programmatische Titel von Elias (1980: Über den Prozess der Zivilisation).

199 So lautet der ernstgemeinte Untertitel von Welzer (2008: Klimakriege).

200 Ehrenberg (2011: Das erschöpfte Selbst).

201 Han (2010: Müdigkeitsgesellschaft).

202 Vgl. Meadows, Meadows et al. (1972: Die Grenzen des Wachstums).

203 Vgl. Kolbert (2014: The sixth extinction).

204 Vgl. Osborn (1948: Our plundered planet).

205 Siehe dazu empirisch Klein (2015: Die Entscheidung, S. 200 ff.).

206 So die Analyse von Fromm (1980: Haben oder Sein).

207 Vgl. Rosa (2011: Über die Verwechslung von Kauf und Konsum)

208 Gray (2010: Von Menschen und anderen Tieren, S. 174).

209 Vgl. Weber (1967: Wissenschaft als Beruf).

210 Marx und Engels (1848: Manifest der kommunistischen Partei, S. 5).

211 Siehe dazu und nachfolgend Schiller (1789: Was heißt und zu welchem Ende studiert man Universalgeschichte?).

212 Weingart (2005: Die Stunde der Wahrheit?, S. 285).

213 Vgl. Price (1974: Little Science, Big Science).

214 Marx (1972: Aus dem handschriftlichen Nachlaß, S. 636).

215 Liessmann (2006: Theorie der Unbildung, S. 152).

216 Gelhard (2011: Kritik der Kompetenz) hat eine ausgesprochen überzeugende Kritik funktionalistisch vereinseitigter Kompetenz vorgelegt.

217 Liessmann (2006: Theorie der Unbildung, S. 26).

218 Kieser (2012: JOURQUAL - der Gebrauch, nicht der Missbrauch ist das Problem) führt diesen Gedanken mit Bezug zur Betriebswirtschaftslehre stringent aus.

219 Vgl. Stigler und Becker (1977: De Gustibus Non Est Disputandum).

220 Vgl. Academy of Management (2017: Annual Report 2016, S. 14).

221 Neergaard (2014: The landscape of qualitative methods in entrepreneurship, S. 96).

222 Siehe dazu ausführlich Bornmann und Mutz (2015: Growth rates of modern science).

223 Waldhoff (2017: Eros und Thanatos als Triebkräfte des Denkens, S. 68).

224 Vgl. Nietzsche (1874: Schopenhauer als Erzieher).

225 Liessmann (2017: Nicht nur Trump stellt die Freiheit der Wissenschaft infrage).

226 Vgl. Plessner (2002: Grenzen der Gemeinschaft).

227 Ausgeflaggt als *transformative Wirtschaftswissenschaften im Kontext nachhaltiger Entwicklung* haben sich jüngst eine beachtliche Reihe von deutschen Ökonominnen und Ökonomen auf den Weg begeben, dieser Einsicht zur Verbreitung zu verhelfen. Siehe dazu zunächst Schneidewind, Pfriem et al. (2016: Transformative Wirtschaftswissenschaft im Kontext nachhaltiger Entwicklung) sowie Pfriem, Schneidewind et al. (2017: Transformative Wirtschaftswissenschaften im Kontext nachhaltiger Entwicklung).

228 Vgl. Hochmann (2016: Die Aufhebung der Leblosigkeit, S. 276).

229 Die Figur der *Wiedereinbettung* geht wesentlich auf Granovetter (1985: Economic Action and Social Structure) zurück. Zur weiteren Kritik daran siehe auch die Beiträge in dem Band von Lucas, Pfriem et al. (2018: Auf der Suche nach dem Ökonomischen).

230 Castoriadis (1960: Le mouvement révolutionnaire sous le capitalisme moderne) hat diese Einsicht sehr ausführlich ausgearbeitet.
231 Plessner (1975: Die Stufen des Organischen und der Mensch).
232 Castoriadis (1990: Gesellschaft als imaginäre Institution, S. 592).
233 So lautet der programmatische Titel von Lindemann (2014: Weltzugänge).
234 Zu der Sinnhaftigkeit, Fachlichkeit am Gegenstand festzumachen, habe ich an anderer Stelle schon ausgeholt. Siehe dazu Hochmann (2016: Die Aufhebung der Leblosigkeit, S. 125 ff.).
235 Zur Figur der *Verwirklichungschancen* siehe Sen (1985: Commodities and Capabilities) sowie operationalisierter Nussbaum und Sen (1993: The quality of life).
236 Vgl. Sen (2010: Die Idee der Gerechtigkeit, S. 115 ff.).
237 Für eine gründlichere Analyse siehe das Kapitel 3 bei Hochmann (2016: Die Aufhebung der Leblosigkeit).
238 Horkheimer (1937: Traditionelle und kritische Theorie, S. 250 f.).
239 Weiterführend dazu Jaeggi und Wesche (2009: Was ist Kritik?).
240 Vgl. Honneth (1992: Kampf um Anerkennung: zur moralischen Grammatik sozialer Konflikte).
241 Vgl. Honneth (2011: Verwilderungen des sozialen Konflikts).
242 Schweppenhäuser (2007: Ästhetik, S. 60).
243 Böhme (2007: Atmosphäre als Grundbegriff einer neuen Ästhetik, S. 295).
244 Schweitzer (2003: Die Ehrfurcht vor dem Leben, S. 16).
245 Vgl. Thomä (2016: Puer robustus).
246 Castoriadis (1990: Gesellschaft als imaginäre Institution, S. 484).
247 Nietzsche (1900: Menschliches, Allzumenschliches, S. 261).
248 Adorno (1951: Minima Moralia, S. 62).
249 Marcuse (2002: One-Dimensional Man, S. 101).
250 So lautet der Titel von Pfriem (2015: Ökonomie ist kulturelle Praxis).
251 Diesen Gedanken lehne ich an die Ausführungen von Alexander (1987: Twenty Lectures) sowie Joas und Knöbl (2011: Sozialtheorie) an.
252 Reckwitz (2000: Die Transformation der Kulturtheorien, S. 51).
253 Etwa Foucault (1969: L'archéologie du savoir).
254 Etwa Butler (1987: Subjects of desire).
255 Etwa Bourdieu (1976: Entwurf einer Theorie der Praxis auf der ethnologischen Grundlage der kabylischen Gesellschaft).
256 Etwa Giddens (1984: The Constitution of Society).
257 Hochmann (2016: Die Aufhebung der Leblosigkeit, S. 93).

258 So lautet der pointierende Titel von Schatzki, Knorr-Cetina et al. (2001: The Practice Turn in Contemporary Theory).

259 Siehe überblicksartig dazu Reckwitz (2003: Grundelemente einer Theorie sozialer Praktiken).

260 Castoriadis (1990: Gesellschaft als imaginäre Institution, S. 135 f.).

261 Marx und Engels (1958: Die deutsche Ideologie, S. 38).

262 Castoriadis (1990: Gesellschaft als imaginäre Institution, S. 132).

263 Siehe zu diesem Gedanken ausführlich Luhmann (1976: The Future Cannot Begin).

264 Arendt (2016: Vita activa oder Vom tätigen Leben, S. 184).

265 Castoriadis (1990: Gesellschaft als imaginäre Institution, S. 162).

266 Siehe dazu die Ausführungen von Ötsch und Horaczek (2017: Populismus für Anfänger).

267 So lautet der Titel von Pfriem (2004: Unternehmensstrategien sind kulturelle Angebote an die Gesellschaft).

268 So lautet der Titel und das Plädoyer des WBGU (2011: Welt im Wandel).

269 Der ausgesprochen lesenswerte und anspruchsvolle Band von Lucas, Pfriem et al. (2018: Auf der Suche nach dem Ökonomischen) spürt dieser Frage anlässlich des 200. Geburtstages von Karl Marx eingehender nach.

270 Das ist keineswegs eine Frage der Romantisierung als Harmonisierung, sondern der Pluralisierung als Politisierung.

271 Siehe dazu weiterführend Graupe und Schwaetzer (2017: Bildungsorte transformativ-reflexiver Ökonomie).

272 Den Terminus übernehme ich in diesem Sinne von Pfriem, Antoni-Komar et al. (2015: Transformative Unternehmen).

273 Jänicke (1984: Umweltpolitische Prävention als ökologische Modernisierung und Strukturpolitik).

274 Vgl. Pfriem (1995: Unternehmenspolitik in sozialökologischen Perspektiven).

275 Siehe dazu exemplarisch Graziano und Forno (2012: Political Consumerism and New Forms of Political Participation).

276 Siehe dazu exemplarisch Flieger (2016: Prosumentenkooperation).

277 Siehe dazu exemplarisch Barde (2017: Re-Naturierung als Unternehmensstrategie).

278 Siehe dazu exemplarisch Mayer (2016: Nachhaltige Quartiersentwicklung).

279 Siehe dazu exemplarisch Radtke (2016: Bürgerenergie in Deutschland).

280 Der Band von Henkel, Lüdtke et al. (2018: Reflexive Responsibilisierung) versammelt diese Vielfalt überblicksartig.

281 Waldhoff (2017: Eros und Thanatos als Triebkräfte des Denkens, S. 16).

282 Vgl. Nietzsche (1887: Die fröhliche Wissenschaft, S. 153 ff.).

283 Kant (1784: Beantwortung der Frage: Was ist Aufklärung?, S. 481).

284 Zur Kritik daran siehe insbesondere die fulminante Abhandlung von Horkheimer und Adorno (2000: Dialektik der Aufklärung).

285 Siehe ausführlich dazu Ötsch (2018: Mythos Markt. Mythos Neoklassik).

286 So der an REM angelehnte Titel von Welzer und Leggewie (2009: Das Ende der Welt, wie wir sie kannten).

287 Die Studie von Wilson (1992: Ende der biologischen Vielfalt?) zeichnet die Zerstörungen instruktiv nach.

288 Siehe dazu Carson (1962: Silent spring).

289 Siehe dazu Benton, Bryant et al. (2002: Linking agricultural practice to insect and bird populations).

290 Dirzo, Young et al. (2014: Defaunation in the Anthropocene).

291 Gray (2012: Wir werden sein wie Gott, S. 218).

292 Schirach (1772: Über die moralische Schönheit und Philosophie des Lebens, S. 32).

293 Schweitzer (2003: Die Ehrfurcht vor dem Leben, S. 22).

294 Vgl. Heidegger (1996: Einleitung in die Philosophie, S. 366).

295 Hochmann (2016: Die Aufhebung der Leblosigkeit, S. 349).

296 Vgl. Hegenbart (1984: Wörterbuch der Philosophie, S. 132).

297 Siehe ursprünglich und zur näheren Herleitung Hochmann und Pfriem (2017: Jenseits von Ressourcen, S. 165 ff.)

298 Zur Heranführung an die nikomachische Ethik sei Höffe (1995: Aristoteles) empfohlen.

299 Siehe dazu in unternehmenstheoretischer Absicht Lautermann (2012: Verantwortung unternehmen!).

300 Empirisch dazu auch Appiah (2011: Eine Frage der Ehre).

301 Nietzsche (1886: Jenseits von Gut und Böse, S. 93).

302 Die gleichermaßen unterhaltsame wie denkwürdige Lektüre von Dorst (1985: Deutsche Stücke) sei ohnehin empfohlen.

303 So lautet das tatsächlich ernstgemeinte Plädoyer wie auch der Titel von Bastani (2018: Fully Automated Luxury Communism).

304 Vgl. Rosa (2013: Beschleunigung und Entfremdung).

305 Vgl. Eagleton (2008: Der Sinn des Lebens).

306 Nietzsche (1977: Nachgelassene Fragmente, S. 33).

307 Schumpeter (1911: Theorie der wirtschaftlichen Entwicklung, S. 129).

308 Wegner (1995: Innovation, Komplexität und Erfolg, S. 186).

309 Groys (1992: Über das Neue, S. 14).

310 Vgl. Schumpeter (1942: Capitalism, Socialism and Democracy).

311 Zu diesem Spannungsfeld siehe insbesondere den Band von Illouz (2018: Wa(h)re Gefühle), an dessen Titel die Formulierung hier angelehnt ist.

312 Horkheimer und Adorno (2000: Dialektik der Aufklärung, S. 203).

313 Gray (2010: Von Menschen und anderen Tieren, S. 13).

314 So lautet der Titel von Gray (2015: Raubtier Mensch).

315 Siehe dazu überblicksartig und einführend Lindemann (2014: Kultur versus Natur) sowie Latour (1993: We Have Never Been Modern) und Descola (2011: Jenseits von Natur und Kultur).

316 Diderot (1961: Enzyklopädie, S. 187).

317 So der Titel von Bourdieu (1987: Die feinen Unterschiede).

318 Eine ausführliche Rekonstruktion habe ich im Kapitel 4 in Hochmann (2016: Die Aufhebung der Leblosigkeit) vorgenommen.

319 Unter diesem Titel hatte Snow (1956: The Two Cultures) seinerzeit zunächst darauf hingewiesen und anschließend in Snow (1959: The Two Cultures and the Scientific Revolution) eine überzeugende, jedoch nicht hinreichende Wirkungen hinterlassene Kritik vorgelegt.

320 Snow (1959: The Two Cultures and the Scientific Revolution, S. 12).

321 Darwin (1871: The Descent of Man, and Selection in Relation to Sex, S. 101).

322 Einen gelungenen Überblick über diese Gelehrtenstreitigkeiten bietet der Aufsatz von Krebs (1997: Naturethik im Überblick).

323 Nietzsche (1899: Der Wille zur Macht, S. 229).

324 Horkheimer (1937: Traditionelle und kritische Theorie, S. 262).

325 de Waal (1999: The end of nature versus nurture, S. 99).

326 Vgl. Gebhard (2014: Wie viel ›Natur‹ braucht der Mensch?).

327 So lautet der programmatische Vorschlag von Pfriem (2007: Unsere mögliche Moral heißt kulturelle Bildung) für eine mögliche Moral des 21. Jahrhunderts.

328 Nietzsche (1887: Die fröhliche Wissenschaft, S. 6).

329 Siehe zum Aufbau und dem Zustandekommen des Studiengangs etwa Egerer, Peukert et al. (2017: Das Siegener Modell eines pluralen Masterstudiengangs).

330 Arendt (2016: Vita activa oder Vom tätigen Leben, S. 415).

331 So lautet der Untertitel von Han (2014: Duft der Zeit).

332 Nietzsche (1900: Menschliches, Allzumenschliches, S. 260).

333 Joas (1992: Die Kreativität des Handelns) rekonstruiert und problematisiert diesen Zusammenhang eindrucksvoll. Siehe ergänzend dazu auch Schön (1983: The Reflective Practitioner).

334 Cavalcante Schuback (2012: Heideggerian Love, S. 129).

335 Arendt und Heidegger (1998: Briefe 1925 bis 1975, S. 31).

336 Cavalcante Schuback (2012: Heideggerian Love, S. 131).

337 Schweitzer (2003: Die Ehrfurcht vor dem Leben, S. 21).

338 Vgl. Arendt (2016: Vita activa oder Vom tätigen Leben).

339 Die Idee der *moralischen Schönheit* ist aus der Ablehnung reduktionistischer Naturbegriffe entstanden. Siehe dazu Hochmann und Pfriem (2017: Jenseits von Ressourcen, S. 170 ff.).

340 So lautet der programmatische Titel von Bloch (1973: Das Prinzip Hoffnung).

341 Bauman (1995: Postmoderne Ethik, S. 96).

342 Die Unterscheidung von Verantwortung im moralischen und außermoralischen Sinne ist von Pfriem (2007: Unternehmenspolitische Verantwortung im außermoralischen und im moralischen Sinn) übernommen.

343 Elster (1987: Subversion der Rationalität, S. 141).

344 Giddens (2009: The politics of climate change, S. 71).

345 So der instruktive Titel der beeindruckenden Studie von Waldhoff (2017: Eros und Thanatos als Triebkräfte des Denkens).

346 Bataille (1994: Die Erotik, S. 13).

347 Han (2017: Agonie des Eros, S. 51).

348 Marquard (1978: Skeptische Betrachtungen zur Lage der Philosophie, S. 83).

349 Pfriem (2018: Die nachökonomische Gesellschaft als reale Utopie, S. 254).

350 Der Begriff der *Aufhebung* ist eng verbunden mit Hegel (1833: Wissenschaft der Logik, S. 110). Bei diesem heißt es: »Was sich aufhebt, wird dadurch nicht zu Nichts. Nichts ist das Unmittelbare; ein Aufgehobenes dagegen ist ein Vermitteltes, es ist das Nichtseiende, aber als Resultat, das von einem Sein ausgegangen ist; es hat daher die Bestimmtheit, aus der es herkommt, noch an sich. Aufheben hat in der Sprache den doppelten Sinn, daß es so viel als aufbewahren, erhalten bedeutet, und zugleich so viel als aufhören lassen, ein Ende machen. Das Aufbewahren selbst schließt schon das Negative in sich, daß etwas seiner Unmittelbarkeit und damit einem den äußerlichen Einwirkungen offenen Dasein entnommen wird, um es zu erhalten.«

351 So lautet der Titel und das Anliegen von Bataille (1985: Die Aufhebung der Ökonomie).

352 Gray (2010: Von Menschen und anderen Tieren, S. 33).

353 Simmel (1908: Der Streit, S. 248).

354 Coser (1972: Theorie sozialer Konflikte, S. 23).

355 Simmel (1908: Der Streit, S. 252).

356 Simmel (1908: Der Streit, S. 252).

357 Siehe dazu das Gespräch mit Banerji (2012: Sir Salman Rushdie: Pakistan on the road to tyranny).

358 Laclau und Mouffe (1985: Hegemony & socialist strategy, S. 132).

359 Vgl. Miller (1977/78: Suture).

360 Laclau und Mouffe (1985: Hegemony & socialist strategy, S. 88).

361 Zu diesem Verhältnis habe ich an anderer Stelle ausgeholt. Siehe dazu Hochmann (2018: Vordenken braucht Nachdenken).

362 Vgl. Sydow, Schreyögg et al. (2009: Organizational Path Dependence, S. 692 ff.).

363 Diesen Gedanken lehne ich an die *Frame-Analyse* von Goffman (1986: Frame Analysis) an.

364 Marx (1956: Zur Kritik der Hegelschen Rechtsphilosophie, S. 385).

365 Gramsci (1999: Selections from the Prision Notebooks, S. 697).

366 Arendt (2017: Was ist Politik?, S. 9).

367 Mouffe (2016: Über das Politische, S. 29 f.).

368 Fukuyama (1992: Das Ende der Geschichte).

369 Der Wirtschaftshistoriker Landes (2006: Die Macht der Familie) hat sich intensiv mit den alten Unternehmerfamilien beschäftigt. Die Lektüre seiner Bücher ist unbedingt zu empfehlen.

370 Vgl. Mouffe (2016: Über das Politische, S. 31).

371 Vgl. Mouffe (2014: Agonistik, S. 11).

372 Siehe exemplarisch zu diesem Forschungsfeld Faltin (2011: Kopf schlägt Kapital).

373 So lautet die Übersetzung des Untertitels von Laclau und Mouffe (1985: Hegemony & socialist strategy).

374 Mouffe (2014: Agonistik, S. 187).

375 Eagleton (2000: Ideologie, S. 10).

376 Arendt und Heidegger (1998: Briefe 1925 bis 1975, S. 42).

377 Einführend Finke (2014: Citizen science).

378 Zur Einführung in solche Forschungsdesigns siehe Jahn und Keil (2016: Reallabore im Kontext transdisziplinärer Forschung) sowie Schneidewind und Singer-Brodowski (2015: Vom experimentellen Lernen zum transformativen Experimentieren).

379 Unter diesem Titel möchte Rohe (2015: Vom Nutzen der Wissenschaft für die Gesellschaft) eine »Kritik zum Anspruch der transformativen Wissenschaft« formulieren.

380 Siehe dazu insbesondere Schneidewind und Singer-Brodowski (2014: Transformative Wissenschaft) sowie Schneidewind, Pfriem et al. (2016: Transformative Wirtschaftswissenschaft im Kontext nachhaltiger Entwicklung).

381 Vgl. Strohschneider (2014: Zur Politik der Transformativen Wissenschaft).

382 Vgl. Pfriem (2017: Lebensklugheit auf den Weg bringen).

383 Vgl. Pfriem (2015: Weltklugheit statt ökonomischer Rationalität).

384 Weick und Sutcliffe (2003: Das Unerwartete managen, S. 55 f.).

385 Vgl. Pfriem, Antoni-Komar et al. (2015: Transformative Unternehmen).

386 Vgl. Pfriem (2018: Die nachökonomische Gesellschaft als reale Utopie, S. 268).

387 Vgl. Jäsche (1876: Immanuel Kant's Logik, S. 27).

Soziologie

Sighard Neckel, Natalia Besedovsky, Moritz Boddenberg, Martina Hasenfratz, Sarah Miriam Pritz, Timo Wiegand

Die Gesellschaft der Nachhaltigkeit

Umrisse eines Forschungsprogramms

Januar 2018, 150 S., kart.
14,99 € (DE), 978-3-8376-4194-3
E-Book kostenlos erhältlich als Open-Access-Publikation
PDF: ISBN 978-3-8394-4194-7
EPUB: ISBN 978-3-7328-4194-3

Sabine Hark, Paula-Irene Villa

Unterscheiden und herrschen

Ein Essay zu den ambivalenten Verflechtungen von Rassismus, Sexismus und Feminismus in der Gegenwart

2017, 176 S., kart.
19,99 € (DE), 978-3-8376-3653-6
E-Book
PDF: 17,99 € (DE), ISBN 978-3-8394-3653-0
EPUB: 17,99 € (DE), ISBN 978-3-7328-3653-6

Anna Henkel (Hg.)

10 Minuten Soziologie: Materialität

Juni 2018, 122 S., kart.
15,99 € (DE), 978-3-8376-4073-1
E-Book: 13,99 € (DE), ISBN 978-3-8394-4073-5

Leseproben, weitere Informationen und Bestellmöglichkeiten finden Sie unter www.transcript-verlag.de

Soziologie

Robert Seyfert, Jonathan Roberge (Hg.)
Algorithmuskulturen
Über die rechnerische Konstruktion der Wirklichkeit

2017, 242 S., kart., Abb.
29,99 € (DE), 978-3-8376-3800-4
E-Book kostenlos erhältlich als Open-Access-Publikation
PDF: ISBN 978-3-8394-3800-8
EPUB: ISBN 978-3-7328-3800-4

Andreas Reckwitz
Kreativität und soziale Praxis
Studien zur Sozial- und Gesellschaftstheorie

2016, 314 S., kart.
29,99 € (DE), 978-3-8376-3345-0
E-Book: 26,99 € (DE), ISBN 978-3-8394-3345-4

Ilker Ataç, Gerda Heck, Sabine Hess, Zeynep Kasli,
Philipp Ratfisch, Cavidan Soykan, Bediz Yilmaz (eds.)
movements. Journal for Critical Migration and Border Regime Studies
Vol. 3, Issue 2/2017:
Turkey's Changing Migration Regime and its Global and Regional Dynamics

2017, 230 p., pb.
24,99 € (DE), 978-3-8376-3719-9

Leseproben, weitere Informationen und Bestellmöglichkeiten finden Sie unter www.transcript-verlag.de